Les cahiers d'**exercices**

Anglais
Faux-débutants

Hélène Bauchart

À propos de ce cahier

Dans les différents chapitres de ce cahier, les leçons et exercices ont été répartis en trois sections indépendantes, auxquelles une couleur différente a été attribuée (jaune pour la grammaire, vert pour le vocabulaire et rose pour la prononciation).

Dans les exercices de prononciation, les sons apparaissent entre crochets. Pour plus de simplicité, ils n'ont pas été représentés par le biais de l'alphabet phonétique international, mais à l'aide d'une transcription littérale reposant sur des sonorités françaises les plus proches possible des sons anglais. Par exemple le mot **why** sera retranscrit **[waille]**.

Dans les chapitres 17 à 20, vous pourrez tester votre « feeling » et apprendre quelques règles sur un phénomène peu étudié mais primordial à l'oral : l'accentuation de mots.

Enfin, ce cahier vous permet d'effectuer votre autoévaluation : après chaque exercice, dessinez l'expression de vos icônes : ☺ pour une majorité de bonnes réponses, 😐 pour environ la moitié et ☹ pour moins de la moitié. À la fin de chaque chapitre, reportez le nombre d'icônes relatives à tous ces exercices et, en fin d'ouvrage, faites les comptes en reportant les icônes des fins de chapitres dans le tableau général, prévu à cet effet !

Sommaire

1. Autour du présent 3-8
2. Autour du present perfect 9-13
3. Autour du prétérit 14-19
4. Autour du futur 20-25
5. Autour des modaux 26-31
6. Autour des verbes : to, ing, ø ? 32-37
7. Autour de l'impératif, des ellipses et question tags 38-43
8. Autour des noms 44-49
9. Autour des articles 50-55
10. Autour des quantificateurs 56-61
11. Autour du comparatif et du superlatif 62-67
12. Autour des pronoms personnels et réfléchis 68-73
13. Autour de l'expression de la possession et des noms composés 74-79
14. Autour des pronoms relatifs et interrogatifs 80-85
15. Autour des préfixes et suffixes 86-91
16. Autour des adjectifs 92-97
17. Autour des adverbes 98-103
18. Autour des prépositions 104-109
19. Autour des verbes à particule (phrasal verbs) 110-115
20. Autour du passif 116-121
Solutions 122-127
Résultats de votre autoévaluation 128

1 Autour du présent

Les deux formes du présent

En anglais, le présent peut s'exprimer à l'aide de deux formes différentes, dont la construction et les fonctions diffèrent selon le type d'action envisagé.

Présent simple

- Formation : base verbale à toutes les personnes (ex. : I play, you play, etc.), sauf à la 3e du singulier, qui prend la désinence **s** ou **es** (ex. : she/he plays / she/he washes)

- Utilisations :
  – vérité générale (ex. : the sun rises in the East)
  – habitude (ex. : I go to the cinema on Saturdays)
  – caractéristique qui dure (ex. : she lives in China)
  – volonté (ex. : I want an apple)
  – événement futur prévu par un emploi du temps
  (ex. : the train leaves at 8)

Présent en Be + ing

- Formation : **To be** (conjugué à la bonne personne) + base verbale + **ing**

- Utilisations :
  – action en déroulement (ex. : be quiet, the baby is sleeping!)
  – action temporaire (ex. : he is living with his brother ➜ ces temps-ci)
  – caractéristique temporaire (ex. : I am not dancing tonight)
  – jugement négatif (ex. : you are always complaining!)
  – insistance sur un refus (ex. : I am not coming with you!)
  – action future, si la décision est prise (ex. : I am going to the gym next week)

❶ Entourez la bonne réponse

1. Look Daddy, it … !
   a. snowing   b. snows
   c. 's snowing d. snow

2. The Earth … around the Sun.
   a. is revolving b. revolve
   c. revolves   d. revolving

3. I … to the swimming pool every Saturday.
   a. 'm going   b. go
   c. going   d. I'm gone

4. His wife … in advertising.
   a. 's working   b. work
   c. works   d. has working

AUTOUR DU PRÉSENT

5. I ... , I ... tonight.
   a. don't drink/drive
   b. 'm not drinking/'m driving
   c. don't drink/'m driving
   d. don't drink/drive

6. I ... next week, I'm on holiday.
   a. 'm not working   b. 'm not work
   c. don't work   d. work not

7. **Just for fun:** "Hey, this man ... ! Don't people usually ... ?" (Homer Simpson)
   a. doesn't breathe/breathe
   b. isn't breathing/breathe
   c. breathes/breathing

2 Conjuguez les verbes entre parenthèses en utilisant le présent simple ou le présent en Be + ing

1. You .... (always - smoke) in the house!
   You .... (know) I .... (hate) that!

2. Hurry up! The film .... (begin) at 9:30.

3. I usually .... (go) shopping twice a week.

4. Do not ask again! I .... (not - give) you any money!

5. Stop it John! You .... (be) silly!

Cas particuliers

L'emploi du présent en **Be + ing** est incompatible avec : les verbes d'aspect **(seem, look, appear...)**, les verbes de possession **(have, possess, own...)**, les verbes de perception **(see, hear, feel...)**, les verbes de raisonnement **(understand, believe, think, doubt...)**, les verbes d'appréciation et de volonté **(like, love, hope, hate, regret, need, want)**, autres **(swear, wish, promise, deny, confess, forgive, apologize)**.

À noter : le verbe **to think** a deux constructions. **Au présent simple**, **to think of** exprime une opinion. Au présent en **Be + ing**, **to think about** exprime l'idée de réflexion.

3 Remettez les éléments dans l'ordre et conjuguez les verbes en utilisant le présent simple ou le présent en Be + ing
Ex. : on/football/Sundays/he/(play) → He plays football on Sundays.

1. about/you/what/**(think)**?   → ....

2. he/mother/his/**(look like)**   → ....

AUTOUR DU PRÉSENT

3. the/to/doctor's/to/I/go/**(need)** ➜ ....

4. what/this/book/you/of/**(think)**? ➜ ....

5. neighbours/a/car/new/the/**(have)** ➜ ....

La désinence s / es

La désinence **s** ou **es** au présent simple peut susciter des modifications orthographiques :

- dans les verbes se terminant par **y**, si le **y** est précédé d'une consonne, il se transforme en **ies** (ex. : try ➜ tries). Si le **y** est précédé d'une voyelle, aucune modification n'est nécessaire (ex. : play ➜ plays).

- dans les verbes se terminant en **ch**, **sh**, **o**, **s**, **x**, **z**, on ajoute la désinence **es** et non **s** (ex. : watch ➜ watches / go ➜ goes).

4 Conjuguez les verbes suivants au présent simple, à la 3ᵉ personne du singulier

1. worry ➜ ....
2. punish ➜ ....
3. finish ➜ ....
4. dress ➜ ....
5. destroy ➜ ....
6. buy ➜ ....

La désinence ing

L'ajout de la désinence **ing** au présent en **Be + ing** peut entraîner des modifications orthographiques :

- dans les verbes se terminant par **ie**, le **ie** se transforme en **y** (ex. : lie ➜ lying).

- dans les verbes se terminant par un **e**, celui-ci s'efface s'il est précédé d'une consonne (ex. : love ➜ loving). Même chose pour les verbes se terminant en **gue** (ex : intrigue ➜ intriguing).

- dans les verbes se terminant par **ic** ou **ac**, le **c** se transforme en **ck** (ex. : panic ➜ panicking).

- dans les verbes se terminant par une seule voyelle + une seule consonne (sauf le **w**), la consonne est doublée avant la désinence **ing** (ex. : stop ➜ stopping). Exceptions : **opening, developing, entering, profiting, suffering, offering**.

AUTOUR DU PRÉSENT

5 Ajoutez la désinence ing aux verbes suivants, en faisant les modifications orthographiques éventuelles

1. live → ....
2. keep → ....
3. wear → ....
4. play → ....
5. picnic → ....
6. admit → ....
7. suffer → ....
8. draw → ....
9. break → ....

Traduire « bien » : good / well ?

Good
- Nature : c'est un adjectif. Il s'applique à un nom (ex. : I'm not a good dancer).
- Utilisation particulière : s'emploie avec des verbes d'état, de sensation (**feel, seem, be, become, appear, look, sound, taste, smell**…) dans le sens de « c'est/ça a l'air… ».

Well
- Nature : c'est un adverbe. Il s'applique à un verbe (ex. : I don't dance very well).
- Utilisation particulière : ne s'utilise comme adjectif que pour dire « en bonne santé ».

À noter : I feel good se généralise. Son emploi est très courant en anglais américain. Il existe par ailleurs une autre expression pour dire que l'on va bien : **I'm fine**.

6 Complétez par well ou good

1. Her husband is a very .... man.
2. She speaks Chinese very ....
3. Drink your milk, it's .... for you.
4. I usually sleep ....
5. It smells ...., what are you cooking?
6. All is .... that ends ....
   (proverbe qui signifie « tout est bien qui finit bien »).
7. So far so .... (expression qui signifie « jusqu'ici tout va bien »).

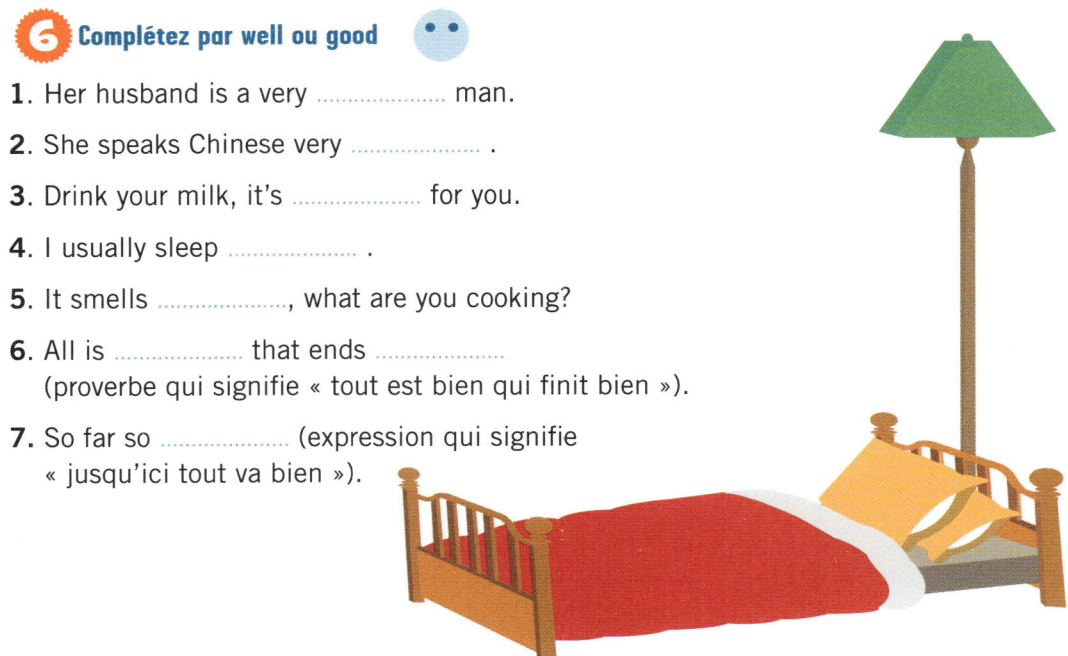

AUTOUR DU PRÉSENT

 Faux amis ! Placez les mots suivants dans le tableau

Mots anglais : actually, to assume, to take/accept the consequences, a cave, luck, to comfort, to deceive, to disappoint, at the moment, fluently, to reinforce

Mots français : une grotte, le hasard, actuellement

	Mot anglais	Signification	Confondu avec le mot français…	… qui se dit en anglais
1.		en fait/en réalité	actuellement	
2.		supposer	assumer	
3.			une cave	a cellar
4.	chance		la chance	
5.		réconforter	conforter (idée)	
6.	currently		couramment (parler)	
7.		tromper	décevoir	

Proverbes

Les Anglo-Saxons utilisent beaucoup d'expressions imagées. La plus connue reste sans doute **it's raining cats and dogs**, qui signifie : il pleut des cordes. À vous d'en découvrir deux autres dans l'exercice ci-dessous.

 Remettez les mots dans l'ordre ou trouvez les lettres manquantes afin de reconstituer un proverbe connu

1. as/cucumber/a/as/cool   (indice : d'un calme olympien…)

➔ ....

2. p _ _ s might f _ _   (indice : quand les poules auront des dents)

AUTOUR DU PRÉSENT

Prononciation de la désinence s / es (1)

Dans les verbes auxquels on ajoute **es**, on prononcera soit **[z]** (comme dans zoo, ex. : goes) ou **[iz]** (comme dans église, ex. : washes). On prononcera **[iz]** après les sons **[s]**, **[ch]**, **[tch]**, **[j]**, **[x]**, **[z]**, (ex. : passes, pushes, watches, ages, mixes, buzzes). Dans les verbes se terminant par **y**, si le **y** se prononce **[i]**, la désinence **es** se prononcera **[iz]** (ex. : carries). Si le **y** ne se prononce pas **[i]**, la désinence **s** se prononcera **[z]** (ex. : plays).

Prononciation de la désinence s / es (2)

La désinence peut aussi se prononcer **[s]** (comme dans salon). Le choix entre les sons **[z]** et le **[s]** est déterminé par le degré de facilité de prononciation. S'il est trop difficile de prononcer **[z]**, on prononcera **[s]**, en particulier après les sons **[p]**, **[t]**, **[k]**, **[f]** (ex. : plucks, puffs, pops, tips). On prononcera cependant **[z]** après les voyelles (ex. : lies, goes) et après les sons **[b]**, **[d]**, **[g]** (ex. : begs, feeds, throbs).

9. [iz], [z] ou [s] ? Reportez, entre les crochets, le son des verbes suivants, selon la manière dont ils se prononcent à la 3ᵉ personne du singulier

1. confess**es** […]
2. kill**s** […]
3. enjoy**s** […]
4. cross**es** […]
5. suppl**ies** […]
6. teach**es** […]
7. age**s** […]
8. look**s** […]
9. buzz**es** […]
10. wait**s** […]

10. Barrez l'intrus

1. prepares, allows, arrives, eats
2. cooks, costs, burns, fights
3. answers, recognizes, explains, prefers
4. counts, calls, tells, moves

Bravo, vous êtes venu à bout de ce chapitre ! Il est maintenant temps de comptabiliser les icônes et de reporter le résultat en page 128 pour l'évaluation finale.

Autour du present perfect

Le present perfect simple

Souvent présenté comme un temps du passé opposé au prétérit, le present perfect est davantage un temps du présent car il sert à exprimer des actions toujours en lien avec lui.

- **Formation :** have/has + participe passé. **Have** et **has** sont souvent abrégés en **'ve** et **'s**.
- **Utilisations :**

– **quand l'action a commencé dans le passé et se poursuit dans le présent.** On le traduit en français par du présent. Pour exprimer **depuis**, on utilise **since** ou **for**. **Since** introduit le point de départ d'une action, on le met devant une date ou un événement passé. **For** introduit une durée, on le met donc devant des étendues de temps (ex. : I have played tennis for 10 years/since 2002/since my childhood = je fais du tennis depuis 10 ans/depuis 2002/depuis mon enfance).

– **pour exprimer un bilan sur son expérience,** c'est-à-dire sur ce qu'on a vécu jusqu'alors. On le traduit par un passé composé en français (ex. : I have never been to Japan = je ne suis jamais allé au Japon). Il existe un certain nombre d'expressions employées pour exprimer cette idée de bilan : **so far/until now** (jusqu'à présent), **over the past years/weeks/months** (ces dernières années/semaines, ces derniers mois), **it's the first/second/third time** (c'est la 1re, 2e, 3e fois que…), **not yet** (pas encore), **never** (jamais), **ever** (de toute ma vie, jamais ou déjà, selon le contexte), **already** (déjà).

– **pour insister sur les conséquences ou le résultat** d'une action passée dans le contexte présent, et non sur la réalisation de l'action elle-même. Ainsi, l'événement passé explique la situation présente (ex. : I have forgotten my glasses = j'ai oublié mes lunettes ➔ je ne vois rien, je ne peux pas lire le panneau / I have washed the car = j'ai lavé la voiture ➔ elle est propre). Là encore, on le traduit par un passé composé en français.

❶ Choisissez entre since ou for, pour traduire depuis

1. I've been back home .... 2 o'clock. I've been here .... 2 hours.

2. I haven't seen him .... a while. Not .... the accident, actually.

3. We have known John .... 1999. We've known him .... 14 years.

4. I haven't heard from her .... a long time. Have you phoned her .... her wedding?

AUTOUR DU PRESENT PERFECT

2. Reliez chaque début de phrase à la suite qui lui correspond

1. I'm sorry, I have
2. So far, I haven't
3. You can stay home and relax.
4. I've worked in this company for
5. I haven't had breakfast
6. This car is so old! I've had it for

a. had any problem with my computer.
b. two years.
c. forgotten your name.
d. I've done the shopping.
e. ages!
f. yet.

Le present perfect en ing

- **Formation : have/has been** + verbe en **ing**
- **Utilisations :**
- **pour une action récente** que l'on peut aisément constater dans la situation présente : ça se voit, ça se sent, etc. (ex. : she's been crying = elle a pleuré ➜ je le vois car elle a les yeux rouges / you've been drinking! = tu as bu ➜ tu sens l'alcool !).
- **on préférera la forme progressive** avec des situations plutôt courtes et ponctuelles et la forme simple pour les états permanents ou de longue durée (ex. : I have lived in Paris all my life / I've been living here for two months).

3. Corrigez les erreurs

I have always love Ireland. I live here since 2005. I've been rented a nice little flat in Dublin since 6 months. I have find an interesting job. I work here since three months. I have a few habits now. On Sundays I always go to the fish market. I've tried to learn more about Irish cooking for a couple of months. Another thing I love is going to the pub. I have tried quite a few beer brands since I arrived!

AUTOUR DU PRESENT PERFECT

4 Terminez la traduction des phrases suivantes, sans oublier les petits mots comme for, since, already, yet, etc. si nécessaire

1. Ne donne pas à manger au chat, je l'ai déjà fait.
   → Don't feed the cat, I .... it.

2. Il a fumé. (sous-entendu : il sent la cigarette)
   → He ....

3. Je suis allé trois fois en Chine depuis 2002.
   → I .... three times to China .... 2002.

4. **Just for fun:** (conjuguez le verbe entre parenthèses pour compléter cette citation)
   → "A sense of humour is good for you. .... you ever .... **(hear)** of a laughing hyena with heart burn?" (Bob Hope)

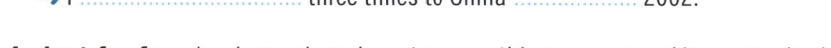

Traduire « bien » et « mal »

- Pour traduire « de manière satisfaisante/insatisfaisante », on utilise **good, well, bad** ou **badly**, selon le contexte.
- Pour traduire « approprié ou non approprié / selon les convenances, la morale ou contraire aux convenances, à la morale », on utilise **right, bad** ou **wrong**.

À noter : **good** et **bad** sont des adjectifs alors que **wrong** et **badly** sont des adverbes.

5 Entourez la ou les bonne(s) réponse(s) permettant de traduire correctement les phrases suivantes

1. Je vais bien. → I'm...   **a.** well   **b.** good   **c.** right
2. Qu'est-ce qui ne va pas ? → What's...   **a.** bad?   **b.** badly?   **c.** wrong?
3. Bravo ! →   **a.** Well made!   **b.** Well done!   **c.** Right done!
4. Le bien et le mal →   **a.** Right and wrong   **b.** Good and bad   **c.** Good and evil
5. Elle parle mal anglais. → She speaks...
   a. bad English   **b.** English badly   **c.** wrong English
6. Ça fait du bien d'être à la maison. → It ... to be home.
   a. makes good   **b.** feels right   **c.** feels good

AUTOUR DU PRESENT PERFECT

Traduire « bien » et « mal » (suite)

Lorsque **bien** et **mal** indiquent le degré ou une insistance, il faudra employer d'autres tournures (ex. : je suis bien ennuyé : I'm **quite** upset / vous avez mal compris : you **mis**understood), comme vous le verrez dans l'exercice suivant.

6. Terminez les traductions suivantes en plaçant les mots à l'endroit qui convient

hurt - much - very - carefully - difficulty - good

1. C'est bien mieux.
   → It's .... better.

2. Écoutez-moi bien.
   → Listen to me ....

3. Elle a du mal à parler.
   → She has .... in talking.

4. Ne lui faites pas de mal.
   → Don't .... him.

5. Je suis bien contente.
   → I'm .... happy.

6. C'est trop beau pour être vrai.
   → It's too .... to be true.

Prononcer la lettre i

La graphie **i** peut se prononcer **[i]** (ex. : machine, bit, promise) ou **[aille]** (ex. : wild, surprise). Il existe des règles de prononciation qui déterminent l'un ou l'autre de ces deux sons, mais elles sont complexes et ne peuvent être abordées à ce stade de l'apprentissage. Fiez-vous juste à votre oreille !

7. Barrez l'intrus

1. police - regime - decide - wilderness
2. differ - alive - time - nice
3. precise - vital - like - children
4. dish - kiwi - drive - ski

8. Répondez aux questions suivantes en entourant la bonne réponse

1. Comment prononce-t-on les deux **i** dans le mot **crisis** ?   a. [i]/[i]   b. [aille]/[i]
2. Comment prononce-t-on les deux **i** dans le mot **minority** ?   a. [i]/[i]   b. [aille]/[i]
3. Comment prononce-t-on le **i** de **decide**   a. [aille].   b. [i]
4. Comment prononce-t-on le premier **i** de **decision** ?   a. [aille]   b. [i]

AUTOUR DU PRESENT PERFECT

Le son [i]

Plusieurs graphies se prononcent généralement **[i]** :
- **i** (ex. : bit, caffeine)
- **y** (ex. : synonym, party)
- **e** (ex. : be, become)
- **ee** (ex. : bee)
- **ea** (ex. : bean)
- **eo** (ex. : people)
- **ey** (ex. : key)
- **ei** (ex. : ceiling)
- **ie** (ex. : chief)
- et parfois le **a** (ex. : hostage)

Il existe cependant des exceptions…

9 Entourez la ou les bonne(s) réponse(s)

1. Chassez l'intrus :
   copy - try - envy - fancy
2. Chassez l'intrus :
   perceive, receive, neighbour, deceive
3. **Cheer** rime avec : hear - pear
4. Chassez l'intrus :
   heavy - ally - July - my
5. Chassez l'intrus :
   party - actually - justify - worry
6. **Journey** rime avec :
   funny - crazy - okay - money
7. Chassez l'intrus :
   leaf, meat, sweat, read

10 Dans quel mot n'entend-on pas le son [i] ? Reportez-le sur la ligne de pointillés (attention, il y a peut-être un piège !)

1. complete - great - knowledge - chief ➔ ....
2. asylum - deep - manage - ship ➔ ....
3. meet - sign - promise - achieve ➔ ....
4. fit - relief - advantage - violence ➔ ....
5. carriage - language - bridge - badge ➔ ....
6. women - business - knowledge - secret - media ➔ ....

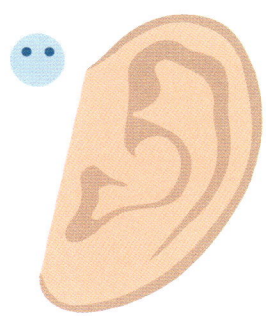

Bravo, vous êtes venu à bout de ce chapitre ! Il est maintenant temps de comptabiliser les icônes et de reporter le résultat en page 128 pour l'évaluation finale.

3 Autour du prétérit

Le prétérit simple

Le prétérit est un temps du passé. Il sert à exprimer des événements passés, terminés et souvent datés, qui n'ont plus aucun rapport avec le présent (ex. : Ghandi died in 1948 / I bought a new computer last week).

Formation :

- si le verbe est régulier, on le construit avec la base verbale + **d/ed** à la forme affirmative (ex. : Tommy played football this morning) ; on utilise **did** aux formes interrogatives et négatives (ex. : did you see Peter yesterday? / No, I didn't). L'auxiliaire **be** au prétérit est **was** à la 1re personne et à la 3e personne du singulier et **were** à la 2e personne du singulier et aux personnes du pluriel.

- si le verbe est irrégulier, le prétérit est une forme fixe à apprendre par cœur.

❶ Régulier ou irrégulier ? Entourez l'intrus

1. work, know, believe, play
2. lose, take, ask, buy
3. kill, buy, arrive, visit
4. cut, tell, need, see
5. go, become, bleed, walk
6. swim, eat, wash, lie

❷ Pour chaque verbe, cochez la bonne case puis donnez son prétérit

	Régulier	Irrégulier	Prétérit
talk	☐	☐	....
meet	☐	☐	....
drink	☐	☐	....
become	☐	☐	....
wear	☐	☐	....
cry	☐	☐	....
open	☐	☐	....
compare	☐	☐	....
let	☐	☐	....

AUTOUR DU PRÉTÉRIT

Le prétérit simple (suite)

Particularités :

- contrairement au present perfect, le prétérit s'utilise lorsque c'est l'événement passé en lui-même qui est mis en avant et non ses conséquences dans le présent. Ainsi, il s'accompagne souvent des circonstances de l'événement : où, pourquoi, comment, quand (ex. : she put her hat **on the table** ➜ où ? sur la table / I came **on foot** ➜ comment ? à pied).

- le prétérit s'emploie avec des repères temporels renvoyant à un moment passé, tels que : une date, **ago** (il y a…), **yesterday, last week/month/year** (la semaine dernière, le mois dernier, l'année dernière)**, for, when, during, before, after, since**. Le repère peut être vague, il suffit qu'il évoque un élément renvoyant clairement au passé (ex. : Egyptians wore make-up).

- au prétérit, le mot **pendant** peut se traduire par **for** ou **during**. **For** précède une durée et répond à la question **how long?** (ex. : for 2 months = pendant 2 mois). **During** précède un nom et répond à la question **when?** (ex. : I fell asleep during the meeting).

3 Conjuguez les verbes entre parenthèses au prétérit

1. I .... **(leave)** my umbrella on the train.

2. I .... **(go)** to Australia for the holidays last year.

3. The Suffragettes .... **(fight)** for the right to vote.

4. I .... **(stop)** smoking a few months ago.

5. We .... **(not - go)** to the restaurant last night.

6. Peter .... **(work)** in England from 1985 to 2010.

Le prétérit en Be + ing

- **Formation : To be** au prétérit (**was/were**) + base verbale + **ing**

- **Utilisation :** pour une action en déroulement dans le passé ➜ j'étais en train de… (ex. : this time last week, I was skiing), pour dire qu'une action était en déroulement lorsqu'une autre s'est déclenchée ou qu'une action a été interrompue par une autre ➜ j'étais en train de… lorsque… (ex. : I was sleeping when you arrived).

AUTOUR DU PRÉTÉRIT

4 Complétez les espaces en choisissant le prétérit simple ou en Be + ing

1. I .... (not - hear) the postman. I .... (have) a shower when he .... (ring).

2. – What .... you .... (do) last night at 11, Sir?
   – Nothing special, I .... (watch) TV.

3. The children .... (play) football when it .... (start) raining.

4. **Just for fun:** "I can remember exactly what I .... (do) when I .... (hear) the news. I .... (listen) to the news." (Hugh Laurie)

5 Placez les mots manquants (during, for, since, ever, yet, already, ago) à l'endroit qui convient dans ces phrases au prétérit ou au present perfect

1. I was sick ... the flight.
2. I've known him ... more than a year, ... June 2011.
3. I went to the hairdresser's two weeks... .
4. Have you ... fed the cat?
5. Have you ... done a parachute jump?
6. I haven't prepared dinner... .

	mots manquants	
1		
2		
3		
4		
5		
6		

6 Complétez les phrases suivantes au prétérit ou au present perfect, en n'oubliant pas les marqueurs temporels (for, since, ago, during, etc.) si nécessaire

1. I .... (rent) a flat .... ten years, from 1980 to 1990. Then I .... (buy) a house.

2. Be careful, there's glass everywhere. I .... (break) a vase.

3. I .... (smoke) .... I was a teenager. I know I should stop.

4. I .... (see) Emma two days .... She was on her way to the dentist's.

AUTOUR DU PRÉTÉRIT

La désinence des verbes réguliers

La désinence du prétérit est un **d** si le verbe se termine par **e** (ex. : live ➜ lived). Les verbes se terminant par **y** se transforment en **ie + d** si le **y** est précédé d'une consonne (ex. : try ➜ tried). Il n'y a pas de modification s'il est précédé d'une voyelle (ex. : stay ➜ stayed). On doublera la consonne finale si le verbe se termine par une voyelle + une seule consonne, sauf le **w** (ex. : stopped, admitted). Exceptions : opened, developed, entered, profited, suffered, offered, remembered).

Les verbes en **ic** ou en **c** se transforment en **ck** (ex. : panic ➜ panicked).

7 Mettez les verbes suivants au prétérit simple

tap
close
explain
follow
worry
rob
live

prefer
top
create
believe
study
chat
picnic

Take ou have ?

Pour traduire certaines expressions, en particulier celles contenant le verbe **prendre**, on hésite souvent entre **take** et **have**. Certains usages sont tout simplement à apprendre. Cependant, on peut retenir que **have** est souvent utilisé pour des actions et des expériences, en particulier lorsque l'expression a le sens de **manger**, **boire**, **s'amuser** (ex. : have a snack, have fun, have a walk). Les **Américains** ont tendance à utiliser davantage **take**, ils diront : take a shower, take a walk.

8 Take ou have ?
Entourez la bonne réponse
(les deux sont parfois possibles)

1. Faire une pause ➜ **take** - **have** a break
2. Déjeuner ➜ **take** - **have** lunch
3. Prendre un verre ➜ **take** - **have** a drink
4. Prendre un bain ➜ **take** - **have** a bath
5. Prendre des vacances ➜ **take** - **have** a holiday
6. Asseyez-vous ➜ **take** - **have** a seat
7. Jeter un coup d'œil ➜ **take** - **have** a look
8. S'amuser ➜ **take** - **have** fun

AUTOUR DU PRÉTÉRIT

Traduire avoir : be ou have ?

On utilisera **have** si **avoir** a le sens de **posséder** ou **souffrir de** (avoir une voiture, avoir mal à la tête). Si **avoir** a un sens différent, on utilisera souvent **be** + adjectif. C'est le cas pour : **l'âge** (avoir 20 ans), **les états mentaux** (avoir raison, avoir de la chance), **certaines émotions** (avoir peur, avoir honte), **les sensations** (avoir faim, avoir chaud), **les localisations** (il y a...), **les mesures** et **caractéristiques** (couleur, taille, grandeur, hauteur, vitesse, température, etc.).

9 Remettez les mots dans l'ordre et ajoutez le verbe be ou have, conjugué au temps nécessaire, comme dans l'exemple

Ex. : Il y a une araignée dans la chambre. → there/in/spider/the/bedroom/a → There IS a spider in the bedroom.

1. J'avais tort, tu avais raison. → **I/right/wrong/you** → ....

2. Peter a 32 ans. → **thirty-two/Peter** → ....

3. Les enfants ont peur du chien. → **children/the/of/dog/the/afraid**
   → ....

4. Ils ont froid dans le cottage → **cold/they/in/cottage/the** → ....

5. J'ai souvent mal à la tête → **often/I/headache/a** → ....

Synonymes idiomatiques

Les francophones ont tendance à trop utiliser les mots anglais qui ressemblent au français. Or les Anglais utilisent beaucoup plus naturellement des mots plus idiomatiques (qui sont aussi souvent plus courts), comme vous le verrez dans l'exercice suivant.

10 Trouvez les synonymes (plus idiomatiques) des mots suivants, en vous laissant guider par les indices

Synonymes de...	Indice 1	Indice 2	Réponse
1. simple	• A • •	Y/E/A/S	
2. liberty	F • • • D • •	O/M/D/E/F/R	
3. difficult	H • • •	R/H/D/A	
4. sufficient	E • • U • •	U/N/H/E/G/O	
5. ridiculous	• I • • Y	Y/L/I/L/S	

AUTOUR DU PRÉTÉRIT

Prononciation du d / ed

Il se prononce [id] après les sons [d] ou [t] (ex. : wanted, ended), de même que dans les participes passés beloved, blessed, learned et naked. Il se prononce [t] s'il est trop difficile de le prononcer [d], comme c'est le cas après les sons [p], [t], [k], [f], [s], le [tch] de cheese, le [ch] de shoe (ex. : worked, tapped, preached, picked, coughed). Il se prononce [d] après les autres consonnes (ex. : filled, saved, ruled) et les verbes se terminant en **er** si la lettre **r** reste muette dans la graphie **ered** (ex. : considered).

11 Comment se prononce le ed dans les mots suivants ?

1. needed   [id] ☐   [t] ☐   [d] ☐
2. kissed   [id] ☐   [t] ☐   [d] ☐
3. lived   [id] ☐   [t] ☐   [d] ☐
4. wondered   [id] ☐   [t] ☐   [d] ☐
5. hated   [id] ☐   [t] ☐   [d] ☐

12 Combien de syllabes entendez-vous dans les mots suivants ?

1. punished : ....
2. listened : ....
3. reached : ....
4. danced : ....
5. arrived : ....
6. researched : ....
7. suggested : ....
8. naked : ....
9. listened : ....
10. pressed : ....

13 Entourez l'intrus dans chaque ligne

1. suffered, entered, served, fixed, covered
2. shouted, explained, recorded, visited, started
3. stopped, confessed, expected, dressed, parked
4. answered, figured, appeared, included, surprised

Bravo, vous êtes venu à bout de ce chapitre ! Il est maintenant temps de comptabiliser les icônes et de reporter le résultat en page 128 pour l'évaluation finale.

4
Autour du futur

L'expression du futur

- **Will** + base verbale : s'utilise pour une prédiction à partir de faits connus (ex. : I think he will pass the exam), une décision prise au moment où on l'énonce (ex. : le téléphone sonne → I'll take it). À l'oral la forme contractée **'ll** est le plus souvent utilisée.

- **Be going to** + base verbale : s'utilise pour une intention (ex. : I'm going to buy a new car) ou une déduction à partir de circonstances déjà présentes (ex. : look at the sky, it's going to rain).

- **Présent** en **ing** : pour une décision déjà prise avant d'être annoncée (ex. : I'm moving out next month).

- **Présent simple** : pour un événement/horaire planifié par un agent extérieur (ex. : the train leaves at 5).

1 Reliez chaque début de phrase à la suite qui lui correspond

1. Someone's knocking at the door.
2. Look how fast this man is driving. He's
3. It says in the TV programme
4. Wait for me please.
5. It's agreed. We are

a. that the film starts at 8:30.
b. going to Spain for the holiday.
c. I'll be right back.
d. I'll get it!
e. going to have an accident.

Will ou pas will ?

On utilise aussi **will** si l'événement est conditionné (ex. : I'll go if you come with me).

On utilise le **présent simple** et non **will** dans les subordonnées de temps après **when, as soon as, until, while, before, after**, quand le verbe de la principale est au futur avec will (ex. : I'll tell you as soon as I know) et après certains verbes comme **bet** ou **hope** (ex. : I bet he doesn't come = je te parie qu'il ne viendra pas).

AUTOUR DU FUTUR

2. Cochez la bonne réponse

1. Have you decided yet? ... to the party tonight?
   - a. Do you come
   - b. Are you coming
   - c. Will you come

2. I heard you were sick.
   I hope you ... better soon.
   - a. will feel
   - b. feel
   - c. are feeling

3. The sky is getting so dark! I think it...
   - a. is going to rain
   - b. rains
   - c. will rain

4. In six months from now, I ... in Japan.
   - a. will live
   - b. live
   - c. will be living

Le futur en ing

Il existe un futur en **ing**. Il sert à exprimer une action qui sera déjà en train de se dérouler dans le futur. Il se forme avec **will be** + base verbale + **ing** (ex. : this time tomorrow I'll be visiting Dublin).

5. **Just for fun:** "It's not that I'm afraid to die. I just don't want to be there when it ... ." (Woody Allen)
   - a. is happening
   - b. will happen
   - c. happens

L'utilisation de shall

Shall n'est plus utilisé que pour faire une suggestion ou une offre (ex. : shall I take your coat? = puis-je prendre votre manteau ?) ou pour s'interroger sur ce que l'on doit faire (ex. : what shall we do?).

3. Complétez les espaces en choisissant shall, will, le présent en ing ou le présent simple

1. Are you cold? .... **(I - close)** the window?

2. Peter and Suzie .... **(get married)** in May.

3. The play .... **(begin)** at 8:30.

4. Let's go to the restaurant tonight, ... we?

5. I .... **(go out)** if I'm not too tired.

21

Traduire faire : make ou do ?

On utilise **make** lorsqu'il y a création, transformation ou construction (ex. : I made a cake). **Make** est par ailleurs utilisé dans des expressions figées, où il ne signifie pas forcément **faire** (ex. : to make a call = passer un appel). On utilise **do** quand « faire » renvoie à l'idée d'une tâche, d'une activité ou d'un travail (ex. : what do you do? = what is your job? = qu'est-ce que vous faites dans la vie ? / I'm doing the dishes = je fais la vaisselle).

4 Complétez avec do ou make, conjugué au temps qui convient

1. He .... his best but he .... many mistakes.

2. Could you .... me a favour and .... some tea?

3. That was a difficult choice to .... and I think you .... the right thing.

4. I'm going to .... the shopping this afternoon.

5. You could .... an effort, it's not so hard!

Interjections

Les interjections sont très nombreuses en anglais comme en français. Elles sont aussi très différentes. Par exemple, **Bang!** signifie « pan ! », **Hush!** signifie « chut ! ». Maintenant, à vous d'en découvrir d'autres dans l'exercice ci-contre ! »

5 Reliez chaque interjection anglaise à son équivalent français

1. Phew   a. Miam
2. Shoo   b. Euh
3. Ouch   c. Ouf
4. Yummy   d. Oust
5. Yuck   e. Aïe
6. Hum   f. Beurk

AUTOUR DU FUTUR

6. Trouvez les mots mal orthographiés et cochez les cases correspondantes

bottle ☐, adress ☐, carrot ☐, cotton ☐, abreviation ☐, button ☐, miror ☐, enemy ☐, holiday ☐, litterature ☐, apartment ☐, coffey ☐, envelope ☐, agressive ☐, ridiculous ☐, acheive ☐, accross ☐, generally ☐, begining ☐, successful ☐, exemple ☐, abricot ☐, bank ☐, baggage ☐, caracter ☐, comfort ☐, shoking ☐, elegantly ☐, squirrel ☐, pineapple ☐, syrop ☐, clerk ☐, finaly ☐, selfish ☐, futur ☐, virtuous ☐, grateful ☐, fonction ☐, langage ☐, swimming ☐, pronounce ☐, spelling ☐, gard ☐, allowed ☐, crossroads ☐, projet ☐, chicken ☐, whistle ☐, rythm ☐, developement ☐, tongue ☐, Irland ☐.

Faux sosies

Par confusion avec le français, un certain nombre de mots anglais sont souvent mal orthographiés. Soyez particulièrement attentifs aux consonnes (doubles ou simples ?) et aux éventuels ajouts ou suppressions de lettres.

7. Placez ces mots, appartenant au thème de la famille, dans les phrases suivantes

daughter / mother-in-law / uncle / aunt / brother / wife / sister / husband / nephew

1. A married couple is formed of .... and ....
2. Son is to boy what .... is to girl.
3. An only child has no ....s and ....s.
4. Your father's brother is your ....
5. Your father's sister is your ....
6. Your wife's/husband's mother is your ....
7. Your sister's/brother's son is your ....

Le vocabulaire de la famille

Le mot **family** désigne à la fois la cellule familiale et l'idée de famille. **A relative** désigne **un parent** (→ quelqu'un de la famille). Maintenant, à vous de jouer en découvrant d'autres mots dans l'exercice proposé !

AUTOUR DU FUTUR

Le vocabulaire autour des vêtements

Pour parler **des vêtements** au pluriel, on dit **clothes**. Mais si l'on veut désigner **un vêtement**, on dira **a garment** ou **an item (an article/a piece) of clothing**. Maintenant, testez vos connaissances autour de ce thème à travers les exercices ci-dessous !

8 Détachez les mots au bon endroit en les séparant par un trait, vous trouverez ainsi la traduction anglaise des mots listés ci-dessous ; reportez ensuite les mots anglais au propre, sur les lignes prévues à cet effet, et dans l'ordre des traductions

1. robe - costume - vêtements - pantalon - chemise - veste - chaussettes - jupe - pull-over - manteau

   clothesshirtjacketsweatersuitcoattrousserssocksskirtdress

   ....
   ....

Même consigne, cette fois pour trouver la traduction des accessoires suivants

2. porte-monnaie - casquette - chapeau - chaussure - écharpe - cravate - mouchoir - gant - ceinture - parapluie

   cappursehattiebeltscarfgloveshoeumbrellahandkerchief

   ....
   ....

9 Lisez les petites consignes et entourez la bonne réponse

1. Chassez l'intrus :
   children - five - alive - die - child

2. Chassez l'intrus :
   buy - live - mind - dry

3. Chassez l'intrus :
   ideal - private - iron - spinach

4. **Right** ne rime pas avec :
   rite - fight - eight - write

5. Comment prononce-t-on le **i** et le **y** dans **finally** ?
   a. [i]/[i]   c. [i]/[aille]
   b. [aille]/[aille]   d. [aille]/[i]

Les sons [i] et [aille] (suite)

On trouve généralement le son **[aille]** dans les différentes graphies suivantes :
- **y** (ex. : my)
- **ie** (ex. : lie)
- **i** (ex. : night, five, find)
- **eigh** (ex. : height)

Mais il existe aussi des exceptions...

AUTOUR DU FUTUR

Le son [i] : [i] long ou [i] court ?

Rappel : on trouve le son **[i]** avec les lettres et graphies **i, ee, ea**. Notez à présent que le son **[i]** est souvent **court** avec la lettre **i** (ex. : slip) et **long** avec les graphies **ee** et **ea** (ex. : sleep, meat). Il est très important que cette différence soit marquée à l'oral.

10 Classez les mots dans le tableau, en fonction de la longueur du son [i]

seek - beach - shit - leek - fill - seat - rid - bin - leave - chip - sheep - sit - read - sick - feel - ship - cheap - live - bean - bitch - sheet - lick

[i] court	[i] long
....	....
....	....
....	....
....	....
....	....
....	....

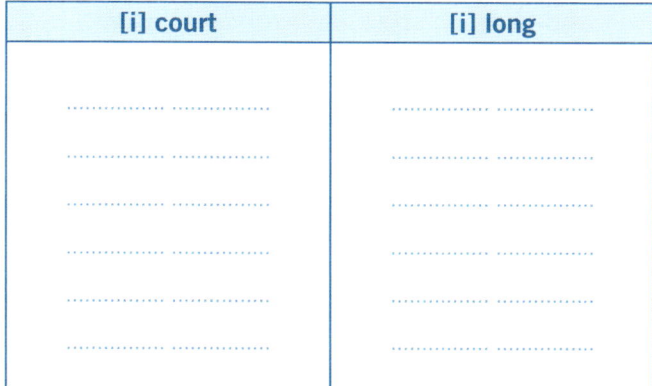

11 Entourez le mot qui convient

1. He is in hospital. He was **hit - heat** by a car.
2. Amanda **lives - leaves** in Japan now.
3. I usually **slip - sleep** very well at night.
4. He ate bad sushi and got very **sick - seek**. He almost died.

12 Dans chacune des listes suivantes, deux mots se prononcent de la même façon ; barrez l'intrus

1. leak - leek - lick
2. meet - meat - mate
3. ill - heel - heal
4. ceiling - sealing - sailing
5. still - steel - steal

Bravo, vous êtes venu à bout de ce chapitre ! Il est maintenant temps de comptabiliser les icônes et de reporter le résultat en page 128 pour l'évaluation finale.

5
Autour des modaux

Les modaux

- **Fonction générale et formation :** les modaux servent à exprimer la possibilité, l'obligation, la capacité ou la probabilité. À la forme affirmative, les modaux (invariables, même forme à toutes les personnes) sont suivis de la **base verbale** (ex. : I/he/they must go). À la forme interrogative, on inverse le modal et le sujet (ex. : can you come? / should we leave?).

- **Les principaux modaux sont** (voir plus loin pour leurs formes négatives et particularités) :

  – **Can :** sert à exprimer **la capacité ou une permission** (ex. : I can speak German / can I come with you?).

  – **Could :** forme passée de **can**, servant à exprimer les mêmes notions que **can**

  – **Must :** sert à exprimer une **forte possibilité** ➜ ça doit être (ex. : it must be nice to live by the sea) ou une **obligation à la forme affirmative** (ex. : you must do your homework)

  – **Should :** sert à exprimer un **conseil** ➜ tu devrais, tu ferais bien de (ex. : you should work harder)

  – **May :** sert à exprimer **l'éventualité**, à raison d'environ une chance sur deux ➜ il se peut que (ex. : it may rain this afternoon) ou une **autorisation** (ex. : may I smoke?).

  – **Would :** sert à exprimer **le conditionnel**. On l'utilise souvent avec les mots **if, if only** (ex. : I would come if I could = je viendrais si je pouvais). Il sert aussi dans le **discours indirect**, pour rapporter des propos (ex. : she said that she would come = elle a dit qu'elle viendrait).

I Choisissez entre can, must, should, may, could ou would

1. You didn't sleep last night. You .... be very tired. Maybe you .... take a nap.

2. You don't have a choice, you .... speak English fluently to work in this company.

3. I .... help you with your exam if I ...., but I'm afraid I'm terrible at maths.

4. It .... rain, it's sunny but there are a few clouds. Don't you think we .... take an umbrella?

5. **Just for fun:** "If the British .... survive their meals, they .... survive anything." (GB Shaw)

AUTOUR DES MODAUX

Formes négatives et particularités

- **Can** : sa forme négative est **cannot** ou **can't**. Pour exprimer la capacité au futur, on utilise **be able to** + **base verbale** (ex. : I will be able to speak fluently in a few months).

- **Must** : sa forme négative est **must not** ou **mustn't**. Elle peut servir notamment pour traduire une **interdiction** (ex. : you mustn't smoke in a hospital). Si l'on veut exprimer une obligation au passé ou au futur, on utilisera **have to** conjugué au prétérit ou au futur + **base verbale** (ex. : I had to work all weekend / I will have to cancel my holiday).

- **Should** : sa forme négative est **should not** ou **shouldn't** (ex. : you shouldn't smoke so much).

- **May** : sa forme négative est **may not**. Pour exprimer l'idée d'autorisation au passé ou au futur, on emploie **be allowed to** + **base verbale** (ex. : I was allowed to take photos in the museum / I will be allowed to bring my dog to the hotel).

- **Would** : sa forme négative est **would not** ou **wouldn't**. La structure **would like to** + **base verbale** sert à exprimer un **souhait** (ex. : I'd like to come with you).

2 Remettez les mots dans l'ordre pour trouver la traduction des phrases suivantes

1. Elle a dit qu'elle le ferait.

   → ....

   do she would that said it she

2. Je n'ai pas eu l'autorisation de venir.

   come I to was allowed not

   → ....

3. Ne devrais-tu pas fumer moins ?

   → ....

   smoke not you less should ?

4. Aimerais-tu sortir ce soir ?

   tonight like you out go to ? would

   → ....

5. Il faudra que je fasse les courses.

   → ....

   the to do shopping have will I

AUTOUR DES MODAUX

3 Mettez les phrases suivantes au temps indiqué entre parenthèses

1. I will be able to arrive by 5 o'clock (**PRÉSENT**) :

   → ....

2. I must see a doctor about my allergies (**PASSÉ**) :

   → ....

3. I will be allowed to leave work earlier (**PRÉSENT**) :

   → ....

4. May I call him ? (**FUTUR**) :

   → ....

5. I will have to tell them (**PRÉSENT**) :

   → ....

Échanges quotidiens

Un certain nombre de petites expressions permettant des **échanges sociaux** de base ou l'expression d'une **opinion** sont incontournables lorsque l'on se trouve dans un pays anglophone, sous peine de paraître froid ou impoli. En voici quelques-unes dans les exercices suivants.

4 Placez les mots à l'endroit qui convient

later - get - thanks - see - bother

1. Thank you = ...
2. Excuse me = sorry to .... you
3. Bon rétablissement = ... well
4. À plus tard = ... you ....

5 Trouvez les lettres manquantes ou remettez les mots dans l'ordre pour reconstituer les expressions suivantes

1. Félicitations !   C _ _ G _ _ T _ L _ _ _ _ S!

2. Comment ça va ?   _ _ _   _ _ _   YOU?

3. Se dit lors d'une première rencontre : you/how/do/do? ....

AUTOUR DES MODAUX

4. Bonne chance ! G _ _ D L _ _ K!

5. De rien ! (après des remerciements)
   YOU'RE W _ _ CO _ _
   ou DON'T ME _TI _ _ IT
   ou NOT AT A _ _

6 Il existe plusieurs possibilités pour demander de répéter. Classez les propositions de la plus polie à la moins polie, en reportant les lettres a, b, c ou d entre les symboles décroissants

a. sorry?   b. I beg your pardon?   c. could you repeat that, please?   d. what?

.... > .... > .... > ....

7 Entourez la ou les bonne(s) réponse(s)

1. Pour traduire **à mon avis**, laquelle de ces expressions n'est pas correcte ?
   a. at my view...
   b. I think...
   c. in my opinion...
   d. from my point of view...

2. Comment dites-vous **je suis d'accord** ?
   a. I am agree
   b. I am agreed
   c. I agree
   d. I am okay

3. Comment dites-vous **je ne suis pas d'accord** ?
   a. I disagree
   b. I'm not agreed
   c. I don't agree
   d. I'm disagreed

4. Par politesse, avant d'indiquer son désaccord, on débute sa phrase par :
   a. not at all
   b. never mind
   c. I'm afraid...
   d. I believe...

5. Quelle expression ne signifie pas que vous êtes certain ?
   a. I'm sure (about)
   b. I'm certain (about)
   c. I'm positive
   d. I'm biased

6. Quelle expression ne signifie pas « je pense/je suppose » ?
   a. I guess
   b. I suppose
   c. I bet
   d. I assume

AUTOUR DES MODAUX

La lettre a

La lettre **a** peut se prononcer :
- **[o]** (ex. : fall, talk)
- **[eu]** (ex. : afraid, accept)
- **[a]** (ex. : father, matter)
- **[eille]** (ex. : baby)
- **[a] nasal** (ex. : cat)
- **[i]** (ex. : cottage, vintage ; attention, les Français ont tendance à prononcer **[eille-dje]** les mots se terminant en **age**, tels vintage ou cottage, au lieu de les prononcer **[vine-tidj]** et **[cotidj]**, comme il se doit)

8 Répondez aux questions suivantes

1. Comment prononce-t-on les 3 **a** dans le mot **banana** ? 1 [.....] 2 [.....] 3 [.....]

2. **appreciate** rime avec :
   a. demonstrate
   b. climate
   c. mat

3. Dans quel mot la lettre **a** ne se prononce pas **[eille]** ? potato - fashion - apricot - April

4. Quel mot contient un **a** qui ne se prononce pas **[eu]** ? again - agony - across - American

5. Chassez l'intrus :
apple - traffic - final - rabbit

9 Entourez l'intrus

1. rugby - tune - reduction - cup
2. funny - mud - customer - ruby
3. put - full - cool - fudge
4. honey - offer - some - open
5. blood - hood - enough - done

Le son [a] fermé

Peuvent se prononcer **[a] fermé** les graphies suivantes :
- **o** (ex. : love)
- **ou** (ex. : tough)
- **oo** (ex. : flood)
- **u** (ex. : up, duck ; attention, les Français ont tendance à prononcer ce mot **[deuk]**, mais en réalité, il faut le prononcer **[dak]** !)

10 Dans quels mots entend-on le son [a] fermé ? Cochez les cases correspondantes

1. ☐ destruction	6. ☐ god	11. ☐ rock
2. ☐ hoover	7. ☐ moose	12. ☐ stuck
3. ☐ luck	8. ☐ brother	13. ☐ fool
4. ☐ court	9. ☐ rude	14. ☐ seduction
5. ☐ duke	10. ☐ colour	15. ☐ rough

AUTOUR DES MODAUX

Prononcer les lettres j / g

- La lettre **j** se prononce toujours **[dj]** (ex. : jar, enjoy, junior).

- La lettre **g** peut se prononcer **[dj]** en début et en milieu de mot, dans les groupes de lettres **gi, gy, ge, dg, dge** (ex. : ginger, energy, knowledge, cabbage), **[g]** en début, milieu ou fin de mot (ex. : gold, game, finger, dog, fog) et **[f]** dans le groupe de lettres **gh** (ex. : laugh).

À noter : certaines lettres/graphies se prononcent également **[dj]** et ce, même si elles ne contiennent pas la lettre g. C'est le cas de la graphie **dj** et de la **lettre d dans les graphies di et du** (ex. : dual, adjust, soldier).

11 Dans quel mot n'entend-on pas le son [dj] ? Barrez-le

1. journey / adjective / gene / bridge / gibbon
2. module / sleigh / majesty / soldier / gym
3. mileage / getaway / badger / subdue / adjoin
4. ageing / project / twig / dune / budget

12 Dans quels mots n'entend-on pas le son [g] ? Barrez-les

GATE argue spring monologue bagel germ giant

13 Dans quels mots n'entend-on pas le son [f] ? Barrez-les

weigh tough laugh rough though sigh borough enough cough

Bravo, vous êtes venu à bout de ce chapitre ! Il est maintenant temps de comptabiliser les icônes et de reporter le résultat en page 128 pour l'évaluation finale.

6 Autour des verbes : to, ing ou ø ?

To ou ø ?

- **Base verbale sans to (ou ø) :**

Elle s'utilise après **les modaux** et **had better** (ex. : we'd better go/ we must go), les verbes **let** et **make** (ex. : let him go / This film made me cry), l'expression **why (not)?** (ex. : you look tired, why not take a holiday?).

- **Base verbale avec to :**

To exprime l'idée de but, de visée (ex. : I went to the supermarket **to** buy some milk). On trouvera souvent **to** quand le verbe est orienté vers la réalisation (future) d'une action. On l'utilise après **la plupart des verbes non auxiliaires** (ex. : choose, decide, hope, love, promise, refuse, want), **les interrogatifs who, what, where, mais pas why** (ex. : tell me what to do), **would like/prefer/hate/love** (ex. : I'd like to tell you something), les expressions exprimant **une obligation** (ex. : I have a lot of work to do), **les quantificateurs** comme **enough, too much** (ex. : there was enough water to take a shower), **les adjectifs exprimant une émotion** comme **disappointed, glad, happy, pleased, relieved, sad, surprised, shocked, afraid** (ex. : I'm pleased to come with you).

1. Cochez la bonne réponse

1. I was so happy … that you got married.   ☐ a. learn   ☐ b. to learn
2. It's getting late. We'd better … .   ☐ a. go   ☐ b. to go
3. I promise … an effort.   ☐ a. to make   ☐ b. make
4. We will tell you when … .   ☐ a. leave   ☐ b. to leave

2. Reliez chaque début d'énoncé à la construction qui convient

1. I let the children •
2. She was afraid •   • to go
3. Tell me where •   • ø go
4. They can •

AUTOUR DES VERBES : TO, ING OU Ø ?

Les verbes en ing

- **Formation :** Base verbale **+ ing**
- **Utilisations :**

Contrairement à **to**, qui est orienté vers l'action, **ing** est orienté vers la notion (ex. : smoking is not good for you ≠ I want to smoke a cigarette). **Ing** peut d'ailleurs occuper une fonction de nom, qu'elle soit sujet (ex. : running is a healthy habit) ou complément (ex. : I like running). On peut généralement traduire un verbe en **ing** par un nom ou le remplacer par l'expression **le fait de…** (smoking ➜ le tabagisme, le fait de fumer).

On l'utilise après les verbes **admit, avoid, consider, deny, enjoy, fancy, feel like, finish, resist, risk, spend, suggest** (ex. : I suggested going to the cinema), **les prépositions** et adverbes comme **to, without, of, at, for, before, after, by, about, instead of** (ex. : the idea of losing never crossed her mind), **les verbes à particule** comme **carry on, give up,** etc. (ex. : he carried on reading), après les verbes **mind, stop, can't stand,** etc. (ex. : I can't stand waiting).

3 Entourez la bonne réponse

1. Do you enjoy **(to swim - swim - swimming)** in the ocean?
2. They went for a walk instead of **(to watch - watch - watching)** a film.
3. She was pleased **(to see - see - seeing)** me.
4. Stop **(to make - make - making)** a noise!
5. He's so funny. He always makes us **(laugh - laughing - to laugh)**.

4 Soulignez les phrases dont la construction verbale est incorrecte

1. To cook pasta is not as easy as it seems.
2. I don't want to go to the cinema.
3. Why not staying for dinner?
4. He spends most of his free time travel.
5. I don't mind to help you.
6. I don't feel like cooking tonight.
7. Do you enjoy to read detective stories?
8. To drink too much tea or wine can stain your teeth.
9. You can't make progress without making an effort.
10. Doing yoga makes her feel good.
11. He gave up smoking last year.
12. He denied to steal the car.

AUTOUR DES VERBES : TO, ING OU Ø ?

5 **Entourez la ou les construction(s) correcte(s)**

1. Can you help me **moving - to move - move** the sofa?
2. It started **to snow - snowing - snow** during the night.
3. We heard your dog **bark - to bark - barking** all night long!
4. I hate **to cycle - cycling - cycle** in the city.

Cas particuliers

- Le verbe **help** accepte aussi bien la construction avec **to** que **ø** (ex. : can you help me (to) wash the car?).
- Les verbes de perception comme **hear, feel, see, watch** acceptent **ø** ou **ing** (ex. : I saw her cry/crying).
- Les verbes de commencement, de continuation ou d'arrêt comme **begin, start, stop, continue** et les verbes d'appréciation comme **hate, like, love, prefer** acceptent **to** ou **ing**. (ex. : I like to play the piano - I like playing the piano).

Let's go shopping !

Du vocabulaire sur le shopping, vous connaissez déjà le mot **shopping**. Well done, c'est un bon début ! Maintenant sauriez-vous dire **boucher, poissonnier, boulanger** ? Sauriez-vous vous débrouiller dans une boutique ? Nous allons le vérifier dans les exercices ci-dessous. Une petite blague avant de commencer : "Most men hate to shop. That's why the men's department is usually on the ground floor of a department store - two inches from the door" (Rita Rudner). Maintenant, c'est à vous !

6 **Entourez la bonne réponse**

1. Comment diriez-vous **combien ça coûte ?**
   a. how much is it?
   b. how many is it?
   c. how does it cost?

2. La caissière vous demande **do you have any change?** Elle veut savoir si :
   a. vous avez une carte de fidélité
   b. vous avez l'appoint
   c. vous payez par carte

3. **The sales** désigne :
   a. le stock   b. les soldes   c. les vendeurs

4. Aux États-Unis, la caissière vous demande **cash or charge?** Elle veut savoir si :
   a. vous avez une pièce d'identité
   b. vous avez une carte de fidélité
   c. vous payez en espèces ou par carte

5. Vous voulez demander un article dans une autre taille, vous dites :
   a. is it in other sizes?
   b. do you have another sizes?
   c. does it come in other sizes?

AUTOUR DES VERBES : TO, ING OU Ø ?

7 Les commerces : remplissez la grille suivante d'après les définitions ; pour vous aider, nous vous donnons la liste des mots à placer

DELI
GREENGROCER
STORE
TOBACCONIST
PETROL STATION
SUPERMARKET
CHEMIST
FISHMONGER
FLORIST
LAUNDRETTE
GROCERY
HAIRDRESSER
BAKER
BUTCHER
JEWELLER
NEWSAGENT

Across
1. primeur
2. coiffeur
3. épicerie
4. grands magasins : "department…"
5. boucher
6. poissonnier
7. bijoutier
8. bureau de tabac

Down
A. supermarché
B. vend des fleurs
C. station-service
D. laverie automatique
E. traiteur ou épicerie fine
F. vend des journaux
G. boulanger
H. pharmacien

8 Après les noms de magasins, on ajoute en général une lettre, précédée d'une apostrophe : laquelle ? Complétez les phrases, puis entourez les magasins pour lesquels on ne l'ajoute pas

1. I need to go to the baker' … .
2. Did you go to the butcher' … ?
3. supermarket - chemist - florist - department store

35

AUTOUR DES VERBES : TO, ING OU Ø ?

9 Placez les mots suivants dans les deux textes

check-out, labels, order, trolley, items, cashier, delivered, basket, carrier, costs, buy, refund, customers, convenient, prices, send

1. *When you go shopping, you will need a .... or a .... bag if you do not have many things to buy. If you need to do your weekly shopping at the supermarket, you will need a .... Some .... are very careful about what they .... They read the .... and check .... , others see shopping as a real chore and want to do it as quickly as possible. When you are done with the shopping, you need to go to the .... Some of them are automatic now but many people still prefer to talk to a ....*

2. *Many people now shop online. Online shopping is .... as you do not need to move from your place. It can be done quickly too as you just click and put the .... you want into your shopping basket. The shipping .... are generally reasonable and your things are generally .... in just a few days. To place your .... you need to give your credit card number, that is why some people do not trust this kind of shopping. Online shopping can be a problem if you need to buy shoes and clothes because you can't try them on. As a consequence, you sometimes need to .... them back and ask for a ....*

Le son [eille]

On trouve généralement le son **[eille]** (comme dans abeille) avec les lettres **a** (ex. : late, paste, Amy), **ei** (ex. : eight), **ey** (ex. : they), **ai** (ex. : rail), **ay** (ex. : way) et **ea** (ex. : great). Mais il existe des exceptions…

Just for fun: pour travailler la prononciation de ce son, vous pouvez répéter cette célèbre phrase de *My Fair Lady* : "The rain in Spain stays mainly in the plain".

10 Dans quel mot n'entend-on pas le son [eille] ? Barrez-le

1. rain - many - favourite - lemonade
2. Spain - says - degrade - available
3. mainly - heritage - impatient - fail
4. delicate - delay - saying - amazing
5. blame - claim - marriage - foray

AUTOUR DES VERBES : TO, ING OU Ø ?

La graphie ea et le son [eille] (suite)

La graphie **ea** peut se prononcer **[è]** (ex. : head), **[eille]** (ex. : great), **[a]** (ex. : heart), **[i]** (ex. : read), **[ieu]** (ex. : fear), **[èeu]** (ex. : wear).

11 Replacez les mots suivants sur la bonne ligne en fonction de la prononciation de la graphie ea dans chacun d'entre eux

breathe   clean   PEAR   breath   SWEAT   ahead   peasant   treasure   ocean   swear   steak   bead   year   idea   bear   hearth   cleanse   beard   create

Le **ea** se prononce comme dans :

1. head **[è]** : ....

2. great **[eille]** : ....

3. heart **[a]** : ....

4. read **[i]** : ....

5. fear **[ieu]** : ....

6. wear **[èeu]** : ....

7. autres : .... + ...

Bravo, vous êtes venu à bout de ce chapitre ! Il est maintenant temps de comptabiliser les icônes et de reporter le résultat en page 128 pour l'évaluation finale.

Autour de l'impératif, des ellipses et question tags

L'impératif

- **Formation :**

  - **à la forme affirmative :** base verbale seule aux 2ᵉ personnes du singulier et du pluriel (ex. : pars/partez ! → go!). Aux autres personnes, on utilise **let** + le pronom personnel **him/her, us**, ou **them** + base verbale (ex. : let her come → qu'elle entre / let us talk, let's talk → parlons / let them go to hell! → qu'ils aillent au diable !).

  - **à la forme négative :** don't/do not + base verbale aux 2ᵉ personnes du singulier et du pluriel (ex. : don't go → ne pars/ne partez pas). Aux autres personnes, on utilise **let** + pronom personnel **him/her, us, them + not** + base verbale (ex. : let her not speak → qu'elle ne parle pas / let's not be late → ne soyons pas en retard).

- **Utilisation :** comme en français, il sert à donner des ordres, à faire une suggestion ou à s'exclamer.

1. Remettez les mots dans l'ordre pour traduire les phrases suivantes

1. Allons au restaurant !	restaurant/us/the/let/to/go!	
2. Qu'ils se taisent !	quiet/let/be/them!	
3. Ne parlons pas de ça !	talk/us/about/not/that/let!	

2. Mettez les phrases suivantes à l'impératif

1. We go on holiday together. →
2. You do not give me orders. →
3. They arrive on time. →
4. We do not argue about silly things. →
5. He doesn't smoke in the building. →

AUTOUR DE L'IMPÉRATIF, DES ELLIPSES ET QUESTION TAGS

Reprises et ellipses

- **Fonction :** elles servent à reprendre des propos de manière concise, pour ne pas répéter toute la phrase que l'on vient de prononcer.

- **Utilisations :**
  - pour répondre par **oui** ou par **non** à une question. En anglais, au **yes/no**, on ajoute le sujet + l'auxiliaire au temps de la phrase (ex. : do you like swimming? → yes, I do / have you eaten yet? → yes, I have / did you go to the cinema yesterday? → no, I didn't).
  - en réponse à une invitation/proposition (ex. : how about going to the restaurant on Sunday? → I'd love **to**).
  - pour traduire **je suppose/je pense/j'espère** (→ I suppose **so**/I think **so**/I hope **so**).
  - pour traduire **moi aussi (toi aussi, lui aussi, etc.)** → **so** + **auxiliaire ou modal** + **pronom** (ex. : I like tea, so does he / he has been to Berlin, so have I / I can swim, so can you) ; **moi non plus (toi non plus, etc.)** = **neither** + **auxiliaire ou modal** + **pronom** (ex. : you shouldn't come, neither should I / they didn't sleep last night, neither did I / I haven't done the shopping, neither have you).

3 Reliez chaque question à la réponse qui convient

1. Is it going to rain?
2. Have you got a pet?
3. Will you come tonight?
4. Does your sister smoke?

a. Yes, I have.
b. No, she doesn't.
c. I think so.
d. I'd love to.

4 Répondez aux questions suivantes en utilisant une réponse elliptique, comme dans les exemples

Ex. : Have you ever been to Japan? (no) → No, I haven't.
Ex. : Is he married? (yes - think) → Yes, I think so.

1. Did you go to the concert last night? **(no)** → ....
2. Do you think the weather will be fine? **(yes - hope)** → ....
3. Does she have a car? **(yes)** → ....
4. Is he English? **(no)** → ....

39

AUTOUR DE L'IMPÉRATIF, DES ELLIPSES ET QUESTION TAGS

5 Reformulez les phrases suivantes en exprimant « moi non plus » ou « moi aussi » par une structure elliptique, comme dans les exemples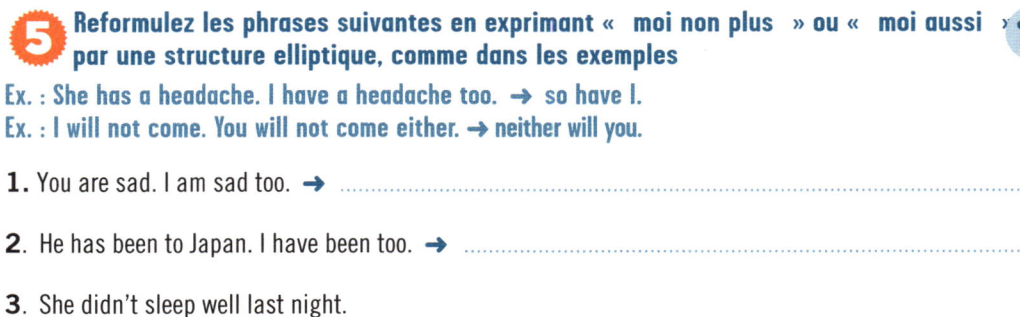

Ex. : She has a headache. I have a headache too. → so have I.
Ex. : I will not come. You will not come either. → neither will you.

1. You are sad. I am sad too. → ....

2. He has been to Japan. I have been too. → ....

3. She didn't sleep well last night.
   I didn't sleep well last night either. → ....

4. They can play the piano. I can play the piano too. → ....

5. You ate sushi for lunch. I ate sushi for lunch too. → ....

Question tags

• **Nature et fonction :**

Les **tags** sont de petits énoncés interrogatifs de fin de phrase, abondamment utilisés en anglais. Ils sont employés pour **demander confirmation** (sens = est-ce que oui ou non ?, c'est bien ça, non ?, si ?, hein ?).

• **Formation :**

Si l'**auxiliaire**, le **modal** ou le **verbe** est employé à la forme affirmative, celui-ci est repris à la forme négative. Il est repris à la forme affirmative s'il est à la forme négative. Dans les deux cas, on conserve le même temps et, s'il n'y a pas d'auxiliaire dans la phrase, on utilise **do** ou **did** pour reprendre le verbe, comme pour former une phrase affirmative ou négative normale (ex. : she's 40, isn't she? / you like coffee, don't you? / you didn't go to the party, did you? / she doesn't like porridge, does she? / you can swim, can't you?).

Cas particuliers

• **Les phrases avec have**

– **si have est auxiliaire** au present perfect, on utilise **have** pour le tag (ex. : she has been to Russia, hasn't she?).

– **si have est un verbe de possession**, on utilise **do** ou **did** pour le tag (ex. : we have plenty of time, don't we?).

– dans l'expression **have to**, qui signifie **must,** have fonctionne comme un verbe. On utilise donc **do** ou **did** pour le tag (ex. : she had to leave, didn't she?).

• **À savoir :**

– les mots comme **no, none, rarely, never** rendent la phrase négative, même si le verbe de la phrase est à la forme affirmative (ex. : she has no pets, does she?).

– après un impératif, on peut reprendre par **will you?** ou **would you?** pour demander à quelqu'un de faire quelque chose.

– le tag pour l'impératif **let's** est **shall we?**

AUTOUR DE L'IMPÉRATIF, DES ELLIPSES ET QUESTION TAGS

6 Trouvez le tag qui convient

1. Pass me the salt, ... ?
2. She doesn't have a boyfriend, ... ?
3. He went on holiday to Brazil, ... ?
4. Let's go bowling tonight, ... ?
5. I guess she has no choice, ... ?

Pays et nationalités

Rappel : les noms de pays ne sont pas précédés de l'article **the**, à part the United Kingdom, the USA, the Netherlands et the Lebanon. Dans notre grande bonté, nous vous rappelons que **la France** se dit **France**, pour le reste, à vous de jouer !

7 Remettez les lettres dans l'ordre afin de trouver les noms de pays suivants

1. Allemagne : **YRAMENG** ....
2. Espagne : **IPASN** ....
3. Japon : **NAJPA** ....
4. Turquie : **RUTEYK** ....
5. Norvège : **WROYNA** ....

8 Entourez la bonne réponse

1. L'Italie = ...
   a. Itally   b. Italia   c. Italy
2. Quel pays se dit Austria ?
   a. l'Autriche
   b. l'Australie
   c. l'Islande
3. La Suisse = ...
   a. Swiss
   b. Switzerland
   c. Swisserland
4. Le Danemark = ...
   a. Denmark
   b. Danmark
   c. Denmarck

9 Détachez les mots au bon endroit afin d'énumérer les pays du Royaume-Uni :

walesirelandenglandscotland

....
....

AUTOUR DE L'IMPÉRATIF, DES ELLIPSES ET QUESTION TAGS

Les nationalités

• **Les adjectifs de nationalités**

Ils se terminent généralement par **sh/ch** (ex. : French, Irish, English), **ese** (ex. : Chinese, Burmese) ou **an** (ex. : American, German).

• **Les noms de nationalités**

Il existe trois grands types de désinences pour les former :

– **man/men** pour les adjectifs de nationalité se terminant par **sh/ch** (ex. : an Irishman, two Irishmen). Il existe cependant des exceptions qu'il faut apprendre (ex. : Poland → Polish → a Pole). Pour désigner un ensemble de personnes d'une certaine nationalité (les Anglais, les Chinois, etc.), on utilise l'adjectif de nationalité précédé de l'article **the** (ex. : the English, the French). Notez que l'on peut exprimer la même idée en ajoutant le nom **people** aux adjectifs de nationalité, mais **sans the** (ex. : English people, Chinese people).

– **an** pour les adjectifs qui se terminent par **an** (ex. : an Australian, a Canadian). Au pluriel, ces noms de nationalités prennent un **s** (ex. : Australians, Canadians).

– **ese** (ex. : a Chinese). Aucune modification n'est nécessaire pour décliner le pluriel (→ the Chinese).

• **Remarques :**

– les noms et adjectifs de nationalités prennent une majuscule.

– quelques noms et adjectifs de nationalités ne suivent aucun des schémas ci-dessus, nous en croiserons quelques-uns dans les exercices ci-dessous.

10 Entourez la ou les bonne(s) réponse(s)

1. **Duncan is from Edinburgh. He is…**
   a. a Scots   b. a Scot   c. Scotish   d. Scottish

2. **Someone coming from Denmark is…**
   a. a Danishman   b. a Danish
   c. a Dane   d. a Danese

3. **… eat a lot of cabbage.**
   a. The German   b. German people
   c. The Germans   d. Germanmen

4. **Juan comes from Madrid. He is…**
   a. Spanish   b. a Spaniard man
   c. a Spaniard   d. a Spanishman

5. **"If … gets run down by a truck he apologizes to the truck."** (Jackie Mason, évoquant la politesse légendaire des Anglais)
   a. an English   b. an England man
   c. an Englishman

AUTOUR DE L'IMPÉRATIF, DES ELLIPSES ET QUESTION TAGS

11 Complétez les espaces avec as ou like

1. His sister looks .... the first lady.
2. She was hired .... a consultant.
3. I took two tablets a day, ... the doctor ordered. I feel better now.
4. You look beautiful, this dress fits you .... a glove.
5. He eats .... a horse!

As ou like ?

Pour faire une comparaison entre deux éléments et traduire **comme**, on utilise **as** ou **like**.

– **Like** exprime une **ressemblance**. On l'utilise devant un nom ou un pronom (ex. : he swims like a shark).

– **As** exprime une **identité** entre deux éléments. On l'utilise devant les propositions verbales (ex. : nobody sings as he does). Il s'emploie aussi pour préciser une **fonction** ou un **rôle** (→ en tant que…). Il fonctionne alors comme une préposition et s'utilise devant un nom (ex. : he worked as a shop assistant for two years).

Les graphies sh / ch

La graphie **sh** se prononce **[ch]** (ex. : shine, shoe) alors que **ch** se prononce **[tch]** (ex. : cheese, child).

12 Placez les mots suivants dans le tableau

chaussure - drap - frite - cheap - chop - ship - mouton - chew - cheat - boutique

FRANÇAIS / ANGLAIS	ANGLAIS / FRANÇAIS
1. bateau →	6. chip → ....
2. tricher →	7. sheet → ....
3. pas cher →	8. sheep → ....
4. émincer →	9. shop → ....
5. mâcher →	10. shoe → ....

Bravo, vous êtes venu à bout de ce chapitre ! Il est maintenant temps de comptabiliser les icônes et de reporter le résultat en page 128 pour l'évaluation finale.

8
Autour des noms

Le pluriel des noms

En général, les noms au pluriel prennent un **s**, comme en français. Mais il en existe quelques-uns, à connaître, dont le pluriel est irrégulier :

- certains changent de voyelle (ex. : foot ➜ feet)
- les noms se terminant en **x, s, sh** ou en **ch** prennent **es**, sauf les noms de nationalités (ex. : dish ➜ dishes)
- les noms se terminant en **y** ont un pluriel en **ies**, sauf si le **y** est précédé d'une voyelle (ex. : baby ➜ babies, mais key ➜ keys)
- les noms se terminant en **f, fe, lf** ont un pluriel en **ves** (ex. : knife ➜ knives)
- les noms se terminant en **o** ont un pluriel en **oes** (ex. : tomato ➜ tomatoes)
- de très **rares mots** ne prennent **pas de s** au pluriel (ex. : fish)
- certains mots sont singuliers en **français** mais pluriels en **anglais** (ex. : un short ➜ shorts)
- certains noms **en apparence pluriels** sont **suivis d'un verbe au singulier**. C'est notamment le cas des noms de disciplines finissant par **ics** (ex. : physics is not her favourite subject ➜ la physique n'est pas sa matière préférée / the news is good ➜ les nouvelles sont bonnes)
- certains noms **singuliers** se terminent par un **s** (ex. : the bike is a good means of transport)
- certains noms **singuliers** fonctionnent comme des **collectifs** et sont généralement suivis d'un **verbe pluriel** (ex. : the police are looking for the murderer)

1 Écrivez le pluriel des noms suivants

1. mouse : ....
2. tooth : ....
3. goose : ....
4. studio : ....
5. woman : ....
6. leaf : ....
7. lady : ....
8. wife : ....
9. man : ....
10. potato : ....
11. knife : ....
12. child : ....
13. wolf : ....
14. family : ....
15. sheep : ....
16. shelf : ....

AUTOUR DES NOMS

Noms dénombrables et indénombrables

- La majorité des noms sont dits **dénombrables** : on peut les compter (ex. : one chair, two chairs, three chairs, etc.)
- Les noms **indénombrables** forment un ensemble : on ne peut pas les dénombrer (ex. : rain)

– sont indénombrables : les matières, matériaux et tissus (ex. : glass, iron, velvet), les aliments et denrées (ex. : milk, toast, meat, bread, fruit), les noms abstraits et les notions générales (fear, change, love, advice, evidence, progress, society), les noms qui ont un sens collectif (ex. : hair, furniture, luggage).

– ils ne sont **jamais utilisés** avec l'article indéfini **a/an** ni avec un chiffre, ils ne se mettent pas au pluriel, ne prennent donc **pas de s** et sont suivis d'un verbe au singulier (ex. : ses cheveux sont gris ➡ his hair is grey). Pour isoler une unité d'un indénombrable, on emploiera des expressions comme **a piece of, a mode of, a kind of, a type of** ou un quantitatif comme **some, little** ou **much** (ex. : a piece of advice, some furniture, a lock of hair, a type of leather).

2. Quelles phrases sont incorrectes, dans la liste suivante ? Entourez-les

1. I had a fruit for dessert.
2. My pant is too large.
3. Her favourite class is economic.
4. This piece of equipment is old.
5. The toasts are delicious.
6. The rubbish is collected twice a week.
7. He showed a remarkable honesty.
8. I had three chewing-gums today.
9. There isn't much furniture in his flat.
10. I love sushi.
11. My luggages are heavy.
12. His politics is rather left-wing.

3. Reliez chaque expression à l'indénombrable qui lui correspond

1. a bar of
2. a slice of
3. a pair of
4. a bunch of
5. a pinch of

a. trousers
b. grapes
c. chocolate
d. salt
e. bread

4. Entourez la ou les bonne(s) réponse(s)

1. a. the pastas are good
   b. the pasta are good
   c. the pasta is good
2. The police have…
   a. two pieces of evidence
   b. an evidence
   c. evidences

AUTOUR DES NOMS

Le vocabulaire du corps et de la santé

Vous vous souvenez certainement du mot **body**, qui signifie **corps**. Mais vous souvenez-vous des parties du visage et du corps ? Une petite blague avant de passer aux choses sérieuses : "If your feet smell and your nose runs, you're built upside down." Maintenant, à vous de jouer !

5 Annotez les schémas à l'aide des mots fournis

A.
neck / eye / cheek / nose / chin / mouth / hair / forehead / ear / throat

1 .... 6 ....
2 .... 7 ....
3 .... 8 ....
4 .... 9 ....
5 .... 10 ....

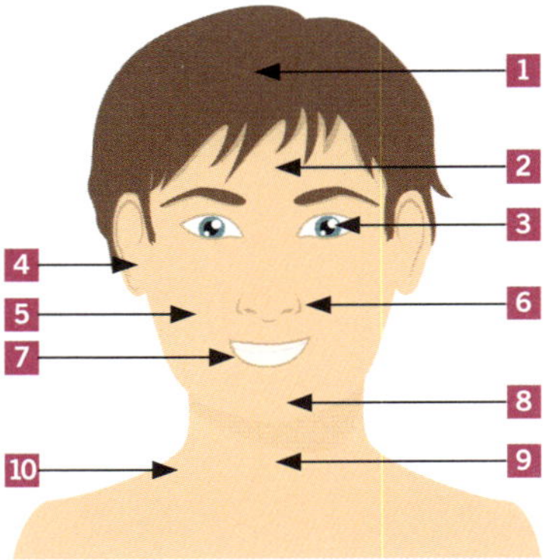

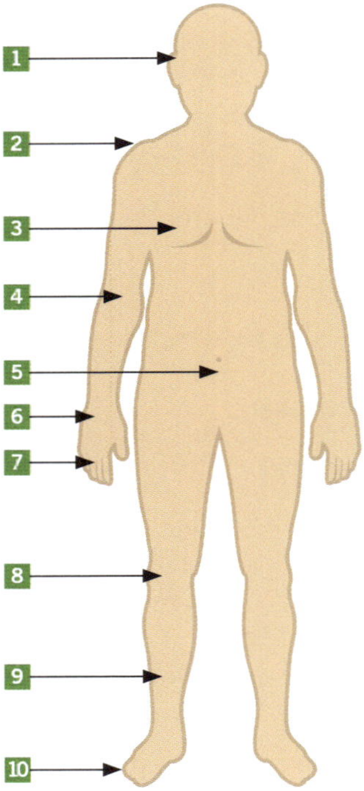

B.
foot / knee / head / shoulder / arm / chest / belly / fingers / hand / leg

1 ....
2 ....
3 ....
4 ....
5 ....
6 ....
7 ....
8 ....
9 ....
10 ....

6 Détachez les mots au bon endroit pour trouver la traduction des mots suivants, puis réécrivez les mots anglais au propre, dans l'ordre des traductions

infirmière / tousser / fièvre / rhume / cachet / médecin / malade / ordonnance / grippe / santé

coldprescriptionflutabletphysicianfeverhealthsickcoughnurse

....
....

AUTOUR DES NOMS

7 Entourez la bonne réponse

1. Vous avez mal à la gorge : my…
   a. throat is soar   b. throat is sore
   c. throught is sour

2. Vous avez mal à la tête :
   a. My head makes bad.
   b. I have a bad head.
   c. I have a headache.

3. Votre nez coule : my nose is…
   a. butched   b. heavy
   c. stuffed   d. running

4. Vous avez mal à l'oreille : my ear…
   a. is ache   b. hurts   c. hearts   d. pains

5. Vous avez mal au dos. Quelle proposition est incorrecte ?
   a. I've got a backache.
   b. I've got a pain in my back.
   c. My back hurts.
   d. My back makes pain.

8 Trouvez la signification des acronymes suivants

1. **G.P.**
   a. General Practitioner
   b. Gynaecological Practice
   c. Genetic Profile

2. **TB**
   a. Tissue Biopsy
   b. Temporary Paralysis
   c. Tuberculosis

3. **AIDS**
   a. Acquired Immunodeficiency Syndrome
   b. Anaemia, Infection, Depression and Stress

4. **STD**
   a. Symptoms of Traumatic Disorder
   b. Sexually Transmitted Disease

5. **DNA**
   a. Deoxyribonucleic Acid
   b. Dehydration, Nausea and Amnesia

British ou Yankee ?

La différence entre l'**anglais british** et l'**anglais américain** est très sensible à l'oral. Il existe par ailleurs des différences orthographiques. Les mots se terminant en **our** en anglais se terminent en **or** en américain (ex. : neighbor, color, favorite) par exemple. Mais il faut avant tout savoir que les différences commencent avec le vocabulaire lui-même, comme vous allez le voir en réalisant les exercices suivants.

9 Reconstituez les paires de mots anglais/américains en plaçant les éléments suivants dans le bon groupe (respectez la place de chaque mot équivalent)

holiday
fall
flat
cookies
truck
subway
cab

ANGLAIS
autumn, lorry, …………, biscuits, underground, …………, taxi

AMÉRICAIN
…………, …………, apartment, …………, …………, vacation, …………

AUTOUR DES NOMS

10 Trouvez les mots anglais ou américains en vous aidant des indices

	Équivalent anglais	Indice	Équivalent américain
1.	shop	ST • • E	
2.	jumper	SW • • • ER	
3.	football	SO • • ER	
4.	stupid	DU • •	
5.		• • GRY	mad

11 Reliez les mots anglais à leurs équivalents américains

1. bill
2. lift
3. trainers
4. film
5. chips

a. check
b. movie
c. elevator
d. French fries
e. sneakers

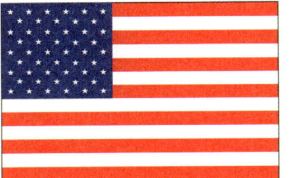

Le son [o]

Peuvent se prononcer **[o]** les graphies suivantes : **aw, au, or, a, ou, oar, oo** (ex. : raw, taught, daughter, born, war, roar, bought, door). Mais cela n'est pas systématique...

12 Dans quel mot n'entend-on pas le son [o] ? Barrez-le

1. torn - soar - wood - corn
2. laugh - caught - fought - board
3. scorn - favour - boar - floor
4. thorn - thought - law - flour

13 Entourez les quatre mots dans lesquels on entend le son [o]

FOOL   awful   born
   out   sought   wolf

AUTOUR DES NOMS

Le son [ou]

On retrouve généralement le son **[ou]** avec les graphies suivantes : **ew** (ex. : flew), **oo** (ex. : spoon), **ue** (ex. : blue), **ui** (ex. : fruit), **ou** (ex. : group), **u** (ex. : flu), **oe** (ex. : shoe). Mais cela n'est pas systématique…

14 Chassez l'intrus

1. cook - look - full - hour
2. zoo - crew - bubble - true
3. cool - glue - suit - toe
4. soup - flood - rude - cruise

15 Entourez les cinq mots dans lesquels on entend le son [ou]

rude — juice — soon — blood — pour — biscuit — drew — foul — sue

16 Vrai ou faux ? Lisez les propositions et cochez chaque fois la bonne case

1. **drew** rime avec **you** et **blue**. ☐ VRAI ☐ FAUX
2. **put** rime avec **cut**. ☐ VRAI ☐ FAUX
3. **flour** rime avec **sour** et **hour**. ☐ VRAI ☐ FAUX
4. On entend le son [ou] dans **pool** et **pull**. ☐ VRAI ☐ FAUX

Bravo, vous êtes venu à bout de ce chapitre ! Il est maintenant temps de comptabiliser les icônes et de reporter le résultat en page 128 pour l'évaluation finale.

9 Autour des articles

On ne met pas d'article (Ø) devant…

… les **pluriels désignant une généralité** (ex. : I'm afraid of snakes), les **indénombrables** (comme life, water, bread, wood, etc.) **qui expriment une idée générale** (ex. : love is complicated / wood is used to make furniture), les **noms propres** et les **titres officiels** (ex. : President Obama, Queen Elizabeth), les **noms de pays** (ex. : France, Germany, etc.) sauf the United Kingdom, the USA, the Netherlands et the Lebanon, les **lieux** et les **noms d'institution** considérés dans leur fonction (ex. : school, hospital, work, prison, home), les **objets numérotés** (ex. : page 60), les **sports** (ex. : I played football when I was a child), les **expressions avec all** (ex. : all day, all night long), **last** et **next** (ex. : I went to China last year).

1 Choisissez et cochez la bonne réponse

1. It's cold today. Don't leave the house without … coat. ☐ Ø ☐ a ☐ the
2. … animals are not allowed in the building. ☐ Ø ☐ the
3. They are getting married. What … wonderful surprise! ☐ Ø ☐ a ☐ the
4. It would be impossible to live without … Internet today. ☐ Ø ☐ the
5. His wife doesn't have … sense of humour. ☐ Ø ☐ a ☐ the

2 Complétez les traductions suivantes à l'aide d'un article ou notez Ø

1. **Ton papa est-il là ?**
→ Is your dad ………… home?

2. **Paul a acheté une voiture la semaine dernière.**
→ Paul bought a car ………… last week.

3. **Je vais travailler en métro.**
→ I take ………… underground to go to work.

4. **Elle déteste marcher sous la pluie.**
→ She hates to walk in ………… rain.

L'article the s'utilise…

… quand on parle d'un **objet connu ou déductible** en contexte (ex. : where is the cat? → le mien, le nôtre), avec des **choses faisant partie de l'expérience de chacun** (ex. : the bus, the dentist), devant les noms d'**éléments naturels** (ex : the weather, the sun), avec les **formes de divertissement** (ex. : the theatre, the cinema, the radio, sauf Ø television), avec les **inventions scientifiques** (ex. : the computer has become vital), les **instruments de musique** (ex. : he plays the guitar).

AUTOUR DES ARTICLES

On met l'article indéfini "a"...

... quand on parle d'un **objet non connu ou identifié** (ex. : I need a knife ➜ n'importe lequel, pas un en particulier), devant les **noms de métiers, de statuts et de fonctions** (ex. : she is a teacher / he is here as an official / don't use your knife as a toothpick), devant certaines **« caractéristiques »** comme la religion (ex. : a Catholic, a vegetarian, a lesbian), dans les **expressions « sans + nom »** (ex. : it's hard to live without a car ➜ c'est dur de vivre sans voiture), dans les **expressions exclamatives** (ex. : it's such a beautiful car! / what a nice car!), dans **certaines expressions à apprendre** (ex. : to be in a coma, to make a fire, etc.).

3 Trouvez les erreurs et réécrivez correctement

1. Her husband is an architect. What beautiful house they have!

   ➜ ....

2. The baby has fever, he cried all the night.

   ➜ ....

3. The religion can be a problem in couples. His mother doesn't like that his wife is a Protestant.

   ➜ ....

4. We're in the room 35.

   ➜ ....

5. The chocolate that we bought yesterday is delicious. I love the milk chocolate.

   ➜ ....

4 Complétez les phrases suivantes en plaçant les articles ∅, a(n) ou the

1. She plays ………… piano.

2. ………… President Kennedy was killed in Dallas.

3. I can't play ………… tennis.

4. I generally don't like ………… glasses but I love ………… glasses you're wearing.

5. **Just for fun:** "I can resist everything except ………… temptation." (Oscar Wilde)

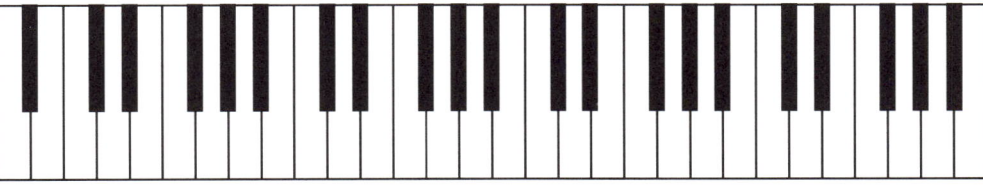

AUTOUR DES ARTICLES

Proverbes et expressions courantes

Confondez-vous **I don't mind** et **I don't care** ? Que signifient **You can't have your cake and eat it, Bless you, Never mind, What a pity** ? Vous avez déjà certainement entendu ces expressions idiomatiques, mais vous rappelez-vous leur signification ? C'est le moment de faire le point !

5 Trouvez le ou les équivalent(s) des expressions ci-dessous

1. **En un clin d'œil**
   a. An eye for an eye
   b. In a pig's eye
   c. In the blink of an eye
   d. Easy on the eye

2. **Simple comme bonjour**
   a. As easy as ABC
   b. Easy come easy go
   c. Easy touch
   d. As easy as pie

3. **C'est dans la poche**
   a. It's in the bag
   b. It's in the pocket
   c. It's a no-loser
   d. It's a raw deal

6 Reliez les proverbes suivants à leur équivalent français

1. Like father like son
2. That's the way the cookie crumbles
3. Better safe than sorry
4. To be in a pretty pickle
5. You can't have your cake and eat it

a. Mieux vaut prévenir que guérir
b. On ne peut pas avoir le beurre et l'argent du beurre
c. Être dans de beaux draps
d. C'est la vie
e. Tel père tel fils

7 Placez les mots suivants afin de reconstituer ces cinq proverbes

camel
tea
bush
way
fish

Proverbe anglais	Équivalent français
1. Where there's a will there's a	Quand on veut, on peut
2. There are plenty of .... in the sea	Un de perdu, dix de retrouvés
3. For all the .... in China	Pour tout l'or du monde
4. It's the straw that breaks the .... 's back	C'est la goutte d'eau qui fait déborder le vase
5. To beat about the	Tourner autour du pot

AUTOUR DES ARTICLES

8. Trouvez les lettres manquantes afin de reconstituer les proverbes suivants

Proverbe anglais	Équivalent français
1. To paint the town r _ _	Faire la bringue
2. Boys will be b _ _ s	Il faut que jeunesse se passe
3. Practice makes per _ _ ct	C'est en forgeant que l'on devient forgeron
4. It's just p _ _ in the sky	Ce ne sont que des paroles en l'air

9. Trouvez la bonne traduction

1. Bless you!
  a. À tes souhaits !
  b. Tu me manques !
  c. Dégage !

2. I'm positive.
  a. Je suis optimiste.
  b. Je suis d'accord.
  c. Je suis sûr et certain.

3. To give a hand.
  a. Accepter en mariage.
  b. Aider.
  c. Gifler.

4. Cela ne me dérange pas.
  a. I don't matter.
  b. I don't care.
  c. I don't mind.

5. Je n'en ai rien à faire.
  a. I don't matter.
  b. I don't care.
  c. I don't mind.

10. Reliez les expressions courantes à leur équivalent français

1. Look out!   **a**. Ça fait un bail !
2. Never mind!   **b**. J'en ai ras le bol !
3. I'm fed up!   **c**. Quel dommage !
4. What a pity!   **d**. Attention !
5. Long time no see! **e**. Tant pis !

AUTOUR DES ARTICLES

Le vocabulaire du voyage et des vacances

Le verbe voyager se dit **to travel**. Le mot **travel** est un indénombrable (on ne peut donc pas dire *a* travel pour traduire un voyage). On utilise alors **a trip** (pour un voyage plutôt court) ou **a journey** (pour un voyage plutôt long). Pour dire que l'on fait un voyage, on peut soit employer l'expression **to make/to take a journey/trip**, soit **to go on a journey/trip**.

11 Placez les mots suivants dans les deux textes

travel, airport, train, departure, luggage, ticket, plane, flight, passport, check, hotel, rent, guide, map, museums, castles, monuments, postcards, bike, foot, guesthouse, sightseeing, travel agency, package, camping

1. You can .... for work or for pleasure, by car, by .... or by .... If you go abroad, you'll need a .... and will generally fly there. You can buy your .... online. You'll need to get to the .... a few hours before the .... , to register your .... and go through the security .... Let's hope you won't get sick during the .... !

2. When going on holidays, those who do not want to book a .... or deal with transport go to a .... and choose a .... holiday. Those who like Nature generally go .... and sleep in a tent. Many people go .... , which means that they want to see all the interesting places like .... , ... , and .... They generally .... a car, or they just go by .... or on .... and visit the places with a .... book and a street .... To show their families and friends what they are visiting, people like to send .... Hotels are sometimes seen as a bit cold and impersonal, that's why more and more people like to stay at a ....

12 Barrez l'intrus

1. food - door - moose - too
2. mood - blood - goose - wood
3. floor - book - good - soot

La graphie oo

La graphie **oo** peut se prononcer **[ou]** (ex. : school), **[o]** (ex. : door) et, plus rarement, **[a] fermé** comme dans duck (ex. : flood).

AUTOUR DES ARTICLES

13 Placez les mots suivants selon la prononciation des lettres ou

La graphie ou

La graphie **ou** peut se prononcer **[ao]** (ex. : thousand), **[o]** (ex. : four), **[ou]** (ex. : group), **[a] fermé** (ex. : enough), **[euo]** (ex. : although), **[eu]** (ex. : journey).

courage   announce   SOUTH   journal   young   soup   your   trouble   account   couple   course   pour   enormous   you   brought   tourist   country

Le **ou** se prononce comme dans :

1. thousand **[ao]** : ....

2. four **[o]** : ....

3. group **[ou]** : ....

4. enough **[a fermé]** : ....

5. journey **[eu]** : ....

14 Vrai ou faux ? le groupe de lettres ou se prononce de la même façon dans...

1. courage - double - trouble ☐ VRAI ☐ FAUX
2. about - shout - mouse ☐ VRAI ☐ FAUX
3. through - resource - youth ☐ VRAI ☐ FAUX

Bravo, vous êtes venu à bout de ce chapitre ! Il est maintenant temps de comptabiliser les icônes et de reporter le résultat en page 128 pour l'évaluation finale.

10. Autour des quantificateurs

Les quantificateurs

Comme leur nom l'indique, les quantificateurs servent à indiquer une quantité. Pour choisir le bon, il faut savoir si le nom est un dénombrable (**dén.**) ou un indénombrable (**indén.**).

- **pas de, aucun** : not any/no + **dén. ou indén.** (ex. : I have no money - I don't have any money / I have no pets - I don't have any pets)
- **peu de** : little + **indén.** (ex. : there's little milk left) ou **few + dén. pluriel** (ex. : few shops sell this type of coffee)
- **quelques, un peu de** : a little + **indén.** (ex. : I like a little cheese on pasta) ou **a few + dén. pluriel** (ex. : he ate a few cookies)
- **de, du, de la, des** : some + **dén. ou indén.** à la forme affirmative (ex. : I need some fruit to make a salad), **any + dén. ou indén.** aux formes interrogatives et négatives (ex. : do you have any brothers and sisters? / I don't have any money)
- **beaucoup de/plein de** : much/a lot of + **indén.** (ex. : I have much/a lot of work), **many/a lot of/lots of + dén. pluriel** (ex. : she has many cats / there were lots of people at the concert) ou **plenty of + dén. ou indén.** (ex. : there are plenty of irregular verbs)
- **tout le/tous les/tout** : all the + **indén.** (ex. : I drank all the water), **all (the) + dén. pluriel** ou **every + dén. singulier** (ex. : all my friends are married / I need to take two tablets every hour)
- **trop de** : too much + **indén.** (ex. : don't put too much sugar in my coffee, please) ou **too many + dén. pluriel** (ex. : there are too many books to read!)

1. Entourez les erreurs qui se sont glissées dans les phrases suivantes

1. I need any milk.
2. I have little time, only a few minutes.
3. Do you have some change?
4. I need a few chairs.
5. Have you seen anyone you know?
6. He doesn't have some friends.
7. I'd like a little peanuts and a little water.
8. We have plenty of time.
9. The children have had too much sweets.
10. She always has a lots of cash in her bag.

2. Placez à l'endroit qui convient les quantificateurs : some - many - any - a little

1. "With .... help from my friends" is a song by the Beatles.
2. How .... people have you invited?
3. This cake looks delicious. I'd like ....
4. Is there .... news?

AUTOUR DES QUANTIFICATEURS

Autres déterminants de quantité

- **tout/entier : all the + dén. ou indén. singulier ou pluriel** ou **a/the whole + dén. singulier** (ex. : I ate all the sweets / I ate all the cake / I ate the whole cake)
- **les deux : both** ou **the two**. **Both** (→ tous les deux, à la fois) rassemble, alors que **the two** différencie (ex. : the two sisters are very different / both sisters speak Chinese).
- **plusieurs : several + dén. pluriel** (ex. : many people have several cars nowadays)
- **assez : enough**. En tant qu'**adjectif**, il se place avant le nom (ex. : there is not enough water / there are not enough chairs). En tant qu'**adverbe**, il se place après l'adjectif (ex. : this beer is not cold enough).
- **la moitié : half (of) the + dén. pluriel ou singulier ou indén.** (ex. : half (of) the people interviewed had no opinion / half (of) the information was wrong)
- **un/une autre : another + dén.** (ex. : these apples are delicious, I'd like another one).
- **ou (bien) ... ou (bien) : either ... or + dén. ou indén.** (ex. : you can have either cheese or cookies)
- **ni ... ni : neither ... nor + dén. ou indén.** (ex. : I'm not very hungry, I want neither cheese nor cookies)

3 Placez les quantificateurs suivants au bon endroit : too much, all, enough, a few, no

1. The Police have .... information to catch the killer.
2. There are .... slices of pizza left in the fridge.
3. She watches TV .... the time.
4. The acronym T.M.I. means "............ information".
5. Don't worry. There is .... cause for alarm.

4 Les quantificateurs ont été entourés car placés au mauvais endroit. Tracez une flèche à partir des cercles bleus pour rediriger chacun vers la bonne phrase

1. We'll never be ready. We don't have (**all**) time.

2. Would you like (**enough**) beer ?

3. Don't believe (**both**) the things she says !

4. I can't choose. I like (**another**) cars.

AUTOUR DES QUANTIFICATEURS

5. Complétez les phrases en plaçant les éléments suivants à l'endroit qui convient

many / both / the whole / either... or / every / several / plenty of / half

1. You can have .... cheese .... dessert, not ....
2. I know they have .... children but I can't remember how .... exactly. I think they have three.
3. I was so hungry I ate .... cake and .... of the watermelon all by myself.
4. .... driver should know how to change a wheel.
5. Stay for dinner, I've made .... food!

Nombres et mesures

One hundred ou **one thousand** ? **Fifty** ou **fifteen** ? Comment prononcer **1995** ? Combien représente **un mile**, **une pinte** ? Les nombres et les mesures donnent souvent du fil à retordre. Les exercices suivants vont vous faire faire des révisions !

6. Répondez aux questions suivantes

1. Terminez d'écrire les nombres suivants :
   a. 30 → thir ....
   b. 13 → thir ....

2. a. 100 → one ....
   b. 1000 → one ....

3. **1956** se dit :
   a. ninety fifty-six
   b. nineteen fifty-six
   c. nineteen fifteen-six

4. Comment se dit **30,000** ?
   a. thirty
   b. thirty thousands
   c. thirteen thousands
   d. thirty thousand

5. Comment dit-on **3.5** ?
   a. three dot five
   b. three point five
   c. three spot five

6. Comment dit-on **205** dans la phrase "there were 205 people in the room" ?
   a. two o five
   b. two hundred and five
   c. two hundred five

7. Un des énoncés suivants comporte une erreur, trouvez-la :
   a. there were two thousands people at the concert
   b. thousands of soldiers were killed in this war

8. Comment dit-on **7.2 %** ?
   a. seven point two percent
   b. seven dot two percents
   c. seven point two pourcents

9. Comment dit-on **2005** ?
   a. two thousand and five
   b. two thousand five
   c. twenty thousand five

AUTOUR DES QUANTIFICATEURS

7 Placez th, st, rd, nd derrière les ordinaux suivants pour traduire le premier, deuxième, etc., puis écrivez-les en toutes lettres

	Français	Abréviations anglaises	Anglais, en lettres
1.	le 1er	the 1......	the ....
2.	le 2e	the 2......	the ....
3.	le 3e	the 3......	the ....
4.	le 12e	the 12......	the ....
5.	le 18e	the 18......	the ....

8 Choisissez la bonne réponse parmi toutes les mesures suivantes

1. 1 mile correspond à…

- **a.** 1 km
- **b.** 1,6 km
- **c.** 160 m
- **d.** 16 km

2. 1 inch correspond à environ…

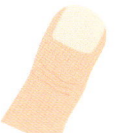
- **a.** 2,5 cm
- **b.** 50 cm
- **c.** 25 cm
- **d.** 2,5 m

3. 1 foot correspond à environ…

- **a.** 3,5 cm
- **b.** 3,5 m
- **c.** 350 m
- **d.** 30,5 cm

4. À combien correspond 1 pound ?

- **a.** environ 4,5 kg
- **b.** environ 450 g
- **c.** environ 45 g

5. Une English pint représente environ…

- **a.** 25 cl
- **b.** 55 cl
- **c.** 33 cl
- **d.** 1 l

6. One gallon équivaut à environ…

- **a.** 40 l
- **b.** 4 l
- **c.** 40 cl

9 Traduisez en complétant les mots ou en entourant la ou les bonne(s) réponse(s)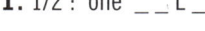

1. 1/2 : one _ _ L _
2. 1/3 : one _ H _ _ D
3. 1/4 : one Q _ A _ T _ R
4. 1/10 : one _ _ N T _

5. Un sur trois (comme dans la phrase « un enfant sur trois mange à la cantine ») :
- **a.** one on three
- **b.** one out of three
- **c.** one in three

59

AUTOUR DES QUANTIFICATEURS

10 Lisez le texte des bulles et répondez aux questions

> My phone number is one, o six o, eight nine o, seven o ·ve three and my email address is blue haired john at gmail dot com

1. Écrivez en chiffres le numéro de téléphone de John : ....
2. Écrivez son adresse email : ....

> My phone number is 02 00 22 96 09. My email address is CTboy@hotmail.com

3. Écrivez le numéro de téléphone de Tom tel qu'il se prononce à l'oral :

....

4. Écrivez son adresse email telle qu'elle se prononce à l'oral :

....

11 Complétez le tableau : remettez les lettres majuscules dans l'ordre pour traduire les mots suivants

1.	une fois	EONC	
2.	deux fois	IETWC	
3.	trois fois	THREE SEMIT	
4.	cinq fois	VIEF ITSME	
5.	vingt fois	WTETYN MESTI	

AUTOUR DES QUANTIFICATEURS

La lettre u et le son [u]

La lettre **u** se prononce parfois **[a] fermé** (ex. : duck), **[ou]** (ex. : put), **[eu]** (ex. : focus), **[you]** (ex. : unite). La graphie **ur** peut se prononcer **[youeu]** (ex. : pure) ou **[eu]** (ex. : Arthur, surface).

12 Placez les mots suivants, en fonction de la prononciation de la lettre u

bull   universal   jury   urban   SECURE   urge   nut   virus   bury   unique   cure   figure   luck   immature   full   bonus   university   OCCUR   summer   sun

La lettre **u** se prononce comme dans :

1. put **[ou]** : ....

2. duck **[a fermé]** : ....

3. unite **[you]** : ....

4. focus **[eu]** : ....

Le **ur** se prononce comme dans :

5. Arthur **[eu]** : ....

6. pure **[youeu]** : ....

Un mot a une prononciation à part :

7. ....

13 Entourez les mots dans lesquels la lettre u ne se prononce pas

biscuit   useful   fortunate   January   guess   universal   build   luggage   buy   guardian

Bravo, vous êtes venu à bout de ce chapitre ! Il est maintenant temps de comptabiliser les icônes et de reporter le résultat en page 128 pour l'évaluation finale.

Autour du comparatif et du superlatif

Le comparatif (plus que..., moins que...)

Il existe 4 types principaux de comparatif :

- **Le comparatif d'infériorité (moins ... que)** : **less** + adjectif long + **than** (ex. : my car is less expensive than yours) ou **not so/not as** + adjectif court ou long + **as** (ex. : your car is not as cheap as mine)

- **Le comparatif d'égalité (aussi ... que)** : **as** + adjectif long ou court + **as** (ex. : Amy is as pretty/talkative as her sister)

- **Le comparatif de supériorité (plus ... que)** : **more** + adjectif long + **than** (ex. : this film was more interesting than I thought) ou adjectif court + **er** + **than** (ex. : this exercise is easier than the previous one)

- **Le comparatif double**, qui sert à exprimer :
    - **de plus en plus : more and more** + adjectif long (ex. : petrol is more and more expensive) ou adjectif court + **er** + **and** + adjectif court + **er** (ex. : computers are cheaper and cheaper)
    - **de moins en moins : less and less** + adjectif court ou long (ex. : he is less and less shy/careful)

À noter : il existe quelques adjectifs dont le comparatif de supériorité est irrégulier. Les deux principaux sont **well/good (better)** et **bad (worse)**.

Remarque : on considère comme courts les adjectifs d'une syllabe et ceux de deux syllabes qui se terminent par **le, y, er, ow** (ex. : nice, kind, shy, narrow, noisy, clever, noble).

❶ Utilisez le comparatif qui convient, sans oublier than/as si nécessaire

1. You're driving too fast, you should be .... **(+ careful)**
2. This concert was .... the one we went to last year. **(– spectacular)**
3. My computer is .... yours. **(+ old)**
4. The problem is not .... it seems. **(= serious)**
5. Statistics show that it's .... to travel by plane than by car. **(– dangerous)**

AUTOUR DU COMPARATIF ET DU SUPERLATIF

2 Formez le comparatif double qui convient

1. He has put on a lot of weight. He looks ....
(de + en + ; big)

2. He no longer likes his job. He is ....
(de − en − ; motivated)

3. I am .... I really need a holiday.
(de + en + ; tired)

4. Things are improving. They are getting ....
(de + en + ; good)

Le superlatif (le plus, le moins…)

Il en existe deux types :

- **Le superlatif d'infériorité (le moins…)** : **the least** + adjectif court ou long (ex. : this is the least interesting/long article I've ever read)

- **Le superlatif de supériorité (le plus…)** : **the** + adjectif court + **est** (ex. : this is the nicest restaurant in town) ou **the most** + adjectif long (ex. : he is the most annoying person I've ever met)

À noter : les quelques adjectifs dont le comparatif de supériorité est irrégulier ont également un superlatif irrégulier **(well/good → the best ; bad → the worst)**.

3 Utilisez la forme de superlatif qui convient

1. Don't go there, it's the .... pub in all Dublin. **(bad)**

2. This film was not a success. In fact, it was the .... of all. **(successful)**

3. Mr Burns is the .... man in Springfield. **(rich)**

4. You never know what she's thinking. She is the .... woman I know. **(mysterious)**

5. My stay in Venice was wonderful. It was the .... time of my life. **(happy)**

AUTOUR DU COMPARATIF ET DU SUPERLATIF

4 Remettez les éléments dans l'ordre afin de reconstituer la traduction des phrases suivantes

1. ambitious/he/know/is/least/the/man/I.
   (C'est l'homme le moins ambitieux que je connaisse)

→ ....

2. up/earlier/I/wake/earlier/and.
   (Je me réveille de plus en plus tôt)

→ ....

3. world/snake/most/this/in/dangerous/the/is/the.
   (C'est le serpent le plus dangereux du monde)

→ ....

4. refined/as/sparkling/not/wine/is/as/champagne
   (Le vin pétillant n'est pas aussi raffiné que le champagne)

→ ....

Proverbes

Connaissez-vous les équivalents anglais de « tous les 36 du mois », « myope comme une taupe » ? Bien sûr, vous n'auriez pas le réflexe d'aller chercher les mots « myope » et « taupe » dans le dictionnaire… si ?! Alors il est temps de vous rappeler que les proverbes et expressions idiomatiques ne sont pas traduisibles mot à mot mais qu'ils ont généralement un équivalent qu'on connaît… ou pas. À vos stylos !

5 Séparez les mots au bon endroit pour découvrir des expressions imagées courantes, puis reportez-les au propre, en procédant comme dans l'exemple

	Indices visuels	Mots à séparer + traduction	Expressions anglaises
Ex.	DAY DAY	day/in/day/out = à longueur de journée	day in, day out
1.	once	onceinabluemoon = tous les 36 du mois	
2.	👁️🦇	asblindasabat = myope comme une taupe	
3.	→ 🐱	letthecatoutofthebag = vendre la mèche	
4.	👣👣	sixfeetunder = (être) mort	

AUTOUR DU COMPARATIF ET DU SUPERLATIF

Adjectifs et verbes courants

Connaissez-vous les verbes et les adjectifs anglais les plus courants ? Vous hésitez après "I am…" ou pire, après "I…" ? Si vous présentez ce symptôme, le diagnostic est sans appel : vous ne connaissez pas assez de verbes et d'adjectifs pour vous débrouiller ! Le remède : faire les exercices suivants.

6 Placez les adjectifs suivants à côté de leur définition

funny - angry - handsome - beautiful - proud - cheerful

1. Causing laughter → ....
2. Having excessive self-esteem → ....
3. Good-looking (for a man) → ....
4. Good-looking (for a woman) → ....
5. Happy, enthusiastic → ....
6. Furious, irritated → ....

7 Détachez les syllabes au bon endroit pour trouver la traduction anglaise des adjectifs suivants, puis réécrivez-les au propre, dans l'ordre des traductions

désolé - égoïste - ennuyeux - paresseux - généreux

sorryboringgenerouslazyselfish

→ ....

8 Remettez les lettres dans l'ordre pour trouver la traduction des adjectifs suivants

1. timide : **YSH** ....
2. seul : **ELONYL** ....
3. calme : **TIQUE** ....
4. gentil : **DINK** ....
5. grossier : **DURE** ....
6. bavard : **TIVEAKLAT** ....

9 Que signifient les adjectifs suivants ? Entourez la bonne réponse

1. **easy-going**
   a. praticable (route)
   b. qui se passe bien (événement)
   c. facile à vivre (personne)

2. **disappointed**
   a. désavantagé
   b. déçu
   c. déconcerté

3. **moody**
   a. lunatique
   b. en bois
   c. lunaire

4. **clumsy**
   a. bruyant
   b. verdoyant
   c. maladroit

5. **careless**
   a. prudent
   b. négligent
   c. attentif

6. **understanding**
   a. complice
   b. compréhensible
   c. compréhensif

AUTOUR DU COMPARATIF ET DU SUPERLATIF

10. Placez les verbes suivants dans les phrases

hope, agree, forgive, believe, need, wait, understand

1. I'm so sorry. Please, ... me.
2. The train was late. I had to .... for one hour.
3. I .... help. Could you give me a hand?
4. I .... it won't rain this afternoon. We're going for a walk.
5. Do you .... in God?
6. I don't .... what you mean. Could you be more specific?
7. I usually .... with you, but this time I think you are wrong.

11. Remettez les lettres dans l'ordre afin de trouver la traduction des verbes suivants

1. faire confiance : to **USRTT** ....
2. se demander : to **REDNOW** ....
3. oublier : to **TEGFOR** ....
4. montrer : to **HSOW** ....

La graphie s ou ss

La graphie **s** ou **ss** peut se prononcer **[s]** (ex. : base, assess), **[z]** (ex. : desert), **[j]** (ex. : leisure), **[ch]** (ex. : sugar, pressure).

12. Répondez aux questions suivantes en cochant la bonne case

1. Dans quel mot le **s** se prononce comme dans **base** ?
   ☐ case ☐ because ☐ closure ☐ sugar

2. Dans quel mot le **s** se prononce comme les 2 premiers s de **pos<u>s</u>ess** ?
   ☐ crisis ☐ Asia ☐ desert ☐ basic

3. Dans quel mot le **s** se prononce comme dans **leisure** ?
   ☐ pause ☐ crusade ☐ comparison
   ☐ measure

13. Entourez la bonne réponse

1. **Chassez l'intrus :**
   a. disappear d. precisely
   b. release e. fatalism
   c. asylum

2. L'adjectif **close (to)** rime avec :
   a. cross
   b. nose

AUTOUR DU COMPARATIF ET DU SUPERLATIF

La graphie th

Le fameux **th** ! Attention à bien marquer la différence de prononciation entre le **th** et le **s/ss**. Le **th** est plus facile à prononcer qu'on ne le croit généralement. Il suffit en effet de placer la langue derrière les deux dents de devant.

14 Placez les mots suivants dans le tableau, afin de reconstituer les paires de mots et leur traduction

although   chanter   sick   couler
with   fermeture   avec   MALADE
(to) think   patron   (to) sing   both

	Paires de mots		Traductions	
1.	(to) sink			penser
2.	also		aussi	bien que
3.	(to) whizz		filer/aller vite	
4.		thing		chose
5.		thick		épais
6.	boss			les deux
7.	closing	(a piece of) clothing		vêtement

Bravo, vous êtes venu à bout de ce chapitre ! Il est maintenant temps de comptabiliser les icônes et de reporter le résultat en page 128 pour l'évaluation finale.

Autour des pronoms personnels et réfléchis

Les pronoms personnels

- **Les pronoms personnels**
  - **Les pronoms personnels sujets** (je, tu, il, etc.) sont : **I, you, he, she, it, we, you, they** (ex. : they live in Prague / I was born in 1965). Attention à ne pas se laisser influencer par le genre des noms en français. En anglais, si l'on ne parle pas d'une personne, on emploie le pronom personnel neutre **it** (ex. : kill that spider, it's scary!).
  - **Les pronoms personnels compléments** (moi, toi, lui, etc.) sont : **me, you, him, her, it, us, you, them** (ex. : I love this actor → I love him / I told Liam and Sean to come at 5 → I told them to come at 5).

- **Les possessifs**
  - **Les adjectifs possessifs** (mon, ma, mes, etc.) sont : **my, your, his, her, its, our, your, their** (ex. : we bought our house in 1998 / Anna must pick up her sister at the station). En anglais, on utilise les adjectifs possessifs lorsque l'on mentionne les parties du corps en complément (ex : je me suis coupé le doigt → I cut my finger).
  - **Les pronoms possessifs** (le mien, le tien, le sien, etc.) sont : **mine, yours, his, hers, Ø, ours, yours, theirs** (ex. : whose coat is this? It's not mine).

❶ Complétez les espaces à l'aide du pronom personnel, de l'adjectif possessif ou du pronom possessif qui convient

1. You and I are French. → .... are French.
2. She broke .... leg while skiing.
3. He went with Jane. → he went with ....
4. It's Sarah's laptop. → it's ....
5. I had lunch with Clara and Peter. → I had lunch with ....
6. You look different, did you cut .... hair?
7. Paul is coming with you and me. → Paul is coming with ....
8. That cat does not like milk, I give .... water only.
9. It's my car. → it's ....

AUTOUR DES PRONOMS PERSONNELS ET RÉFLÉCHIS

Les pronoms réfléchis

- **Les pronoms réfléchis** sont **myself, yourself, himself, herself, ourselves, yourselves, themselves**. Ils servent à traduire le **se/s'** français dans les verbes pronominaux (ex. : he looked at himself in the mirror) ou **soi-même** (ex. : I did this cake myself).

- **Les pronoms réciproques** (l'un l'autre) sont : **one another** et **each other**. Ils servent à exprimer des relations de réciprocité entre plusieurs éléments. On utilise **one another** s'il y a plus de 2 éléments (ex. : the four men joked with one another) et **each other** s'il y a 2 éléments (ex. : the two sisters love each other).

- **Verbe réfléchi/réciproque ou pas ?** De nombreux verbes pronominaux en français ne le sont pas en anglais. Ces verbes ne se construisent pas avec un pronom réciproque ou réfléchi mais en ont tout de même le sens. En voici quelques-uns, vous en croiserez d'autres dans les exercices : **to hide** (se cacher), **to fight** (se battre), **to feel** (se sentir), **to hurry** (se dépêcher), **to complain** (se plaindre), **to remember** (se souvenir), **to relax** (se détendre), **to wonder** (se demander), **to worry** (s'inquiéter).

2 Choisissez la bonne réponse

1. I'm very tired, I can't concentrate ……………………………… . **(myself / Ø)**
2. They're going to wash ……………………………… . **(themselves / Ø)**
3. I need ……………………………… . **(to dress / to dress myself / to get dressed)**
4. She doesn't ……………………………… good. **(feel herself / feel)**
5. You should ……………………………… . **(relax / relax yourself)**
6. They often argue ……………………………… . **(with each other / themselves / Ø)**

3 Trouvez le pronom réfléchi/réciproque qui convient

1. He blames ……………………… for the accident.
2. Their five children help ……………………… a lot.
3. The two ladies looked at ……………………… but didn't say a word.
4. I was sad to hear that she was depressed and killed ……………………… .
5. (à table : servez-vous) ➜ Help ……………………… .

AUTOUR DES PRONOMS PERSONNELS ET RÉFLÉCHIS

4 Reconstituez les phrases suivantes

1. Ivan and Patrick had a fight and barely talk to
2. We're late, hurry
3. He looked at
4. You don't need my help, you can do it
5. Her mother worries
6. She introduced
7. The baby

a. up!
b. fell asleep.
c. a lot.
d. each other.
e. himself in the mirror.
f. yourself!
g. herself.

Les dates et l'heure

Que vous ayez des sueurs froides à l'idée de devoir donner l'heure/la date en anglais ou que vous ayez de bons restes, une piqûre de rappel n'est jamais inutile. Démarrons doucement en révisant tout d'abord les jours de la semaine et les mois de l'année.

5 Trouvez les lettres manquantes ou remettez les lettres dans l'ordre afin de reconstituer les jours de la semaine et les mois de l'année

Lundi → M _ _ DAY

Mardi → _ U _ _ DAY

Mercredi → _ _ D N _ _ DAY

Jeudi → T _ U _ _ DAY

Vendredi → _ _ _ DAY

Samedi → S _ T _ _ DAY

Dimanche → _ _ NDAY

Janvier : **YJAUNRA**
→ ....

Février : **UARRYEFB**
→ ....

Mars : **AHMCR**
→ ....

Avril : **IPALR**
→ ....

Mai : **YAM**
→ ....

Juin : **UJEN**
→ ....

Juillet : **YJUL**
→ ....

Août : **GTSUUA**
→ ....

Septembre : **MESTBREEP**
→ ....

Octobre : **BOTCREO**
→ ....

Novembre : **VEMOREBN**
→ ....

Décembre : **MDREEBEC**
→ ....

AUTOUR DES PRONOMS PERSONNELS ET RÉFLÉCHIS

6 **Entourez la ou les bonne(s) traduction(s) parmi les propositions entre parenthèses ou cochez la bonne réponse**

1. Je vais à la piscine lundi (= ce lundi)
   I'm going to the swimming pool **(Monday - on Monday - on Mondays)**

2. Je vais à la piscine le lundi (= tous les lundis)
   I go to the swimming pool **(Monday - on Monday - on Mondays)**

3. Je serai absent du bureau du 4 au 11
   I will be away from the office **(by - from)** the 4th **(to - still - until)** the 11th

4. Je pars le 3 mai, au matin
   I'm leaving **(on - Ø)** the 3rd **(of - in)** May, **(Ø - in - on)** the morning

5. Aujourd'hui nous sommes le mardi 25 avril (à l'oral) ➔ Today's...
   ☐ **a.** Tuesday, the twenty-fifth of April
   ☐ **b.** Tuesday, April the twenty-fifth

7 **Observez la carte d'identité et répondez aux questions en entourant, dans les parenthèses, le(s) mot(s) qui convien(nen)t et en complétant les espaces***

1. Robert Grey was born **(on - in - at)** 1965.

2. He was born **(on - in - at)** September.

3. He was born **(in - on)** the .... **(st - nd - rd - th)** **(of - in)** September.

4. His passport expires **(in - on)** the .... **(st - nd - rd - th)** **(of - in)** ...., in 2015.

*Attention : contrairement à nous, les Anglais et les Américains indiquent d'abord le mois, puis le jour. Ainsi, 09/25/1965 se lira le 25 septembre 1965.

AUTOUR DES PRONOMS PERSONNELS ET RÉFLÉCHIS

8 Répondez aux questions suivantes

1. Entourez la bonne réponse dans les parenthèses :
On utilise **(am - pm)** pour indiquer les heures, d'une heure du matin jusqu'à midi, et **(am - pm)** pour indiquer les heures, d'une heure de l'après-midi jusqu'à minuit.

2. Comment dit-on **19h** en anglais ?
☐ **a.** nineteen o'clock   ☐ **b.** nineteen hours   ☐ **c.** seven am   ☐ **d.** seven pm

3. Écrivez en toutes lettres les heures indiquées par les cadrans et répondez aux questions :

a. What time do you get up ? I get up at 🕖
→ ....
ou ....

b. What time do you have lunch ? I have lunch at 🕐
→ ....

c. What time do you go to bed ? I go to bed at 🕚
→ ....

d. I have a meeting at 9:15 am

a. I'm early
b. I'm on time
c. I'm late

e. I'm going to see a film. It starts at 3 pm

a. I'm late
b. I'm just in time
c. I'm early

La lettre h

La lettre **h** est souvent aspirée, en début de mot en particulier. Il y aura donc une différence de prononciation entre **at** et **hat**, **ear** et **hear**, **old** et **hold**. Lorsque le **h** est à l'intérieur d'un mot, il ne se prononce généralement pas (ex. : **vehicle**). Il ne se prononce pas non plus à l'intérieur des groupes **ch**, **gh**, **rh**, **sh**, **th**, **ph**, sauf si le **h** est la première lettre du deuxième élément d'un mot composé (ex. : healthy ≠ tophat). Mais il existe quelques exceptions…

AUTOUR DES PRONOMS PERSONNELS ET RÉFLÉCHIS

9 Classez les mots suivants dans le tableau

hour hospital hit THYME heir hate shepherd hilarious hill honour honesty hair hero BEHIND Thailand house

H prononcé	H muet

10 Entourez le bon mot pour former une phrase pertinente

1. He was so **(angry - hungry)** that he slammed the door.
2. He was so **(angry - hungry)** that he ate three burgers!
3. You're not allowed to pin posters on the **(wall - whole)**.
4. I can't go to work today, I'm **(ill - hill)**.
5. Why not try this cream on your **(harm - arm)**? It can do no **(arm - harm)**.
6. You should not use a dryer. Hot **(air - hair)** is not good for your **(air - hair)**.

Bravo, vous êtes venu à bout de ce chapitre ! Il est maintenant temps de comptabiliser les icônes et de reporter le résultat en page 128 pour l'évaluation finale.

Autour de l'expression de la possession et des noms composés

L'expression de la possession

Il existe deux façons d'exprimer la possession en anglais : **the... of...** et **'s**. Le choix entre ces deux possibilités va dépendre de la nature du possesseur (**animé** ou **inanimé**).

- **'s : construction** → possesseur + **'s** + chose possédée

– **Utilisations** : avec les possesseurs **animés**. Sont considérés comme animés : **les noms et noms de personnes** (ex. : Peter's friends, the neighbour's wife), **les sujets familiers non humains**, comme les animaux domestiques (ex. : the cat's tail), les éléments personnifiables comme **les noms de pays, de villes, les institutions** (ex. : France's history, the company's policy), **les noms familiers d'une seule syllabe** comme **cup** ou **shop** (ex. : the cup's handle, the shop's director).

– **Cas particuliers** : si le possesseur est un pluriel et qu'il se termine par un **s**, on n'ajoutera pas **'s** mais simplement **'** (ex. : the Johns' house is for sale). En revanche les noms propres ou communs se terminant par un **s** et les pluriels ne se terminant pas par un s prennent **'s** (ex. : Socrates's philosophy, the crisis's end, women's rights).

- **The... of... :** construction → objet possédé + **of** + possesseur

– **Utilisations** : avec une **chose inanimée** (ex. : the time of the meeting), un **quantificateur** (ex. : I've watched most of the film), pour exprimer la **relation partie-ensemble** (ex. : the head of the bed, the last page of the book), ou quelque chose d'animé si le **nom du possesseur est très long** ou suivi d'un complément (ex. : the son of the man in the blue shirt).

❶ Choisissez entre 's ou the... of...

1. **(Mr Jones - car)** .... was stolen last week.

2. Look, this is the .... **(wife - the man we met yesterday)**

3. The **(end - film)** .... was very disappointing.

4. **(Helena - husband)** .... is a pilot.

5. Adam, stop pulling the .... ! **(dog - ears)**

6. I have just visited .... **(the Johnsons - new house)**.

AUTOUR DE L'EXPRESSION DE LA POSSESSION ET DES NOMS COMPOSÉS

Les noms composés

On confond souvent l'expression de la possession avec les **noms composés**.

– **Construction** : ces derniers sont composés de deux mots qui existent indépendamment l'un de l'autre. Le second mot porte l'information principale, le premier vient apporter une précision à son sujet, comme le ferait un adjectif (ex. : une voiture de course ➜ a race car / une course de voitures ➜ a car race). C'est le deuxième nom qui prend la marque du pluriel (ex. : des gâteaux au chocolat ➜ chocolate cakes).

– **Utilisations** : le premier nom sert à qualifier le second (ex. : a love story), vient en préciser la nature ou la fonction (ex. : a leather jacket, a vegetable peeler), le situer dans le temps ou l'espace (ex. : an afternoon snack, a kitchen chair). Le second nom peut aussi être une partie du premier (ex. : a table napkin, a car window).

– **Formation** : les combinaisons les plus courantes sont les suivantes : nom + nom (ex. : a horse race), nom + verbe (ex. : a sunset, a haircut), nom + verbe + er (ex. : a dishwasher), verbe + nom (ex. : a pickpocket), verbe + ing + nom (ex. : a dining room), adjectif + nom (ex. : a gentleman), adjectif + verbe (ex. : dry cleaning).

À noter : dans les noms composés, les deux mots sont parfois collés (surtout lorsque le nom est passé dans l'usage, ex. : armchair, bedroom, birthday), parfois (mais rarement) reliés par un tiret (ex. : mother-in-law, first-class), parfois séparés (ex. : sleeping pill).

2 Déclinez les noms composés suivants (collez bien les mots lorsqu'il n'y a pas d'espace après les pointillés)

Dérivés de box	Dérivés de bag
1. huche à pain ➜ ....box	**1.** cartable ➜ ....bag
2. tirelire ➜ .... box	**2.** sac à courses ➜ .... bag
3. glacière ➜ ....box	**3.** sac de couchage ➜ .... bag
4. boîte aux lettres ➜ .... box	**4.** sac à main ➜ ....bag
5. boîte à outils ➜ ....box	**5.** sachet de thé ➜ .... bag

AUTOUR DE L'EXPRESSION DE LA POSSESSION ET DES NOMS COMPOSÉS

3 Reconstituez les mots composés en plaçant les noms suivants à l'endroit qui convient (collez bien les mots lorsqu'il n'y a pas d'espace après les pointillés)

killer - paste - washing - breaker - cloth

1. A machine that is used to wash your clothes is a .... machine.

2. When you have a headache, you can take a pain..................... .

3. A coat that you wear to resist the wind is a wind..................... .

4. A floor................. (or floor-.................) is a type of towel, used for cleaning floors.

5. Is to your teeth what shampoo is to your hair: tooth..................... .

4 Reconstituez les mots composés suivants et découvrez leur origine, parfois oubliée...

1. **lave-vaisselle**............. dish •   • a. stick

2. **papillon** ....butter •   • b. food

3. **rouge à lèvres** ....lip •   • c. fly

4. **fruits de mer** ....sea •   • d. coat

5. **imperméable** ....rain •   • e. washer

6. **pastèque**..................water •   • f. melon

Traduire « dire » et « parler »

Say ou **tell** ?

- **Say** a le sens de **dire, déclarer**. Avec **say**, on ne précise généralement pas l'interlocuteur mais seulement l'énonciateur et le message. **Say** sert à rapporter des paroles (ex. : he said "I'm fed up with this company. I quit"). Si on précise l'interlocuteur, **say** doit être suivi de **to** (ex. : he said to her "we should buy a house"). Il s'utilise aussi dans les expressions **say a word, say Hello/Goodbye, say a name/sentence**.

- **Tell** signifie également **dire**, mais davantage dans le sens d'**informer, raconter**. Après **tell**, on mentionne généralement l'interlocuteur (ex. : she told me that she was sick). **Tell** est employé sans pronom personnel objet dans des expressions comme **tell the truth, tell a lie, tell a story**.

AUTOUR DE L'EXPRESSION DE LA POSSESSION ET DES NOMS COMPOSÉS

5 Remplissez les espaces suivants en choisissant entre say ou tell au temps qui convient, en n'omettant pas to si cela est nécessaire

1. He looked at me and .... : "mind your own business."
2. I'm going to .... you the story of the Gingerbread Man.
3. He left the room without .... ing a word.
4. Can you .... me the time, please?
5. **Just for fun:** "I want to .... you a terrific story about oral contraception. I asked this girl to sleep with me and she .... : 'no'." (Woody Allen)

speak ou talk ?

- **Speak** signifie **parler**. On l'utilise pour faire référence à la **capacité de parole** (ex. : she can't speak ➜ she is dumb = elle est muette), à la **capacité de parler une langue** (ex. : I can speak Spanish), ou pour demander à parler à quelqu'un, en particulier **au téléphone** (ex. : could I speak to Mr Smith, please?).

- **Talk** signifie également **parler**, mais dans le sens d'**échanger**. On l'utilise dans les **contextes de communication non formels** (ex. : can I talk to you for a minute?), lorsque le verbe **dire** implique l'**idée de conversation** (ex. : we need to talk), ou quand **le sujet de conversation est mentionné** (ex. : we need to talk about what happened).

6 Complétez les espaces en choisissant talk ou speak, conjugué au temps nécessaire

1. Today we're going to .... about irregular verbs.
2. Hello Gemma. Is Mrs Dickinson in? Can I .... to her?
3. We just relaxed and .... for hours.
4. He can't .... today, he sang all night yesterday and lost his voice.
5. She can .... four foreign languages.

AUTOUR DE L'EXPRESSION DE LA POSSESSION ET DES NOMS COMPOSÉS

7. Reconstituez les phrases suivantes

1. Did he
2. I don't want to
3. He is only 4 years old but he can
4. We need to
5. The President said
6. He didn't

a. to all the journalists: "No comment."
b. speak very well.
c. tell you about his new job?
d. say where he was going.
e. talk right now. Leave me alone.
f. tell you something.

Les lettres muettes

Il existe un certain nombre de lettres qui s'écrivent mais ne se prononcent pas à l'oral. Découvrez les plus courantes en faisant les exercices ci-dessous.

8. Répondez aux questions suivantes

1. Trouvez les mots dans lesquels le **b** ne se prononce pas :

lamb, climb, plumber, obtain, bulb, double, comb, inhabitant, hub, cable, doubt, crumble, crumb

2. Avec quoi riment les mots **would** et **should** ? Cochez la bonne case.

   ☐ a. wood   ☐ b. mould

3. Trouvez les mots dans lesquels le **l** ne se prononce pas :

mild, ulterior, title, calf, almond, talk, novel, half, calm, palm, walk, could, island, little, salmon, salt

AUTOUR DE L'EXPRESSION DE LA POSSESSION ET DES NOMS COMPOSÉS

4. Trouvez les mots dans lesquels le **t** ne se prononce pas :

listen — right — product — pregnant — salt — castle — soften — mortgage

5. Quel est le point commun entre tous ces mots ?

know - knee - knot - knife - knight - knit - knock

→ ....

9. Trouvez la lettre muette dans chacune des listes suivantes (une seule et même lettre par liste)

Ex. : wednesday - handkerchief - sandwich → il s'agit de la lettre d

1. sign - gnat - foreign - campaign - benign - resign
   → il s'agit de la lettre ....

2. desperate - difference - interest - literature - temperature
   → il s'agit de la lettre ....

3. cupboard - pneumonia - raspberry - receipt - pseudo - psychology
   → il s'agit de la lettre ....

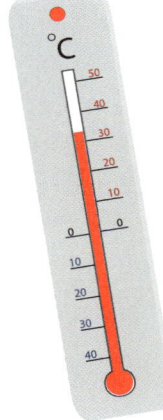

10. Les mots suivants contiennent tous une lettre qui ne se prononce pas (lettre différente dans chaque mot), entourez-la

answer — autumn — farm — doubt — island — leopard — grandmother

Bravo, vous êtes venu à bout de ce chapitre ! Il est maintenant temps de comptabiliser les icônes et de reporter le résultat en page 128 pour l'évaluation finale.

Autour des pronoms relatifs et interrogatifs

Les pronoms relatifs

Les pronoms relatifs (qui, que, ce qui, ce que, quoi, dont, où) sont : **who**, **which**, **that**, **what**, **where**, **when**, **whose**.

- **qui, que** : on utilise **who** ou **that** pour une personne (ex. : the man who is sitting there is my brother), **which** ou **that** pour une chose (ex. : look at the dog which is over there).

  – **À noter : that** s'utilise dans les structures avec des quantificateurs (**tout ce que**, **tout ce qui**, ex. : it's all that I want). On ne peut pas utiliser **that** après une préposition (ex. : this is the table on which I left my glasses), ni dans une incise (ex. : his brother, who lives in Japan, speaks Japanese fluently). **That** est un peu moins soutenu que **which** et s'utilise plus à l'oral. Son usage est par ailleurs plus courant en anglais américain.

  – **Il est possible de ne pas mettre who**, **which** ou **that**, quand il reprend un élément qui fonctionne comme un complément (ex. : I ate a cake ➜ the cake Ø I ate).

- **ce que, ce qui** : **what** et **which** (ex. : she arrived late again, which is not surprising / I don't understand what you mean).

- **où** : **where** (ex. : it's a restaurant where they cook fish)

- **quand** : **when** (ex. : this happened at the time when she got married)

- **dont** : **whose** (ex. : it's the lady whose husband died in the crash)

❶ Choisissez entre les pronoms relatifs who, which, that, what, where, when ou whose

1. She now lives in Anchorage, ... is the capital city of Alaska.

2. I still remember the day .... I met her. It was 20 years ago.

3. All .... I can remember about him is that he's called Duncan.

4. Mr Taylor, ... used to be a teacher, is now a computer scientist.

5. The woman .... daughter you saw yesterday, is my sister.

6. Look, these are the shoes .... I bought yesterday.
   Tell me .... you think about them.

7. It's a district .... you will find many Asian shops.

AUTOUR DES PRONOMS RELATIFS ET INTERROGATIFS

Les pronoms interrogatifs

Les pronoms interrogatifs sont : **who** → qui (ex. : who is this woman?), **what** → que, quel(les), qu'est-ce que (ex. : what are you doing tonight?), **which** → lequel, laquelle, lesquelles (parmi un choix limité, ex. : which car do you prefer?), **where** → où (ex. : where do you live?), **when** → quand (ex. : when were you born?), **why** → pourquoi (ex. : why is she crying?), **whose** → à qui (ex. : whose phone is this?), **how** → comment (ex. : how are you?). **How** est utilisé pour poser les questions **how much/many?** → combien ?, **how often?** → à quelle fréquence ? tous les combien de temps ?, **how long?** → (depuis) combien de temps ?, **how tall/high?** → (à) quelle hauteur ?, **how far?** → à quelle distance ?, **how soon?** → dans quels délais ?

2 Entourez la ou les bonne(s) réponse(s)

1. **how soon** - **how long** - **when** have you had this car? 10 years?

2. **how much** - **how soon** - **how often** do you go shopping? Once or twice a week?

3. **how soon** - **when** - **how long** can you come and repair my dishwasher?

4. Coffee or tea? **which** - **what** - **who** - **whose** one do you prefer?

5. **Just for fun:** "If there is no God, **whose** - **which** - **who** opens the doors in supermarkets?" (Patrick Murray)

3 Posez la question permettant d'obtenir la réponse soulignée

1. The laptop is <u>my sister's</u>.
→ .... ?

2. I take my exam on <u>Tuesday</u>.
→ .... ?

3. I went <u>to Spain</u> for the holidays.
→ .... ?

4. I'm not coming <u>because I'm too tired</u>.
→ .... ?

5. They have <u>three</u> children.
→ .... ?

6. The station is not very far from here, <u>about one mile away</u>.
→ .... ?

7. It's <u>25 dollars</u>, Sir.
→ .... ?

AUTOUR DES PRONOMS RELATIFS ET INTERROGATIFS

Antonymes

Les antonymes sont des mots de **sens contraire**. Il est prouvé que nous retenons davantage les mots que nous apprenons par paires, en particulier par paires d'opposés. Une bonne raison de plus pour étendre son vocabulaire ! Down to work! (au boulot !)

4 Entourez le mot de sens contraire

1. **to begin :** to end - to start - to close - to stay
2. **expensive :** shy - chip - cheap - saving
3. **dangerous :** save - saif - sure - safe
4. **late :** next - hourly - soon - early
5. **empty :** fill - fell - full - fall
6. **to succeed :** to fell - to fail - to fill - to foul
7. **first :** lest - fast - least - last
8. **to forget :** to remember - to remind - to remain
9. **enemy :** frend - friend - alliance - foe

5 Reliez chaque mot à son contraire

1. to love • • a. to cry
2. to laugh • • b. boring
3. to start • • c. quiet
4. interesting • • d. strong
5. weak • • e. to hate
6. dry • • f. wet
7. noisy • • g. to finish

6 Placez les mots suivants à côté de leur contraire

slim - bitter - take - win - hope - old - lend - sad - dirty - far

1. happy → ....
2. give → ....
3. young → ....
4. borrow → ....
5. near → ....
6. sweet → ....
7. clean → ....
8. despair → ....
9. lose → ....
10. fat → ....

AUTOUR DES PRONOMS RELATIFS ET INTERROGATIFS

Le vocabulaire du travail et des métiers

On peut traduire le mot **travail** par **job** ou **work**. **Job** désigne un emploi alors que **work** désigne le travail en général. **Work** est un indénombrable et on utilisera l'expression a **piece of work** pour parler d'une réalisation en particulier. Pour le reste, à vous de jouer !

7 Placez les mots suivants dans les phrases

unemployed   retired   job   company   earn   trade union   wages   FACTORY

1. Most students need to take a .... as a waiter or a cashier to pay for their studies.

2. He worked as a clerk for 20 years but he now runs his own service ....

3. Many workers are .... in this town. This new .... will create hundreds of jobs.

4. The workers in this factory .... good ....

5. A .... is an organization that defends the workers' interests and rights.

6. My neighbour worked as a teacher for 30 years. He is .... now.

8 Retrouvez les noms de professions en remettant dans l'ordre les lettres fournies entre parenthèses

1. policier (EOPICL)
   → _ _ _ _ _ _ man

2. pompier (IREF)
   → _ _ _ _ man

3. facteur (TOSP)
   → _ _ _ _ man

4. commercial/vendeur (LASES)
   → _ _ _ _ _ man

5. pêcheur (RIFHES)
   → _ _ _ _ _ _ man

AUTOUR DES PRONOMS RELATIFS ET INTERROGATIFS

9 Détachez les mots au bon endroit afin de trouver les noms de professions suivants en anglais, puis réécrivez-les au propre dans l'ordre des traductions

1. cadre - cuisinier - ouvrier - avocat - coiffeur - serveur

   cookhairdresserlawyerwaiterexecutiveworker

   → ....
   ....

2. mécanicien - secrétaire - boucher - agriculteur - infirmière - nounou - professeur - boulanger - vétérinaire - plombier

   teacherfarmerbutcherbakerplumbernursenannyvetsecretarymechanic

   → ....
   ....

10 Reliez chaque profession à sa traduction française

1. Clerk • • a. Routier
2. Civil Servant • • b. Employé de bureau
3. Engineer • • c. Vendeur en magasin
4. Shop assistant • • d. Ingénieur
5. Lorry driver • • e. Fonctionnaire

Les homophones

Un bon nombre de mots, qui ne s'écrivent pas de la même façon et qui ont un sens complètement différent, **se prononcent cependant de la même manière**. Découvrez-en quelques-uns en faisant les exercices ci-dessous.

11 Corrigez les erreurs qui se sont glissées dans la lettre suivante ; pour ce, rayez proprement et réécrivez les mots à côté, comme dans l'exemple donné en rouge

Deer Mum and Dad,

I had fun at the camp the first weak: we went to the see and went ~~on a~~ *sea* bought. Then we went to a fare. Yesterday I road a horse. But I'm getting board now! Tonight we're having a barbecue, I hope the meet is good. Last night we had to eat leak soup, pees and pairs and you know how much I hate fruit and veggies! See you soon.

Love,
Sam

AUTOUR DES PRONOMS RELATIFS ET INTERROGATIFS

12. Trouvez les erreurs et réécrivez la phrase correctement

1. I need a new pear of shoes.

→ ....

2. There is a leek under my sink, I need to call a plumber.

→ ....

3. I need to pea! Where's the bathroom?

→ ....

4. I can't sea a thing without my glasses on.

→ ....

5. Look, I boat a new computer last week.

→ ....

6. It's not unusual to see cows in the middle of the rode in India.

→ ....

7. We often meat at the sushi bar for lunch.

→ ....

8. I still feel very week from the surgery

→ ....

Bravo, vous êtes venu à bout de ce chapitre ! Il est maintenant temps de comptabiliser les icônes et de reporter le résultat en page 128 pour l'évaluation finale.

Autour des préfixes et suffixes

Préfixes et suffixes

- **Principe général :** Il est possible de former de nombreux mots en associant verbes, noms et adjectifs à des suffixes et des préfixes. On peut par exemple **former un nom** en ajoutant un suffixe à un adjectif (ex. : excentric + ity ➜ excentricity), un suffixe à un verbe (ex. : act + or ➜ actor), un préfixe à un nom (ex. : in + capacity ➜ incapacity). On peut aussi **former des adjectifs** en ajoutant : un préfixe à un adjectif (ex. : un + believable ➜ unbelievable), un suffixe à un nom (ex. : boy + ish ➜ boyish / care + less ➜ careless / doubt + ful ➜ doubtful). On peut **former des adverbes** en ajoutant le suffixe ly à un adjectif (ex. : certain + ly ➜ certainly).

- **Principaux préfixes, pour former des adjectifs et des verbes :** **under** (➜ **dé/sous**, ex. : underpaid), **over** (➜ **sur**, idée de dépassement, ex. : overreact), **mis** (accolé à un nom ou un verbe ➜ **mal**, **mé**, idée de dysfonctionnement, d'incident, d'erreur, ex. : to misunderstand), **self** (**auto- /de soi-même**, ex. : self-destructive, self-respect), **un**, **dis**, **il**, **im**, **in**, **ir** (servent à former des opposés, ex. : dishonest, illegal, imperfect, incompetent, unhappy, irrational).

❶ Dérivez les mots suivants en vous inspirant du modèle fourni

	Mot à dériver + sens	Traduction du mot à obtenir	Mot dérivé
Ex.	paid = payé	sous-payé	underpaid
1.	**real** = réel	irréel	
2.	**to agree** = être d'accord	être en désaccord	
3.	**estimated** = estimé/évalué	sous-estimé	
4.	**confident** = confiant	présomptueux/ trop confiant	
5.	**to pronounce** = prononcer	écorcher (un nom)	

AUTOUR DES PRÉFIXES ET SUFFIXES

Suffixes (suite)

- **Principaux suffixes utilisés pour former des adjectifs : able/ible** (sens ➔ susceptible d'être, ex. : breakable, accessible), **ed** (sens ➔ participe passé, ex. : cooked), **free** (sens ➔ sans, ex. : sugar-free), **ful** (sens ➔ qui revêt, contient, qui est plein de, ex. : successful, beautiful), **ing** (sens ➔ adjectif à sens actif, ex. : interesting), **ish** (sens ➔ qui a les caractéristiques de, ex. : boyish), **less** (sens ➔ privatif, sert à construire les adjectifs contraires de ceux terminant par ful, ex. : useful/less), **ly** (sens ➔ qui a les qualités de, ex. : friendly), **y** (sens ➔ qui a la qualité de, ex. : sunny, funny).

- **Principaux suffixes utilisés pour former des noms : cy** (ex. : legacy), **dom** (sens ➔ condition, domaine, ex. : kingdom), **er/or** (➔ agent masculin, ex. : player, actor), **hood** (➔ statut, qualité, période, ex. : brotherhood), **ism** (➔ comportement, système, ex. : criticism, socialism), **ity** (➔ qui a la qualité de, ex. : acidity), **ship** (➔ le fait d'être, ex. : dictatorship), **ness** (➔ état, condition, ex. : creativeness, loneliness).

friendSHIP   friendship   friendship

2 Dérivez les mots suivants en vous inspirant du modèle fourni

	Mot à dériver + sens	Traduction du mot à obtenir	Mot dérivé
Ex.	friend = ami	amitié	friendship
1.	**to bore** = ennuyer/raser	ennuyeux/rasant	
2.	**home** = foyer	sans domicile fixe	
3.	**sad** = triste	tristesse	
4.	**child** = enfant	enfance	
5.	**slow** = lent	lentement	
6.	**to wash** = laver	lavable	

AUTOUR DES PRÉFIXES ET SUFFIXES

3 Trouvez le préfixe ou le suffixe qui convient

1. When you trust yourself too much, you are ....confident.
2. Something that never ends is end............ .
3. When you do not trust someone, you ....trust him.
4. Happi............ is the state of being happy.
5. Free............ is the state of being free.

4 Reliez les dérivés du verbe to use à leur traduction

1. user
2. unused
3. useful
4. misused
5. overused

a. mal utilisé
b. surutilisé
c. non utilisé
d. utile
e. utilisateur

5 Dérivez les mots suivants en plusieurs étapes, comme dans l'exemple

Ex. : mot racine → intention = intention
étape 1 → intentional = intentionnel
étape 2 → unintentional = non intentionnel
étape 3 → unintentionally = de manière non intentionnelle

1. **mot racine → pleasant** = plaisant
   étape 1 → .... = déplaisant
   étape 2 → .... = de manière déplaisante

2. **mot racine → resource** = des ressources
   étape 1 → .... = débrouillard, ingénieux
   étape 2 → .... = débrouillardise

3. **mot racine : success** = succès
   étape 1 → .... = couronné de succès
   étape 2 → .... = infructueux, qui a échoué
   étape 3 → .... = en vain, sans succès

4. **mot racine : expect** = s'attendre à quelque chose
   étape 1 → .... = attendu
   étape 2 → .... = inattendu
   étape 3 → .... = de manière inattendue

AUTOUR DES PRÉFIXES ET SUFFIXES

Acronymes

Les Anglo-Saxons utilisent beaucoup d'acronymes, y compris pour des expressions quotidiennes et familières. Découvrez-en quelques-uns dans les exercices ci-dessous.

6 Trouvez la signification des acronymes suivants (issus de la vie courante), en vous aidant des indices

1. **B.O.**
   - a. Big Organisation
   - b. Body Odour
   - c. Best Offer

2. **B.L.T.**
   (indice : le jambon-beurre anglais) :
   - a. Bacon, Lettuce and Tomato
   - b. Bread, Lettuce and Tuna
   - c. Bread, Lettuce and Turkey

3. S'embrasser en public est un exemple de **P.D.A.**, qui signifie "Public Display of…"
   - a. Acquaintance
   - b. Affection
   - c. Amorous

4. **A.S.A.P.**
   - a. As Sorry As Pity
   - b. As Soon As Possible
   - c. As Sad As Pie

5. **D.I.Y.**
   - a. Do it Young
   - b. Do It Yesterday
   - c. Do It Yourself

6. **T.G.I.F.**
   - a. Thank God It's Finished
   - b. Thank Goodness It's Friday

7. Les OVNI sont appelés **U.F.O.** en anglais. Que signifient les lettres ?
   - a. Unidentified Flying Object
   - b. Unidentified Funky Object

7 Trouvez les acronymes suivants (issus du chat online) et leur signification, en procédant comme dans l'exemple

Ex. : à bientôt : later/you/see → see you later → SUL

1. **pas devant mon PC** : keyboard/from/away → .... → ....

2. **it's funny** : loud/laughing/out → .... → ....

3. **à +** : later/you/talk/to → .... → ....

4. **je reviens…** : back/be/right → .... → ....

5. **à mon avis…** : opinion/my/in → .... → ....

AUTOUR DES PRÉFIXES ET SUFFIXES

See, watch et look

- **To see** signifie **voir**. Comme le verbe français, il a une connotation **passive** (on peut voir quelque chose sans regarder, ex. : I can't see a thing without my glasses on).

- **Look at** et **watch** signifient **regarder**. Ils ont une connotation **active** (on porte son regard vers quelque chose, délibérément). Notez que pour traduire **regarder**, il est nécessaire d'utiliser le verbe **to look** avec la préposition **at** (à ne pas confondre avec **look for**, qui signifie **chercher**). **Look at** est plutôt utilisé pour un regard qui ne dure pas (ex. : look at this car!). On emploie **to watch** lorsque l'on regarde quelque chose qui dure (ex. : they watched the children play).

À noter : on dit **to watch television**.

8 Remplissez les espaces en choisissant entre watch, look (at) et see

1. I don't want to go out tonight. Let's just stay in and .... a film.
2. Did you .... John at the party?
3. .... Mum, it's snowing!
4. He likes to .... the rain falling. He can do that for hours!
5. Don't .... me like that! You know I'm right!

Homophones (suite)

Rappel : un bon nombre de mots, qui ne s'écrivent pas de la même façon et qui ont un sens complètement différent, se prononcent cependant de la même manière. Découvrez-en d'autres en faisant les exercices ci-dessous.

9 Entourez le mot qui convient

1. Would you like another **(piece - peace)** of cake?
2. Don't **(waist - waste)** your money on video games!
3. The love **(scene - seen)** in this film is set in New York.
4. She missed a **(stair - stare)** and broke her leg.
5. Is the glass half empty or half **(fool - full)**?

AUTOUR DES PRÉFIXES ET SUFFIXES

10 Retrouvez les couples de mots qui se prononcent de la même façon et classez-les dans les colonnes

buy — thyme — which — pool — war — knows
witch — bye — pull — their — cereal
collar — urn — would — wood — wore — serial
·u — right — jeans — missed — allowed — time
mist — wait — write — nose — weight
genes — aloud — there — earn — colour — ·ew

.... - .... - .... - ....
.... - .... - .... - ....
.... - .... - .... - ....
.... - .... - .... - ....
.... - .... - .... - ....
.... - .... - .... - ....

Bravo, vous êtes venu à bout de ce chapitre ! Il est maintenant temps de comptabiliser les icônes et de reporter le résultat en page 128 pour l'évaluation finale.

16 Autour des adjectifs

Les adjectifs

- **Caractéristiques** : les adjectifs sont **invariables**, ils ne prennent donc **pas de s** au pluriel (ex. : a red car, red cars), ils se placent avant le nom lorsqu'ils sont compléments du nom (ex. : a blue pen), après le verbe quand ils sont attributs du sujet (ex. : this cake is delicious), après le complément quand ils sont attributs du complément (ex. : I find this film boring). **À noter** : les adjectifs de **nationalité** et de **religion** prennent une **majuscule** (ex. : he is a German musician / this is an Orthodox church).

- **Ordre des adjectifs** : lorsque la phrase présente plusieurs adjectifs, on les ordonne du plus subjectif au plus objectif : opinion, taille, âge, forme, couleur, origine, matière, fonction/but + nom (ex. : a horrible white German dog / a beautiful black leather armchair). Si plusieurs adjectifs appartiennent à la même catégorie, on les classe du plus court au plus long (ex. : a long, enormous car).

❶ Remettez les mots dans l'ordre pour former une phrase correcte

1. plastic/phone/ugly/red/a(n)
   → ....

2. sweater/blue/cotton/old/horrible/a(n)
   → ....

3. tall/German/nice/a/lady
   → ....

4. Canadian/novel/exciting/long/a(n)
   → ....

Cas particuliers

- **Quelques adjectifs ne se placent jamais avant le nom** : alone (on dira : a single man), afraid (on dira : a frightened man), alive (on dira : a living man), well (on dira : a healthy man), ill (on dira : a sick man), glad (on dira : a happy man), les adjectifs en **able** et **ible** (on dira par exemple : something imaginable, something possible).

- **Si l'adjectif est suivi d'un complément, on le placera après le nom** (ex. : a man interested in poetry).

AUTOUR DES ADJECTIFS

2. Cochez la ou les bonne(s) réponse(s)

1. I slept in a ... bed.
   - a. soft, cozy, and comfortable
   - b. comfortable, cozy, and soft
   - c. comfortable, soft, and cozy

2. I bought a(n) ... box at the market.
   - a. beautiful, ancient, oval, brown, Indian, wooden
   - b. brown, Indian, ancient, oval, beautiful, wooden

3. A man who is not dead is...
   - a. an alive man
   - b. alive
   - c. a living man

4. A man who is not married is...
   - a. an alone man
   - b. a single man
   - c. single
   - d. a bachelor

5. A man who is not well is...
   - a. sick
   - b. a sick man
   - c. an ill man
   - d. ill

3. Corrigez les erreurs dans le texte suivant ; vous pouvez barrer les mots dans le texte et les réécrire correctement sur les lignes prévues à cet effet, à côté

My friend Enzo is a passionate man about cars. He likes ancients cars more particularly. Last month, he bought this racing, orange, new, wonderful car. I think it's an italian car. He said he wanted a red one but had taken it because orange was the only available colour. He looks a bit eccentric in a car this colour. Enzo is spanish. Last week he went back to Spain to celebrate a catholic holiday with his family and suggested that I go with him, so I did. He is a driver fast and I must say I was afraid to go with him in a sports car but I enjoyed it!

AUTOUR DES ADJECTIFS

Les adjectifs composés

Les adjectifs composés sont des adjectifs formés à partir de plusieurs éléments. Pour comprendre la signification de ces adjectifs, il faut remonter vers la gauche à partir du nom (ex. : a broad-shouldered man ➜ un homme aux épaules larges).

Il existe cinq grands types de formations :

1. Le 2ᵉ élément est un adjectif, pour traduire **qui est** : nom/adjectif + adjectif (ex. : sea-blue eyes, light blue water).

2. Le 1ᵉʳ élément est un adjectif, le 2ᵉ est un nom + **ed**, pour exprimer **qui a telle caractéristique** (ex. : a blue-eyed boy).

3. Le 2ᵉ élément est un participe passé, le composé prend alors un sens passif : nom/adjectif + participe passé (ex. : a handmade object, a big-boned woman).

4. Le 2ᵉ élément est un verbe en **ing**, le composé prend alors un sens actif : nom/adjectif + verbe en **ing** (ex. : a time-consuming activity, an English-speaking guide).

5. Le 2ᵉ élément est un nombre/chiffre, le composé prend alors le sens de **qui comporte x (nombre) choses**. Dans ce cas, le nom reste invariable (ex. : a five-hundred-page book).

4 Choisissez la bonne traduction

1. qui a l'esprit ouvert :
   - a. open-minded
   - b. mind-opened
   - c. open-minding

2. droitier :
   - a. right-handing
   - b. right-handed
   - c. hand-righted

3. 0% de matière grasse :
   - a. free-fat
   - b. fat-freed
   - c. fat-free

4. à manches longues :
   - a. sleeved-long
   - b. long-sleeved
   - c. long-sleeving

5. durable/de longue durée :
   - a. long-lasting
   - b. long-lasted
   - c. last-longing

5 Reliez les adjectifs composés suivants à la définition qui leur correspond

1. short-lived
2. part-time
3. second-hand
4. easy-going
5. brand-new

a. flambant neuf
b. facile à vivre
c. d'occasion
d. éphémère
e. à temps partiel

6 Reconstituez les cinq adjectifs composés suivants

1. well
2. good
3. hard
4. middle
5. long

a. looking
b. aged
c. paid
d. working
e. haired

AUTOUR DES ADJECTIFS

7. Trouvez l'adjectif composé qui permet de reformuler les énoncés suivants

1. A pizza which is made at home, by yourself, is a .... pizza.
2. A woman with green eyes is a .... - .... woman.
3. A soap that smells sweet is a .... - .... soap.
4. A boy who is 14 is a .... - .... - .... boy.

Le vocabulaire de la nature, de la météo et des animaux

Petits rappels : **la nature** se dit **nature** (sans l'article **the**, souvenez-vous…), mais on utilise parfois le mot **the wild**, comme dans l'expression **the call of the wild** (= l'appel de la nature). **Quel temps fait-il** se dit **what's the weather like?** Enfin, on utilise le mot **pets** pour les animaux domestiques.

8. Trouvez la traduction anglaise ou française des mots suivants

Français		hiver	ciel	lune		
Anglais	summer				star	sea
Français	vague	plage	campagne	herbe		lac
Anglais					island	
Français		montagne	arbre	fleur		
Anglais	leaf				wood	spring

9. Complétez les traductions suivantes

1. la météo : **WE _ _ _ ER**
2. la pluie : **R _ _ N**
3. nuage : **_ _ _ UD**
4. soleil : **_ _ N**
5. neige : **SN _ _**
6. vent : **W _ _ D**
7. brouillard : **F _ _**
8. chaud : **H _ _**
9. froid : **C _ _ D**

AUTOUR DES ADJECTIFS

10 What's the weather like… Cochez la ou les bonne(s) réponse(s).

1. … in London?	2. … in Rome?	3. … in New York?	4. … in Paris?
☐ **a.** it's clouding	☐ **a.** it's sunning	☐ **a.** it's windy	☐ **a.** it's raining
☐ **b.** it's cloudy	☐ **b.** it's sunny	☐ **b.** it's winding	☐ **b.** it's rainy

11 Remettez les lettres dans l'ordre pour trouver la traduction des animaux suivants

1. chien	**OGD** ………………	8. vache	**OWC** ………………
2. chat	**TAC** ………………	9. chèvre	**TOGA** ………………
3. cheval	**ESOHR** ………………	10. canard	**CUDK** ………………
4. âne	**NYODEK** ………………	11. singe	**YOMENK** ………………
5. lapin	**TIRABB** ………………	12. souris	**SOUME** ………………
6. mouton	**PESEH** ………………	13. oiseau	**RIBD** ………………
7. cochon	**GIP** ………………	14. poisson	**IFHS** ………………

Erreurs courantes de prononciation

Les francophones ont tendance à commettre un certain nombre d'erreurs de prononciation typiques. Saurez-vous les éviter dans les exercices suivants ?

AUTOUR DES ADJECTIFS

12 Trouvez la rime des mots suivants, entourez-la, puis placez les mots dans les phrases

1. **sweet** rime avec : **seat** - **eat** - **bet**
2. **sweat** rime avec : **feet** - **great** - **wet**
→ Sorry I'm covered in ...., I have been running.
   Thank you for your gift. How .... of you!

3. **shout** rime avec : **boot** - **about** - **fought**
4. **shoot** rime avec : **doubt** - **not** - **foot**
→ Don't .... like that! I'm not deaf!
   I have never tried ....ing a gun.

5. **bird** rime avec : **heard** - **eared** - **weird**
6. **beard** rime avec : **feared** - **aired** - **fired**
→ Peter has grown a ....
   The children wanted a .... We got them a canary.

7. **beer** rime avec : **dear** - **wear**
8. **bear** rime avec : **swear** - **fear**
→ Winnie the Pooh is a cartoon ....
   Guinness is a brand of ....

13 Méli-mélo : entourez la ou les bonne(s) réponse(s)

1. **aren't** se prononce comme...
   aunt - **ant** - **hunt**
2. **answer** rime avec...
   officer - **swear**
3. le son **[oze]** de **because** rime avec...
   nose - **was** - **laws**
4. **enough** ne rime absolument pas avec...
   dough - **Doug** - **laugh**
5. **famous** rime avec...
   moose - **virus** - **goose** - **us**
6. **says** rime avec...
   le nombre français 16 - **plays** - **stays**
7. **said** rime avec...
   paid - **afraid** - **bed**
8. **young** rime avec...
   among - **sung** - **tongue**

Bravo, vous êtes venu à bout de ce chapitre ! Il est maintenant temps de comptabiliser les icônes et de reporter le résultat en page 128 pour l'évaluation finale.

17 Autour des adverbes

Généralités

• **Nature et formation**

Les adverbes sont des mots qui modifient ou apportent des précisions sur un verbe (ex. : he drives **well**) ou un adjectif (ex. : he drives a **very** old car). Ils répondent souvent aux questions **où ?**, **quand ?**, **comment ?**, **pourquoi ?**. Un certain nombre d'adverbes se forment en ajoutant le suffixe **ly** à un adjectif (ex. : slowly, nicely, precisely), d'autres ont une forme fixe (ex. : always, well, before, etc.).

• **Les différents types d'adverbes**

Les intensificateurs/renforçateurs (ex. : really, very, completely, absolutely, so, well) et les atténuateurs (ex. : almost, nearly), les adverbes de manière (ex. : slowly, quietly), de lieu (ex. : here, there), de fréquence (ex. : every day, often), de temps (ex. : before, now, early, first) ou de but (ex. : to, so as to).

---

❶ Les mots se terminant en ly ne sont pas tous des adverbes, mais parfois des adjectifs : entourez l'adjectif qui s'est caché dans chacune des listes d'adverbes suivantes

1. **lovely   nicely   simply   freely**

2. **directly   easily   silly   softly**

3. **angrily   friendly   happily   loudly**

4. **shyly   oddly   generally   lively**

5. **LONELY   CAREFULLY   HIGHLY   PERFECTLY**

6. **quietly   needy   suddenly   quickly**

7. **wrongly   dangerously   gladly   costly**

8. **cowardly   fortunately   rapidly   clearly**

AUTOUR DES ADVERBES

La place des adverbes

- Après l'auxiliaire s'il y en a un dans la phrase (ex. : I have always liked horror movies)
- Avant ou après **to be** (ex. : I am relieved now / I am now relieved)
- En début de phrase, pour les **adverbes de modalité** comme perhaps, maybe, etc., ainsi que les adverbes d'opinion comme frankly, honestly, personally, etc.
- En début ou en fin de phrase, pour les **adverbes de temps précis** (ex. : yesterday, tomorrow) et les adverbes **de lieu** (ex. : outside)
- Au milieu (juste avant le verbe), pour les **adverbes de fréquence non précis** (ex. : always, often, usually, never) et les adverbes **almost**, **certainly**, **hardly**, **nearly**, **probably**, **simply** (ex. : I've always hated coffee / he has almost died)
- Après le verbe et son complément, pour les **adverbes de manière** (ex. : take it off slowly)
- Généralement en fin de phrase pour les **adverbes de temps**, **de lieu** et **de manière** comme weekly, badly, well, either, too, as well, enormously, a little, a lot, much… (ex. : he runs daily / he runs a lot)

2. Les adverbes ont été entourés car placés au mauvais endroit. Tracez une flèche à partir des cercles bleus pour rediriger chacun à sa place dans la phrase

1. I go (rarely) to the cinema.
2. Do you go shopping (often)?
3. Have (ever) you been to Japan?
4. I didn't understand (well) the lesson.
5. They (daily) watch the news.
6. She has (always) a sandwich for lunch.

3. Mettez les éléments dans l'ordre, afin de former des phrases correctes

1. runs/work/regularly/he/after ➜ ....
2. to work/on foot/go/I/usually ➜ ....
3. the race/will/he/win/probably ➜ ....
4. much/she/tea/like/doesn't ➜ ....
5. soon/I/you/hope/to see/sincerely ➜ ....
6. should/perhaps/drive/more/you/carefully ➜ ....

AUTOUR DES ADVERBES

4 Réécrivez les phrases en intégrant l'adverbe fourni entre parenthèses

1. I go on beach holidays **(ALWAYS)**

   → ....

2. Paul turned down the invitation **(POLITELY)**

   → ....

3. They go out **(OFTEN)**

   → ....

4. I don't think he will win. **(FRANKLY)**

   → ....

5. He is not wrong. **(ENTIRELY)**

   → ....

6. Do you go to the opera? **(SOMETIMES)**

   → ....

Les mots de liaison

- Les mots de liaison (ou connecteurs logiques) sont des mots qui servent à lier les phrases entre elles de manière logique. Un grand nombre d'entre eux sont des adverbes. Ils peuvent indiquer un lien de **but** (ex. : to, in order to, so as to), d'**hypothèse** (ex. : if, even if), de **cause** (ex. : because, as, because of, thanks to), de **conséquence** (ex. : so, therefore, as a consequence), de **concession** (ex. : even if, although, despite, in spite of, however, instead of, though, unless, as long as), d'**opposition** (ex. : yet, but, on the contrary, unlike, whereas, no longer, not any more), d'**accumulation** (ex. : and, moreover, too, as well, even, first of all, then, finally).

- **À noter : although** est suivi d'une proposition verbale (ex. : he is wrong, although he will not admit it), **despite** et **in spite of** sont suivis d'un nom (ex. : despite the price, I bought it / I bought it in spite of the price). **Yet** et **moreover** se placent souvent en début de proposition ou de phrase (ex. : He didn't want to come along. Yet, he did / He didn't feel like coming. Moreover he was tired).

AUTOUR DES ADVERBES

5 Reliez chaque début de phrase à la fin qui lui correspond

1. she went to the baker's…
2. He went to bed just after dinner…
3. We'll go on a picnic…
4. Although I don't like walking…
5. I'd like to come to the party…
6. Milk comes from an animal.

a. but I have to work.
b. Therefore, vegans don't consume any.
c. if the weather is fine.
d. to buy some bread.
e. I always try to go to work on foot.
f. because he needed to get up at 4 a.m.

6 Entourez le bon lien logique parmi les propositions entre parenthèses

1. We had dinner and **(as well - secondly - then)** we went to see a movie.

2. I love science fiction films **(unlike - whereas - instead of)** you prefer dramas.

3. I'm not very good at maths, **(but - yet - so)** I can't help you.

4. The match was cancelled **(because - in spite of - because of)** the rain.

5. **(As long as - Unlike - Unless)** you hurry up, you'll miss your train!

AUTOUR DES ADVERBES

7. Trouvez le bon lien logique (entourez la bonne réponse)

1. I will run the marathon … it rains.
a. though   b. however   c. despite   d. even if

2. You can borrow my car … you drive carefully.
a. as long as   b. unless   c. even if   d. though

3. I passed my exam … Lisa's help.
a. because   b. despite   c. thanks to   d. in spite of

4. They failed their driving test. …, they cannot drive.
a. Because of   b. As a consequence   c. Yet   d. So as to

5. … her brother, who loves meat, Jane is a vegetarian.
a. whereas   b. unless   c. unlike   d. as well

8. Les cinq mots de liaison suivants ont été placés dans les mauvaises phrases, replacez les correctement

1. I **HOWEVER** smoke. I **SO** stopped last year.

2. She's studied psychology and criminology **FINALLY**.

3. I love this house, **NO LONGER**, I don't have enough money to buy it.

4. I phoned her but she wasn't home, **AS WELL** I left a message.

→ ....
→ ....
→ ....
→ ....

L'accent tonique

En anglais on entend certaines syllabes plus que d'autres. En effet, dans chaque mot, une syllabe porte ce qu'on appelle **l'accent « tonique »**. Dans les dictionnaires, il est signalé par une apostrophe avant la syllabe accentuée. Dans nos exemples, nous le signalons en plus en caractère gras, pour plus de clarté. En pratique, la syllabe accentuée est plus forte et plus longue, on l'entend plus clairement que les autres (ex. : dans le mot **fantastic**, on entend beaucoup plus **ta**, on notera ce mot fan**'tas**tic). L'accentuation a tendance à s'acquérir par imprégnation et par exposition régulière à la langue. Cependant, elle n'est pas totalement arbitraire et il existe certaines règles qui peuvent vous guider (voir plus loin).

AUTOUR DES ADVERBES

Accentuation des mots de 2 syllabes : quelques règles

- **Les mots de 2 syllabes sans suffixe** sont généralement accentués sur la 1re syllabe (ex. : **'ta**ble, **'i**mage, **'doc**tor). Il existe cependant quelques exceptions (ex. : he**'llo**). Si la 1re syllabe est un préfixe, l'accent portera sur la deuxième (ex. : mis**'ta**ke, un**'ha**ppy, a**'way**, for**'give**). Il existe là aussi quelques exceptions (ex. : **'co**lleague, **'in**come). Si la dernière syllabe du mot contient **aa**, **ee**, **ese**, **ette**, **eer**, **oo**, **ade**, l'accent porte sur cette dernière syllabe (ex. : cru**'sade**, laun**'drette**, ba**'zaar**, ba**'lloon**, ve**'neer**).

- **À noter : les mots d'une syllabe** sont accentués, sauf si ce sont des auxiliaires, des prépositions ou des articles (ex. : the **'cat** is on the **'cou**ch).

9 Un mot dans chaque ligne est accentué sur la 2e syllabe, lequel ?

1. image - people - July - children ➜ ....
2. angry - ago - money - mountain ➜ ....
3. promise - career - effort - killer ➜ ....
4. napkin - pepper - taboo - riddle ➜ ....
5. single - Chinese - toilet - verdict ➜ ....

10 Un mot dans chaque ligne est accentué sur la 1re syllabe, lequel ?

1. across - extreme - surprise - virus ➜ ....
2. asleep - today - cocoon - basket ➜ ....
3. trainee - insect - unfit - unreal ➜ ....
4. unfair - across - enough - apple ➜ ....
5. flavour - again - ago - baboon ➜ ....

Bravo, vous êtes venu à bout de ce chapitre ! Il est maintenant temps de comptabiliser les icônes et de reporter le résultat en page 128 pour l'évaluation finale.

18. Autour des prépositions

Autour des prépositions

• **Les verbes suivis d'une préposition**

Ils ne fonctionnent pas de la même façon que les verbes à particule (ou phrasal verbs), avec qui on les confond souvent, et que nous aborderons dans le chapitre suivant. La particule d'un phrasal verb fait partie du verbe et non de ce qui suit alors que **la préposition** dont s'accompagnent certains verbes **se combine avec le nom qui suit** et non avec le verbe qui précède. Ex. : dans la phrase "he gave up smoking", **up** fait partie intégrante du verbe et ne fait pas bloc avec smoking, il s'agit donc d'un phrasal verb, alors que dans la phrase "he lives in Paris", **in** fait bloc avec Paris, il s'agit donc d'un verbe suivi d'une préposition.

• **Les principales prépositions et leurs traductions**

– **at** : à, en, chez. Contrairement à **in**, il indique une position spatiale dans un lieu précis, circonscrit (ex. : I'll meet you at the station).

– **from** : de, à compter de, venant de. Indique une origine, une provenance ou un point de départ (ex. : he comes from Berlin) ou le début d'une borne temporelle (ex. : I'm on holidays from the 5th to the 20th).

– **on** : sur, dessus. Il exprime généralement l'idée de reposer sur une surface (ex. : the cat's on the table).

– **out** : traduit l'idée d'extérieur, d'extériorisation ou d'extraction (ex. : take the groceries out of the bag / to be out of town = être en déplacement).

– **to** : à, vers. Indique un mouvement vers, une destination, un but, une visée, une fin de borne temporelle/spatiale (ex. : I'm going to the cinema/ I work from Monday to Sunday / I drove from Paris to Nice).

---

❶ Remplissez les espaces en choisissant entre at, to, from, from... to, on, out

1. My keys were .... the table. Have you seen them?

2. Could you take the rubbish .... ?

3. I saw James today .... the bus stop. He was going .... work.

4. I will be away .... the 10th .... the 21st.

5. She lives in London but she is .... Ireland.

AUTOUR DES PRÉPOSITIONS

Principales prépositions (suite)

- **across** : à travers, traversée d'une surface (ex. : he swam across the Channel)
- **around** : autour, aux alentours, ou idée de proximité vague (ex. : to look around / I just walked around ➜ j'ai juste fait un tour)
- **by :** à côté de, au bord de (ex. : they walked by the river)
- **in :** à, au, dans. Indique l'idée d'intériorité. On l'utilise aussi pour situer un objet dans un lieu étendu, en opposition à **at** (ex. : my glasses are in a case / I live in Paris)
- **for :** pour, destiné à, de. On l'utilise pour donner une raison, mentionner un destinataire et dans des expressions exprimant une recherche (ex. : the reason for the delay is unknown / this present is for you / they are searching for oil in this area)
- **of :** de quelque chose ➜ complément du nom ou complément d'objet direct (ex. : free of charge, to die of cancer, to have a good knowledge of English)
- **over :** au-dessus, par dessus (ex. : he stepped over the wall), idée de couverture d'une surface (ex. : I spread a comforter over the sofa)
- **through :** à travers, idée de traversée d'un volume (ex. : he threw the book through the window)

❷ Entourez la bonne réponse parmi les propositions entre parenthèses

1. A dangerous criminal has escaped **(of - over - from)** prison.

2. I would love to live **(around - at - by)** the sea.

3. She has travelled all **(through - around - across)** the world.

4. I spilled wine all **(across - through - over)** the table.

5. "A way **(over - through - out)**" is a solution.

6. We can see everything **(through - across - around)** this curtain.

7. She was born **(at - in - from)** Dublin.

AUTOUR DES PRÉPOSITIONS

Différences de construction : anglais vs français

- Certains verbes sont intransitifs en français comme en anglais, c'est-à-dire qu'ils sont tous deux suivis d'une préposition, mais la préposition n'est pas forcément la même. Il faut alors apprendre la construction de ces verbes (ex. : participer **à** = to participate **in**).

- Certains verbes, qui sont suivis d'une préposition en français, ne le sont pas en anglais. En français, on dit par exemple **demander à quelqu'un**, alors qu'en anglais on dit **to ask Ø someone**. Fonctionnent de cette manière les verbes **fit**, **benefit**, **remedy**, **resemble**, **address**, **doubt**, **witness**, **forgive**, **need** entre autres (ex. : j'ai besoin d'argent = I need Ø money).

- Certains verbes ne sont pas suivis d'une préposition en français, mais le sont en anglais. Là encore, il faut apprendre la construction de ces verbes (ex. : approuver quelque chose = to approve **of** something, commenter quelque chose = to comment **on** something). Fonctionnent de cette manière les verbes **hope for**, **look at**, **remind of**, par exemple.

3 Choisissez entre of, in, Ø, for, on, to

1. The decision doesn't depend .... you.
2. He answered .... the questions the detective asked.
3. Don't wait .... me. I'm going to be late.
4. I listen .... the radio all day.
5. Do you believe .... God?
6. It's a miracle. She's survived .... the accident.
7. It smells good in here. It smells .... coffee.

4 Entourez la bonne préposition

1. Are you afraid … spiders? **(at - of - on)**
2. I've never been very good … maths. **(in - at - on)**
3. He's very interested … photography. **(in - on - of)**
4. She is very different … her sister. **(on - of - from)**
5. He is responsible … the accident. **(on - of - for)**

À noter

- Les adjectifs et les noms sont également parfois suivis d'une préposition, qu'il faut apprendre en même temps que l'adjectif ou le nom lui-même.

- Il existe un certain nombre de locutions ou expressions courantes avec préposition à connaître (ex. : for example = par exemple).

AUTOUR DES PRÉPOSITIONS

5. Reliez chaque locution prépositionnelle à sa traduction

1. for instance
2. instead of
3. by mistake
4. at least
5. on the contrary

a. par erreur
b. au lieu de
c. par exemple
d. au contraire
e. au moins

Le vocabulaire de la ville

Le mot **ville** peut se traduire **town** ou **city**. **Town** désigne une petite ou moyenne ville, le terme **city** est réservé aux grandes villes. Testez votre vocabulaire sur ce sujet en réalisant les exercices ci-dessous.

6. Reliez chaque lieu à la traduction qui lui correspond

1. post office
2. town centre
3. station
4. town hall
5. police station

a. la poste
b. le commissariat
c. l'hôtel de ville
d. la gare
e. le centre-ville

7. Remettez les lettres dans l'ordre pour trouver la traduction des mots suivants

1. métro → NDDERGROUUN → ....
2. la circulation → CITFAFR → ....
3. un carrefour → CROROADSSS → ....
4. un parking → ARC - ARPK → ....
5. la banlieue → BRUBUS → ....
6. embouteillage → AFFICTR - AJM → ....

8. Placez chaque numéro dans les cases sous les dessins correspondants

1. zebra crossing   2. turn right   3. turn left   4. traffic lights   5. straight on

AUTOUR DES PRÉPOSITIONS

9 Reliez les prépositions, locutions prépositionnelles et adverbes de lieu à leur traduction

1. over
2. among
3. in front of
4. around
5. in the middle
6. near/close to
7. next to
8. somewhere else
9. nowhere
10. between
11. everywhere
12. above
13. behind
14. under

a. au milieu
b. proche de
c. au-dessus
d. entre
e. sous
f. derrière
g. en face de
h. parmi
i. au-dessus/par-dessus
j. nulle part
k. autour
l. à côté
m. ailleurs
n. partout

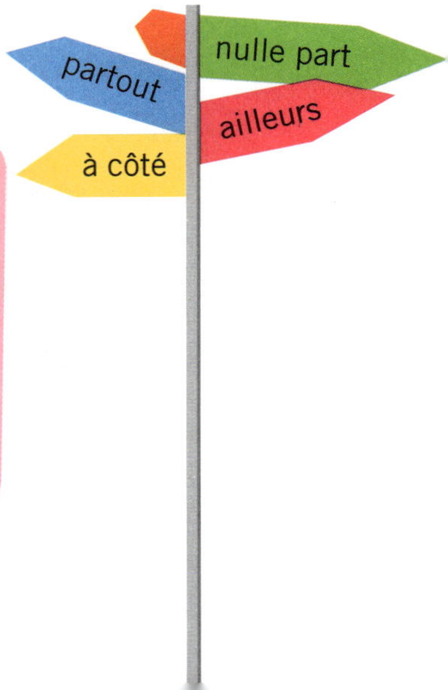

Accentuation des mots de 2 syllabes (suite)

Les mots de deux syllabes sont accentués sur la première pour les noms et adjectifs, mais sur la seconde pour les verbes (ex. : a **'con**test / to con**'test**). Il existe cependant des exceptions (ex. : to **'a**lter, to **'co**mment, to **'su**ffer, to **'su**pervise, to **'da**mage, to **'e**ducate, to **'o**ccupy, to **'pro**fit, entre autres). Par ailleurs, les verbes qui se terminent en **ow**, **en**, **y**, **er**, **le**, **ish** ont l'accent sur la première syllabe.

partout
nulle part
ailleurs
à côté

AUTOUR DES PRÉPOSITIONS

10 Sur chaque ligne, un seul verbe est accentué sur la 1re syllabe, lequel ?

1. to accept, to adopt, to agree, to answer → ....
2. to comfort, to combine, to complain, to conclude → ....
3. to decide, to differ, to define, to divorce → ....
4. to emerge, to employ, to enter, to escape → ....
5. to suggest, to suppose, to survive, to suffer → ....
6. to obey, to offend, to oppose, to offer → ....
7. to afford, to copy, to control, to debate → ....
8. to despair, to divide, to envy, to enjoy → ....
9. to open, to evade, to propose, to protect → ....
10. to possess, to support, to surprise, to publish → ....

11 Entourez l'intrus

1. to finish - to adapt - to collect
2. to deserve - to borrow - to dismiss
3. to worry - to oppose - to follow
4. to permit - to cover - to believe
5. to listen - to pretend - to avoid

12 Déclinez l'accentuation de chaque 2e phrase, comme dans l'exemple

Ex. : a 'permit / to per'mit

1. He made a 'pro**test** / He likes to protest
2. He wants to ob'**je**ct / What is this object?
3. This produce is an '**im**port / We import from India
4. Teenagers like to re'**be**l / He is a rebel
5. The police re'**co**rd interviews / I collect records

Bravo, vous êtes venu à bout de ce chapitre ! Il est maintenant temps de comptabiliser les icônes et de reporter le résultat en page 128 pour l'évaluation finale.

Autour des verbes à particule (phrasal verbs)

Principe et fonctionnement

Contrairement à la préposition qui suit un verbe, **la particule d'un phrasal verb forme un tout avec le verbe**, elle ne peut en être séparée sans en changer le sens. La particule a fonction d'adverbe. L'ensemble verbe + particule signifie autre chose que l'addition du sens du verbe seul et de celui de la particule. La particule ne fait parfois que renforcer le sens du verbe (ex. : please slow down ➜ ici **down** renforce la notion de diminution, déjà contenue dans le verbe **to slow**) mais elle peut aussi changer complètement son sens, pour créer un sens idiomatique différent (ex. : he gave up smoking last year. ➜ sans **up**, le verbe **to give** signifie **donner** et non **abandonner** / I'll come up with a solution ➜ **come** seul signifie **venir**, mais **come up with** signifie **trouver**).

❶ Les verbes soulignés suivants sont-ils des verbes à particule ou de simples verbes suivis d'une préposition ? Cochez la bonne case

1. We <u>checked in</u> at a 5 star hotel. ☐ V. à particule ☐ V. suivi de préposition
2. My phone <u>is in</u> the car. ☐ V. à particule ☐ V. suivi de préposition
3. The cat is <u>sleeping on</u> the couch. ☐ V. à particule ☐ V. suivi de préposition
4. Don't mind me. <u>Carry on</u>! ☐ V. à particule ☐ V. suivi de préposition
5. The sun <u>is up</u>. ☐ V. à particule ☐ V. suivi de préposition
6. We're getting late, <u>hurry up</u>! ☐ V. à particule ☐ V. suivi de préposition
7. He was <u>brought up</u> by his aunt. ☐ V. à particule ☐ V. suivi de préposition
8. <u>Throw</u> it <u>out</u> of the window! ☐ V. à particule ☐ V. suivi de préposition
9. "<u>Watch out</u>!" means "be careful!" ☐ V. à particule ☐ V. suivi de préposition
10. We had a try but it didn't <u>work out</u>. ☐ V. à particule ☐ V. suivi de préposition
11. The car <u>went down</u> the avenue. ☐ V. à particule ☐ V. suivi de préposition
12. You should <u>cut back on</u> cigarettes. ☐ V. à particule ☐ V. suivi de préposition

AUTOUR DES VERBES À PARTICULE (PHRASAL VERBS)

Sens des particules

Dans les phrasal verbs, le sens des particules est souvent plus abstrait que les prépositions. Les principales particules peuvent exprimer les notions suivantes :

- **away** : idée d'éloignement ou d'amenuisement (ex. : put things away = ranger / to walk away = s'éloigner)
- **back** : idée de retour ou de retenue (ex. : to pay back = rembourser / to hold back your tears = retenir ses larmes)
- **in** : idée d'achèvement, de complétude (ex. : to fill in a form = remplir un questionnaire)
- **off** : idée d'extinction, de départ, de coupure (ex. : switch off TV = éteindre la TV / to be off = partir / we were cut off during our phone conversation = on a été coupé)
- **on** : idée de continuation ou d'allumage (ex. : to sing on = continuer à chanter / to switch on the light = allumer la lumière)

2 Reliez les verbes à particule à leur synonyme

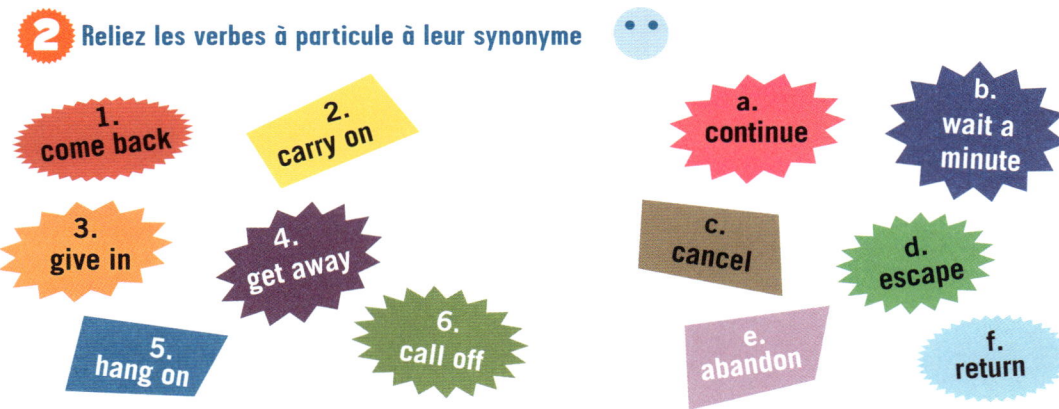

Sens des particules (suite)

- **out** : idée de clarification, d'explicitation (ex. : speak out = s'expliquer, parler clairement), de distribution (ex. : the sheets were handed out to the pupils), d'apparition soudaine (ex. : the war broke out) ou d'extinction progressive (ex. : my shoes are worn out = usées).
- **up** et **down** : ils ont un sens concret de mouvement vers le haut/bas (ex. : get up / sit down). Mais **up** est aussi associé à l'idée de complétude d'une action (ex. : to button up = mettre tous les boutons), d'augmentation, d'amélioration et d'optimisme (ex. : to cheer up = remonter le moral, prendre courage) et **down** à l'idée de diminution, de pessimisme ou de réduction (ex. : to play down = minimiser).

AUTOUR DES VERBES À PARTICULE (PHRASAL VERBS)

3 Placez les particules ci-contre au bon endroit pour que le verbe à particule composé avec look corresponde à la définition ou synonyme proposés

1. look something .... → to search information in a book/database
2. look .... → to consider inferior, to despise
3. look .... → admire
4. look .... → to try to find something
5. look .... → be careful

for
up
up to
down on
out

4 Complétez les phrases en plaçant les phrasal verbs suivants au bon endroit

keep off — fall down — climb up — take off — make up — burst out

1. She .... crying when she heard he had died.
2. Don't .... trees, it's dangerous. You're going to ....
3. .... the lawn! It's forbidden to walk on it!
4. You should .... your cap when entering a religious building.
5. "I can't .... my mind" means "I can't decide".

5 Entourez la bonne traduction des phrasal verbs suivants

1. **to pick out** = to choose - to avoid
2. **to turn down** = to go to bed - to reject
3. **to pass away** = to leave - to die
4. **to find out** = to discover - to show
5. **to cut off** = to suppress - to flee
6. **to put up with** = to tolerate - to help
7. **to get on with** = to like - to accompany
8. **to blow up** = to explode - to whistle
9. **to cheer up** = to lift - to become happier
10. **to speak up** = to speak louder - to sing

AUTOUR DES VERBES À PARTICULE (PHRASAL VERBS)

Le vocabulaire de la nourriture

Comme le dit l'humoriste américain Jackie Mason, "England is the only country where food is more dangerous than sex". Il est certes possible de survivre dans un pays anglo-saxon en se nourrissant de curry (indien), de Fish and Chips et autres burgers. Si vous ne voulez pas prendre le risque de faire aveuglément confiance au serveur et de vous retrouver en tête-à-tête avec un morceau d'agneau nappé d'une sauce à la menthe ou avec un succulent haggis (panse de brebis farcie), votre meilleure protection restera de connaître un peu de vocabulaire !

6 Complétez les phrases en plaçant les mots au bon endroit

starter *LUNCH* *rare* *hungry* *tip* *main course* *thirsty* *meals* *well done* *dressing* *breakfast*

1. You eat when you are .... and you drink when you are ....

2. There are generally three .... in a day : ...., ... and dinner.

3. Meat is eaten .... (not very cooked), medium, or .... (well cooked).

4. A menu is composed of a ...., a .... and a dessert. The sauce on a salad is called a ....

5. When you go to the restaurant and you are happy with the service, you can leave a ....

AUTOUR DES VERBES À PARTICULE (PHRASAL VERBS)

7 Remettez les lettres dans l'ordre ou trouvez les lettres manquantes pour donner la traduction des denrées suivantes

1. sel : **LTAS** → ....
2. pain → **B _ _ A _**
3. les pâtes → **P _ _ _ A**
4. poivre : **ERPEPP** → ....
5. le riz → **R _ C _**
6. l'agneau → **L _ _ B**
7. le jambon → **H _ _**
8. le bœuf → **B _ _ F**
9. crevette → **SH _ _ M _**

10. le lait → **M _ _ K**
11. le beurre → **B _ _ _ E _**
12. le café → **C _ F _ _ _**
13. l'eau → **W _ _ _ _**
14. le jus de fruit → **J _ _ C _**
15. le vin → **_ _ N _**
16. la bière → **B _ _ _**
17. moutarde : **DMSRATU** → ....

8 Que direz-vous pour trinquer ? Cochez la bonne réponse

a. ☐ Cheese!   b. ☐ Jeeze!   c. ☐ Cheers!

9 Remplissez la grille suivante en vous aidant des traductions ci-dessous

Across
1. épinard
2. pomme
3. chou
4. tomate
5. laitue
6. prune
7. citron
8. cerise
9. poireau

Down
A. poivron
B. petits pois
C. poire
D. concombre
E. raisin

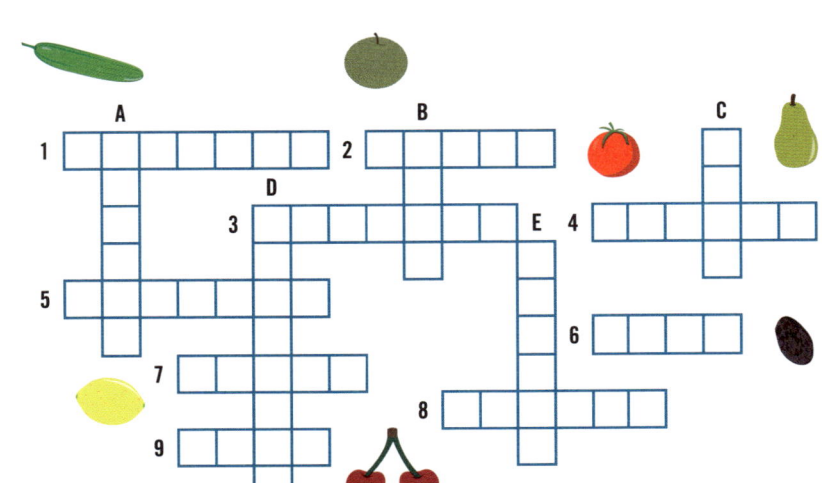

AUTOUR DES VERBES À PARTICULE (PHRASAL VERBS)

10. Barrez l'intrus

1. grapefruit - potato - cucumber - pepper
2. carrot - asparagus - bean - pineapple
3. apricot - raspberry - strawberry - lettuce
4. banana - artichoke - mango - orange

Accentuation des mots suffixés

L'accentuation des mots comportant les suffixes neutres **ist**, **ism**, **ish**, **ly**, **ed**, **ing**, **ment**, **ness**, **ful**, **man**, **able**, **ship** est la même que dans le mot de départ. L'ajout du suffixe ne change rien (ex. : **'ac**tive → **'ac**tivist / **'so**cial → **'so**cialism / **'in**terest → **'in**teresting).

11. Entourez les mots qui sont correctement accentués

1. gradu**'al**ly, trea**'sur**er, **'des**troyed
2. questio**'ning**, deve**'lop**ment, **'men**talist
3. **'ex**ploitable, in**'sul**ting, **'plea**santly
4. al**'co**holism, **'a**mazing, in**'ven**ted
5. dog**'ma**tism, beau**'ti**ful, **'part**nership

12. Soulignez la syllabe accentuée dans chacun des mots suivants

1. amazing - offered - unhappiness - teacher
2. certainly - humanism - fireman - readable
3. elegantly - wonderful - answering - relationship
4. cartoonist - changeable - anxiousness - worrying
5. carefully - naturalist - nourishment - numbered
6. happily - delighted - correctly - friendship
7. painter - contrasting - washable - fairness
8. interesting - meaningful - yellowish - happened

Bravo, vous êtes venu à bout de ce chapitre ! Il est maintenant temps de comptabiliser les icônes et de reporter le résultat en page 128 pour l'évaluation finale.

20 Autour du passif

Généralités

- **Formation :** sujet + **be** (conjugué au temps du verbe de la phrase active) + participe passé du verbe de la phrase active (ex. : the children broke the vase ➜ the vase was broken by the children)
- si l'agent est précisé, il est introduit par **by** (ex. : the telephone was invented by Alexander Graham Bell).
- le sujet de la phrase active devient le complément d'agent de la phrase passive et le complément d'objet direct de la phrase active devient sujet de la phrase passive (ex. : **phrase active :** a pickpocket stole my purse ➜ **phrase passive :** my purse was stolen by a pickpocket).
- **Utilisations communes avec le français :** quand on veut insister sur l'action et sur la personne qui subit et non sur l'auteur (ex. : this castle was built in the 12th century = ce château a été construit au xiie siècle), en particulier quand l'identité de l'auteur n'est pas connue/importante ou au contraire tellement évidente qu'il n'y a pas lieu de la mentionner (ex. : he was assaulted ➜ il a été agressé, mais on ne sait pas par qui / he was arrested ➜ il a été arrêté, on suppose que c'est par la police).

1 Donnez le participe passé des verbes suivants

1. find ➜ ....
2. send ➜ ....
3. be ➜ ....
4. sing ➜ ....
5. cut ➜ ....
6. tell ➜ ....
7. forget ➜ ....
8. hit ➜ ....
9. cook ➜ ....
10. let ➜ ....
11. write ➜ ....
12. steal ➜ ....
13. think ➜ ....
14. lose ➜ ....
15. go ➜ ....

2 Mettez les phrases suivantes au passif

1. J.K. Rowling wrote *Harry Potter*.

   ➜ ....

2. Sam's father has designed this car.

   ➜ ....

AUTOUR DU PASSIF

Utilisations spécifiques à l'anglais

- Dans les phrases où le français utilise **on** ou **les gens** (ex. : on fait des muffins dans cette usine = muffins are made in this factory), en particulier avec les verbes de pensée, d'opinion et de parole comme **know**, **say**, **think**, **believe**, **suppose**, **know**, **consider**, **tell** (ex. : he is said to be rich = on dit qu'il est riche / I was told that she had died = on m'a dit qu'elle était morte).

- Avec les verbes à deux compléments comme **give**, **send**, **teach**, **ask**, **tell**, **show**, **offer**, **lend**. En français, on a une tournure impersonnelle avec on (ex. : on m'a donné un ordinateur = I was given a computer).

3 Reliez chaque élément de la colonne A à un élément de la colonne B, afin de reconstituer la traduction des phrases françaises suivantes

Phrases françaises	A		B
1. On ne peut pas lui faire confiance	He can't •		• given a mobile
2. On lui a offert un portable	He was •		• be trusted
3. L'addition a été payée	The bill has •		• spoken here
4. On m'a demandé de faire un discours	I was asked •		• been paid (for)
5. Ici, on parle espagnol	Spanish is •		• to deliver a speech

4 Détachez les mots au bon endroit

1. **weweregivenaroomwithaview** (on nous a donné une chambre avec vue)

   → ....

2. **heissaidtobeaselfishman** (on dit de lui qu'il est égoïste)

   → ....

3. **theproblemwillbedealtwithbythemechanic** (le problème sera résolu par le mécanicien)

   → ....

Autres emplois à connaître

Pour traduire les **tournures impersonnelles** (ex. : ça ne se fait pas = it is not done), et les **tournures infinitives** comme : à voir, à faire, à contacter, etc. (ex. : ça reste à voir = it remains to be seen).

AUTOUR DU PASSIF

5 Remettez les mots dans l'ordre afin de traduire les phrases suivantes en anglais

1. On boit du thé partout dans le monde
   world/drunk/tea/over/is/all/the

   → ....

2. Personnes à contacter en cas d'urgence
   people/case/to/be/an/of/emergency/contacted/in

   → ....

3. On m'a dit que Peter était gravement malade
   ill/I/was/Peter/told/that/seriously/was

   → ....

4. On lui a proposé un poste très intéressant au Japon
   job/offered/interesting/he/a/very/was/in/Japan

   → ....

Cas des verbes à prépositions

Si le verbe de la phrase active possède une préposition, il ne faut pas l'oublier à la forme passive, en fin de phrase (ex. : the children laughed at the little girl → she was laughed **at**).

6 Terminez les traductions suivantes en faisant attention à la préposition

1. On prendra soin des enfants → the children will .... (prendre soin de = to take care of)

2. On chercha une solution → a solution .... (chercher = to look for)

3. On a parlé de ce scandale pendant des années → this scandal .... for years. (parler de = to talk about)

Les synonymes

Un synonyme est un mot de sens très voisin, "a word you use when you can't spell the word you first thought of", disait le musicien américain Burt Bacharach ! Il peut être utile de connaître les plus courants pour savoir rebondir en cas de trou de mémoire, pour accroître votre compréhension écrite et orale... ou pour faire les exercices du cahier Assimil !

AUTOUR DU PASSIF

7. Reliez chaque mot à son synonyme

1. cure
2. rescue
3. crime
4. sickness
5. blame

a. offense
b. accuse
c. save
d. heal
e. disease

8. Remettez les lettres dans l'ordre pour former le synonyme des mots suivants

1. agreement : **LADE**
→ ....
2. strange : **DOD**
→ ....
3. perhaps : **BMYAE**
→ ....
4. prepared : **EYDRA**
→ ....
5. close : **TUHS**
→ ....
6. capable : **EBAL**
→ ....
7. gift : **TNESPRE**
→ ....
8. absent : **SIMSGNI**
→ ....

9. Placez les mots suivants à côté de leur synonyme

glad — *afraid* — *famous* — *exhausted* — *mistake* — *prison* — *huge* — *wonderful*

1. popular
→ ....
2. very tired
→ ....
3. fantastic
→ ....
4. enormous
→ ....
5. error
→ ....
6. happy
→ ....
7. scared
→ ....
8. jail
→ ....

10. Chassez l'intrus

1. cute - lovely - sweet - selfish
2. stupid - clever - foolish - silly
3. shy - accurate - correct - right
4. regular - ordinary - unusual - common

11. Détachez les mots et trouvez l'intrus, comme dans l'exemple

Ex. : cleverbrightstupidintelligent → clever/bright/stupid/intelligent. L'intrus est : stupid

1. hugetinygiganticenormous - **L'intrus est :** ....
2. pleasedcrossdelightedglad - **L'intrus est :** ....
3. angryfuriouskindoutraged - **L'intrus est :** ....

AUTOUR DU PASSIF

Le vocabulaire autour de la maison

Il existe deux mots pour traduire **maison**. **House** désigne le bâtiment, la construction en elle-même alors que **home** désigne le chez-soi, le foyer. Pour le reste, c'est à vous de jouer !

12 Remettez les lettres dans l'ordre afin de former la traduction des mots suivants

1. fenêtre : **WODNIW**
   → ....

2. mur : **LAWL**
   → ....

3. porte : **OROD**
   → ....

4. fauteuil : **AIRHCMRA**
   → ....

5. cave : **LLECAR**
   → ....

6. toit : **OFOR**
   → ....

7. escaliers : **AIRSST**
   → ....

8. armoire : **RDUPCOAB**
   → ....

9. lit : **EDB**
   → ....

10. chaise : **RAIHC**
    → ....

11. canapé : **FAOS**
    → ....

12. cuisine : **CHENTIK**
    → ....

13. salle de bains : **OMRHTABO**
    → ....

14. appartement : **TALF**
    → ....

Accentuation des mots de 3 syllabes sans suffixe

Les mots de 3 syllabes sans suffixe sont en général accentués sur la première syllabe (ex. : **'di**fficult, **'ye**sterday), sauf s'il s'agit d'un préfixe ou si le mot vient du latin (ils sont alors accentués sur la deuxième, ex. : dis**'ho**nest, sa**'la**mi, py**'ja**mas). Il existe quelques exceptions.

13 Vrai ou faux ?

1. **'a**nimal — ☐ VRAI ☐ FAUX
2. **'e**leven — ☐ VRAI ☐ FAUX
3. **'um**brella — ☐ VRAI ☐ FAUX
4. **'No**vember — ☐ VRAI ☐ FAUX
5. **'to**lerant — ☐ VRAI ☐ FAUX
6. **'cro**codile — ☐ VRAI ☐ FAUX
7. un**'co**mmon — ☐ VRAI ☐ FAUX

AUTOUR DU PASSIF

Accentuation des mots de 3 syllabes comportant des suffixes non neutres

Pour les mots se terminant en ic/ics : ils prennent l'accent sur l'avant-dernière syllabe (ex. : eco'**no**mics). Il existe cependant quelques exceptions (ex. : **'A**rabic, entre autres).

14 Soulignez la syllabe accentuée (quelques exceptions se sont glissées dans l'exercice…)

1. family, apricot, potato, remember, origin
2. genetics, allergic, company, automatic
3. consequence, hospital, scientific, vinegar
4. continent, cathedral, politics, Catholic, horizon

Accentuation des mots de 3 syllabes comportant des suffixes non neutres (suite)

Pour les mots comportant les suffixes : ial, ual, ian, iar, ial, ion, ious, sion, tion, ient, cious, tious, ible, ity, logy, graphy. L'accent est sur la syllabe qui précède le suffixe (ex. : fi'**nan**cial, indi'**vi**dual, ci'**vi**lian, con'**clu**sion, defi'**ni**tion, am'**bi**tious, in'**cre**dible, possi'**bi**lity, ge'**o**graphy, fa'**mi**liar). Les mots terminant par **ory/ary**, **ate**, **ize** sont accentués deux syllabes avant le préfixe, sur l'avant-avant-dernière syllabe (ex. : '**ne**cessary, cer'**ti**ficate, '**cri**ticize).

15 Vrai ou faux ? Barrez les occurrences fautives

1. famili'**a**rity
2. contri'**bu**tion
3. idea'**li**se
4. '**de**lirious
5. tech'**no**logical
6. re'**mar**kable

16 Soulignez la syllabe accentuée

1. biography, category, derogatory, communicate
2. delicious, impossible, psychology, necessary
3. ambitious, hilarious, technology, majority
4. analyse, communication, impatient, personality

Bravo, vous êtes venu à bout de ce chapitre ! Il est maintenant temps de comptabiliser les icônes et de reporter le résultat en page 128 pour l'évaluation finale.

SOLUTIONS

1. Autour du présent

❶ 1.c ; 2.c ; 3.b ; 4.c ; 5.b ; 6.a ; 7.b

❷ 1. You **are always smoking** / You **know** I **hate** that! 2. The film **begins** 3. I usually **go** 4. I'm not **giving** 5. You're being

❸ 1. What **are** you **thinking** about? 2. He **looks** like his mother 3. I **need** to go to the doctor's 4. What **do** you **think** of this book? 5. the neighbours **have** a new car

❹ 1. worries 2. punishes 3. finishes 4. dresses 5. destroys 6. buys

❺ 1. living 2. keeping 3. wearing 4. playing 5. picnicking 6. admitting 7. suffering 8. drawing 9. breaking

❻ 1. good 2. well 3. good 4. well 5. good 6. well/well 7. good

❼ 1. actually - at the moment 2. to assume - to take/accept the consequences 3. a cave - une grotte 4. le hasard - luck 5. to comfort - to reinforce 6. actuellement - fluently 7. to deceive - to disappoint

❽ 1. As cool as a cucumber 2. Pigs might fly

❾ 1. [iz] ; 2. [z] ; 3. [z] ; 4. [iz] ; 5. [z] ; 6. [iz] ; 7. [iz] ; 8. [s] ; 9. [iz] ; 10. [s]

❿ 1. La désinence se prononce [z] dans tous les mots, **sauf dans eats** [s] 2. La désinence se prononce [s] dans tous les mots, **sauf dans burns** [z] 3. La désinence se prononce [z] dans tous les mots, **sauf dans recognizes** [iz] 4. La désinence se prononce [z] dans tous les mots, **sauf dans counts** [s]

2. Autour du present perfect

❶ 1. since - for 2. for - since 3. since - for 4. for - since

❷ 1.c ; 2.a ; 3.d ; 4.b ; 5.f ; 6.e

❸ I have always love**d** Ireland. I **have lived** here since 2005. I've been renting a nice little flat in Dublin **for** 6 months. I have **found** an interesting job. **I've been working** here **for** three months (…) **I've been trying** to learn more about Irish cooking for a couple of months (…)

❹ 1. **I have already done** it. 2. He **has been smoking** 3. I **have been** (…) **since** 2002 4. **Have** you ever **heard** of (…) ?

❺ 1.a (notez cependant que "I am/I feel good" se généralise et qu'il est courant en anglais américain). 2.c ; 3.b ; 4.a et c ; 5.a et b ; 6.c

❻ 1. much 2. carefully 3. difficulty 4. hurt 5. very 6. good

❼ 1. Le **i** se prononce [i] dans tous les mots sauf dans **decide**. 2. Le **i** se prononce [aille] dans tous les mots sauf dans **differ**. 3. Le **i** se prononce [aille] dans tous les mots sauf dans **children**. 4. Le **i** se prononce [i] dans tous les mots sauf dans **drive**.

❽ 1.b ; 2.b ; 3.a ; 4.b

❾ 1. try (le **y** se prononce [aille]) 2. neighbour (le **ei** se prononce [eille]) 3. hear 4. heavy (le **y** se prononce [i], il se prononce [aille] dans les autres mots) 5. justify (le **y** se prononce [aille], il se prononce [i] dans les autres mots) 6. funny, crazy, money 7. sweat (le **ea** se prononce [è] alors qu'il se prononce [i] dans les autres mots)

❿ 1. great (le **ea** se prononce [eille]) 2. asylum (le **y** se prononce [aille]) 3. sign (le **i** se prononce [aille]) 4. violence (le **i** se prononce [aille]) 5. badge (se prononce comme en français) 6. aucun, on l'entend partout !

3. Autour du prétérit

❶ 1. Seul **know** est irrégulier 2. seul **ask** est régulier 3. seul **buy** est irrégulier 4. seul **need** est régulier 5. seul **walk** est régulier 6. seul **wash** est régulier

❷ **talk** - régulier - talked / **meet** - irrégulier - met / **drink** - irrégulier - drank / **become** - irrégulier - became / **wear** - irrégulier - wore / **cry** - régulier - cried / **open** - régulier - opened / **compare** - régulier - compared / **let** - irrégulier - let

❸ 1. left 2. went 3. fought 4. stopped 5. did not/didn't 6. worked

❹ 1. did not hear / was having (…) rang. 2. were (…) doing / was watching 3. were playing /started 4. was doing (…) heard / was listening

❺ 1. during 2. for - since 3. ago 4. already 5. ever 6. yet

❻ 1. rented (…) for - bought 2. have broken 3. have smoked since 4. saw (…) ago

❼ tapped - closed - explained - followed - worried - robbed - lived - preferred - topped - created - believed - studied - chatted - picnicked

❽ 1. take / have a break 2. have lunch 3. have a drink 4. take a bath (US) / have a bath (anglais) 5. take a holiday 6. take a seat 7. take/have a look 8. have fun

❾ 1. I was wrong, you were right 2. Peter is 32 3. The children are afraid of the dog 4. They are cold in the cottage 5. I often have a headache

❿ 1. easy 2. freedom 3. hard 4. enough 5. silly

⓫ 1. [id] ; 2. [t] ; 3. [d] ; 4. [d] ; 5. [id]

⓬ 1. deux 2. deux 3. une 4. une 5. deux 6. deux 7. trois 8. deux 9. deux 10. une

⓭ 1. Tous les **ed** se prononcent [d] sauf dans **fixed** [t] 2. tous les **ed** se prononcent [id] sauf dans **explained** [d] 3. tous les **ed** se prononcent [t] sauf dans **expected** [id] 4. tous les **ed** se prononcent [d] sauf dans **included** [id]

4. Autour du futur

❶ 1.d ; 2.e ; 3.a ; 4.c ; 5.b

❷ 1.b ; 2.b ; 3.a ; 4.c ; 5.c

❸ 1. **Shall I close** the window? 2. **are getting** married 3. the play **begins** 4. **shall** we? 5. I'll go out

SOLUTIONS

④ 1. did - made 2. do - make 3. make - did 4. do 5. make

⑤ 1.c ; 2.d ; 3.e ; 4.a ; 5.f ; 6.b

⑥ Il fallait cocher (mots corrigés, ici) : a**dd**ress, a**bb**reviation, m**i**rror, l**i**terature, co**ff**ee, a**gg**ressive, ach**ie**ve, a**c**ross, beg**inn**ing, e**x**ample, a**p**ricot, **ch**aracter, sho**ck**ing, s**y**rup, f**i**nally, f**u**ture, f**u**nction, lang**u**age, g**u**ard, proje**c**t, **rh**ythm, develo**p**ment, I**r**eland

⑦ 1. husband - wife 2. daughter 3. brother - sister 4. uncle 5. aunt 6. mother-in-law 7. nephew

⑧ 1. dress - suit - clothes - trousers - shirt - jacket - socks - skirt - sweater - coat 2. purse - cap - hat - shoe - scarf - tie - handkerchief - glove - belt - umbrella

⑨ 1. seul le **i** de **children** se prononce [i] 2. seul le **i** de **live** se prononce [i] 3. seul le **i** de **spinach** se prononce [i] 4. **eight**, car le **eigh** se prononce [eille] 5.d

⑩ **[i] court** : shit - fill - rid - bin - chip - sit - sick - ship - live - bitch - lick / **[i] long** : seek - beach - leek - seat - leave - sheep - read - feel - cheap - bean - sheet

⑪ 1. hit 2. lives 3. sleep 4. sick

⑫ 1. seul le [i] de **lick** est court 2. **mate** ne contient pas les sons [i]/[aille], il se prononce [meille - t] 3. seul le [i] de **ill** est court ; de plus, il ne contient pas de h aspiré 4. la première syllabe de **sailing** contient le son [eille] et non [i] 5. seul le [i] de **still** est court

5. Autour des modaux

① 1. must - should 2. must 3. would - could 4. may - should 5. can - can

② 1. She said that she would do it 2. I was not allowed to come 3. Shouldn't you smoke less? 4. Would you like to go out tonight? 5. I will have to do the shopping

③ 1. I can arrive (…) 2. I had to see (…) 3. I may leave (…) 4. Will I be allowed to call him? 5. I must tell them

④ 1. thanks 2. bother 3. get 4. see (…) later

⑤ 1. Co**n**gratulatio**n**s! 2. **How are** you? 3. How do you do? 4. Go**o**d l**u**ck! 5. You're w**e**lcome / don't me**n**tion it / not at a**ll**

⑥ b > c > a > d

⑦ 1.a ; 2.c ; 3.a et c ; 4.c ; 5.d ; 6.c

⑧ 1. [eu] - [a] - [eu] 2.a 3. fashion (le **a** se prononce [a] nasal, comme dans cat, et non [è] ou [eille]) 4. agony (le **a** se prononce [a]) 5. final (le **a** se prononce [eu])

⑨ 1. **tune** (le **u** ne se prononce pas [a] fermé mais [iou]) 2. **ruby** (le **u** ne se prononce pas [a] fermé mais [ou]) 3. **fudge** (le **u** ne se prononce pas [ou] mais [a] fermé) 4. **open** (le **o** se prononce [euo] alors qu'il se prononce [a] fermé dans les autres mots) 5. **hood** (seul mot dans lequel on n'entend pas le son [a] fermé ; le **oo** se prononce [ou])

⑩ destruction - luck - god - brother - colour - stuck - seduction - rough

⑪ 1. gibbon 2. sleigh 3. getaway 4. twig

⑫ germ - giant (notez que dans le mot spring, on n'entend pas vraiment le son [g] mais davantage un [n] nasal, entre le [n] et le [ng]).

⑬ weigh - though - sigh - borough

6. Autour des verbes : to, ing ou Ø ?

① 1.b ; 2.a ; 3.a ; 4.b

② 1. Ø go 2. to go 3. to go 4. Ø go

③ 1. swimming 2. watching 3. to see 4. making 5. laugh

④ Les phrases suivantes étaient incorrectes (corrigées ici) : 1. Cooking pasta is not as easy as it seems 3. Why not stay for dinner? 4. He spends most of his free time travelling 5. I don't mind helping you 7. Do you enjoy reading detective stories? 8. Drinking too much tea or wine can stain your teeth 12. He denied stealing the car

⑤ 1. move/to move 2. to snow/snowing 3. bark/barking 4. to cycle/cycling

⑥ 1.a ; 2.b ; 3.b ; 4.c ; 5.c

⑦ **Horizontalement** : 1. greengrocer 2. hairdresser 3. grocery 4. store 5. butcher 6. fishmonger 7. jeweller 8. tobacconist **Verticalement** : A. supermarket B. florist C. petrol station D. laundrette E. deli F. newsagent G. baker H. chemist

⑧ 1. 's (to the baker's) 2. 's (to the butcher's) 3. supermarket - department store

⑨ 1. basket - carrier - trolley - customers - buy - labels - prices - check-out - cashier 2. convenient - items - costs - delivered - order - send - refund

⑩ 1. **many** (le **a** se prononce [è]) 2. **says** (se prononce comme le nombre français 16) 3. **heritage** (le **a** se prononce [i]) 4. **delicate** (le **a** se prononce [eu]) 5. **marriage** (le **a** se prononce [i])

⑪ 1. **head [è]** : breath - sweat - peasant - treasure - ahead - cleanse 2. **great [eille]** : steak 3. **heart [a]** : hearth 4. **read [i]** : breathe - clean - bead 5. **fear [ieu]** : idea - beard - year 6. **wear [èeu]** : pear - swear - bear 7. **autres** : create [kri - eille-te] + ocean [ocheun]

7. Autour de l'impératif, des ellipses et question tags

① 1. Let us go to the restaurant! 2. Let them be quiet! 3. Let us not talk about that!

② 1. Let's go on holiday together! 2. Don't give me orders! 3. Let them arrive on time! 4. Let's not argue about silly things! 5. Let him not smoke in the building!

③ 1.c ; 2.a ; 3.d ; 4.b

④ 1. No, I didn't 2. I hope so 3. Yes, she does 4. No, he isn't

SOLUTIONS

5 1. So am I 2. So have I 3. Neither did I 4. So can I 5. So did I

6 1. will you / would you? 2. does she? 3. didn't he? 4. shall we? 5. does she?

7 1. Germany 2. Spain 3. Japan 4. Turkey 5. Norway

8 1.c ; 2.a ; 3.b ; 4.a

9 Wales (Pays de Galles), Ireland (Irlande), England (Angleterre), Scotland (Écosse)

10 1.b et d ; 2.c ; 3.b et c ; 4.a et c ; 5.c

11 1. like 2. as 3. as 4. like 5. like

12 1. ship 2. cheat 3. cheap 4. chop 5. chew 6. frite 7. drap 8. mouton 9. boutique 10. chaussure

8. Autour des noms

1 1. mice 2. teeth 3. geese 4. studios 5. women 6. leaves 7. ladies 8. wives 9. men 10. potatoes 11. knives 12. children 13. wolves 14. families 15. sheep 16. shelves

2 Les phrases suivantes étaient incorrectes, les voici corrigées : 1. I had **a piece of fruit** 2. My **pants are** too large 3. Her favourite class is economi**c**s 5. The **toast** is delicious 7. He showed **Ø** remarkable honesty 8. I had **three pieces of chewing-gum** 11. My **luggage is** heavy

3 1.c ; 2.e ; 3.a ; 4.b ; 5.d

4 1.c ; 2.a

5 A/ 1. hair 2. forehead 3. eye 4. ear 5. cheek 6. nose 7. mouth 8. chin 9. throat 10. neck
B/ 1. head 2. shoulder 3. chest 4. arm 5. belly 6.hand 7. fingers 8. knee 9. leg 10. foot

6 nurse - cough - fever - cold - tablet - physician - sick - prescription - flu - health

7 1.b ; 2.c ; 3.d ; 4.b ; 5.d

8 1.a ; 2.c ; 3.a ; 4.b ; 5.a

9 (anglais-américain) : autumn-**fall** ; lorry-**truck** ; flat-apartment ; biscuits-**cookies** ; underground-**subway** ; **holiday**-vacation ; taxi-**cab**

10 1. store 2. sweater 3. soccer 4. dumb 5. angry

11 1.a ; 2.c ; 3.e ; 4.b ; 5.d

12 1. **wood** (le **oo** se prononce [ou]) 2. **laugh** (le **au** se prononce [a]) 3. **favour** (le **ou** se prononce [eu]) 4. **flour** (ce mot se prononce comme flower !)

13 awful - sought - born - wolf

14 1. **hour** (le **ou** se prononce [aweu]) 2. **bubble** (le **u** se prononce [a] fermé) 3. **toe** (le **oe** se prononce [oeu], comme dans nose) 4. **flood** (le **oo** se prononce [a] fermé)

15 rude - juice - soon - sue - drew

16 1. vrai 2. faux (put rime avec fruit : la lettre **u** dans cut se prononce [a fermé] comme dans duck, et non [ou]) 3. vrai 4. vrai

9. Autour des articles

1 1.a ; 2. Ø ; 3.a ; 4. the ; 5.a

2 1. Ø ; 2. Ø ; 3. the ; 4. the

3 1. What **a** beautiful house 2. has **a** fever / he cried all **Ø** night 3. **Ø** Religion can be 4. in room **Ø** 35 5. I love **Ø** milk chocolate

4 1. the 2. Ø 3. Ø 4. Ø - the 5. Ø

5 1.c ; 2.a et d ; 3.a

6 1.e ; 2.d ; 3.a ; 4.c ; 5.b

7 1. way 2. fish 3. tea 4. camel 5. bush

8 1. red 2. boys 3. perfect 4. pie

9 1.a ; 2.c ; 3.b ; 4.c ; 5.b

10 1.d ; 2.e ; 3.b ; 4.c ; 5.a

11 1. travel - train - plane - passport - ticket - airport - departure - luggage - check - flight 2. hotel - travel agency - package - camping - sightseeing - museums - castles - monuments - rent - bike - foot - guide - map - postcards - guesthouse

12 1. **door** (le **oo** se prononce [o] et non [ou]) 2. **blood** (le **oo** se prononce [a] fermé et non [ou]) 3. **floor** (le **oo** se prononce [o] et non [ou])

13 1. **thousand** [ao] : account - south - announce 2. **four** [o] : pour - your - course - brought 3. **group** [ou] : soup - you - tourist 4. **enough** [a] fermé : trouble - couple - country - courage - young 5. **journey** [eu] : enormous - journal

14 1. vrai 2. vrai 3. faux (se prononce [o] long dans resource)

10. Autour des quantificateurs

1 1. ~~any~~ : some 3. ~~some~~ : any 6. ~~some~~ : any 7. ~~a little peanuts~~ : a few 9. ~~too much~~ : too many 10. ~~a lots of~~ : a lot of

2 1. a little 2. many 3. some 4. any

3 1. enough 2. a few 3. all 4. too much 5. no

4 1. We don't have **enough** time 2. Would you like **another** beer? 3. Don't believe **all** the things she says 4. I like **both** cars

5 1. either - or - both 2. several - many 3. the whole - half 4. every 5. plenty of

6 1. a. thirty b. thirteen ; 2. a. one hundred b. one thousand ; 3.b ; 4.d ; 5.b ; 6.b ; 7.a (on ne met **pas de s** à thousand / hundred après un chiffre) ; 8.a ; 9.a

7 1. the 1st , the first 2. the 2nd, the second 3. the 3rd, the third 4. the 12th, the twelfth 5. the 18th, the eighteenth

8 1.b ; 2.a ; 3.d ; 4.b ; 5.b ; 6.b

9 1. half 2. third 3. quarter 4. tenth 5.b et c

10 1. 1 - 060 - 890 - 7053 2. bluehairedjohn@gmail.com 3. o two - double o - double two - nine six - o nine

4. C T boy, at hotmail dot com

11. **1.** once **2.** twice **3.** three times **4.** five times **5.** twenty times

12. **1.** [ou] : bull - full **2.** [a] fermé : luck - summer - sun - nut **3.** [iou] : universal - university - unique **4.** [eu] : bonus - virus **5.** [eu] : occur - urge - urban - figure **6.** [youeu] : immature - cure - jury - secure **7.** bury (se prononce comme berry !)

13. biscuit - build - buy - guess - guardian

11. Autour du comparatif et du superlatif

1. **1.** more careful **2.** less spectacular than **3.** older than **4.** as serious as **5.** less dangerous

2. **1.** bigger and bigger **2.** less and less motivated **3.** more and more tired **4.** better and better

3. **1.** worst **2.** least successful **3.** richest **4.** most mysterious **5.** happiest

4. **1.** He is the least ambitious man I know **2.** I wake up earlier and earlier **3.** This is the most dangerous snake in the world **4.** Sparkling wine is not as refined as champagne

5. **1.** once in a blue moon **2.** as blind as a bat **3.** let the cat out of the bag **4.** six feet under

6. **1.** funny **2.** proud **3.** handsome **4.** beautiful **5.** cheerful **6.** angry

7. sorry - selfish - boring - lazy - generous

8. **1.** shy **2.** lonely **3.** quiet **4.** kind **5.** rude **6.** talkative

9. **1.**c ; **2.**b ; **3.**a ; **4.**c ; **5.**b ; **6.**c

10. **1.** forgive **2.** wait **3.** need **4.** hope **5.** believe **6.** understand **7.** agree

11. **1.** trust **2.** wonder **3.** forget **4.** show

12. **1.** case **2.** desert **3.** measure

13. **1.** fatalism (le **s** se prononce [z] alors qu'il se prononce [s] dans les autres mots) ; **2.**a

14. **1.** to think - couler **2.** although **3.** with - avec **4.** (to) sing - chanter **5.** sick - malade **6.** both - patron **7.** fermeture

12. Autour des pronoms personnels et réfléchis

1. **1.** we **2.** her **3.** her **4.** hers **5.** them **6.** your **7.** us **8.** it **9.** mine

2. **1.** Ø **2.** Ø **3.** to get dressed **4.** feel **5.** relax **6.** Ø

3. **1.** himself **2.** one another **3.** each other **4.** herself **5.** yourself

4. **1.**d ; **2.**a ; **3.**e ; **4.**f ; **5.**c ; **6.**g ; **7.**b

5. Jours : Monday - Tuesday - Wednesday - Thursday - Friday - Saturday - Sunday **Mois :** January - February - March - April - May - June - July - August - September - October - November - December

6. **1.** on Monday **2.** on Mondays **3.** from - to et until **4.** on - of - in **5.**a

7. **1.** in **2.** in **3.** on the 25 th of September **4.** on the 12th of March, in 2015

8. **1.** am, puis pm ; **2.**d ; **3. a :** forty-five past six (am) OU a quarter to seven (emploi beaucoup plus naturel) ; **b :** one o'clock (pm) ; **c :** half past eleven (pm) ; **d.**c ; **e.**b

9. **H prononcé :** hospital, hit, hill, hero, hate, hilarious, hair, house, behind **H muet :** hour, honour, heir, honesty, Thailand, shepherd, thyme

10. **1.** angry **2.** hungry **3.** wall **4.** ill **5.** arm - harm **6.** air - hair

13. Autour de l'expression de la possession et des noms composés

1. **1.** Mr Jones's car **2.** the wife of the man we met yesterday **3.** the end of the film **4.** Helena's husband **5.** dog's ears **6.** the Johnsons' new house

2. **Dérivés de box : 1.** breadbox **2.** money box **3.** icebox **4.** mail box **5.** toolbox **Dérivés de bag : 1.** schoolbag **2.** shopping bag **3.** sleeping bag **4.** handbag **5.** tea bag

3. **1.** washing machine **2.** painkiller **3.** windbreaker **4.** floorcloth / floor-cloth **5.** toothpaste

4. **1.** dishwasher **2.** butterfly **3.** lipstick **4.** seafood **5.** raincoat **6.** watermelon

5. **1.** said **2.** tell **3.** say **4.** tell **5.** tell - said

6. **1.** talk **2.** speak **3.** talked **4.** speak **5.** speak

7. **1.**c ; **2.**e ; **3.**b ; **4.**f ; **5.**a ; **6.**d

8. **1.** lamb - climb - plumber - comb - doubt - crumb **2.**a **3.** calf - almond - talk - half - calm - palm - walk - could - salmon **4.** listen - castle - soften - mortgage **5.** Ils commencent tous par le groupe de lettre **kn**, dans lequel le **k** ne se prononce pas

9. **1.** la lettre **g 2.** la lettre **e** dans **er 3.** la lettre **p**

10. ans(w)er - autum(n) - fa(r)m - dou(b)t - i(s)land - le(o)pard - gran(d)mother

14. Autour des pronoms relatifs et interrogatifs

1. **1.** which **2.** when **3.** that **4.** who **5.** whose **6.** which ou that - what **7.** where

2. **1.** how long **2.** how often **3.** when et how soon **4.** which **5.** who

3. **1.** Whose laptop is this? **2.** When do you take your exam? **3.** Where did you go for the holidays? **4.** Why are you not coming? **5.** How many children do they have? **6.** How far is the station from here? **7.** How much is this?

4. **1.** to end **2.** cheap **3.** safe **4.** early **5.** full **6.** to fail **7.** last **8.** to remember **9.** friend

SOLUTIONS

❺ 1.e ; 2.a ; 3.g ; 4.b ; 5.d ; 6.f ; 7.c

❻ 1. sad 2. take 3. old 4. lend 5. far 6. bitter 7. dirty 8. hope 9. win 10. slim

❼ 1. job 2. company 3. unemployed - factory 4. earn - wages 5. trade union 6. retired

❽ 1. policeman 2. fireman 3. postman 4. salesman 5. fisherman

❾ 1. executive - cook - worker - lawyer - hairdresser - waiter 2. mechanic - secretary - butcher - farmer - nurse - nanny - teacher - baker - vet - plumber

❿ 1.b ; 2.e ; 3.d ; 4.c ; 5.a

⓫ ~~Deer~~ **Dear** / ~~weak~~ **week** / ~~bought~~ **boat** / ~~fare~~ **fair** / ~~road~~ **rode** / ~~board~~ **bored** / ~~meet~~ **meat** / ~~leak~~ **leek** / ~~pees~~ **peas** / ~~pairs~~ **pears**

⓬ 1. a new ~~pear~~ **pair** of shoes 2. a ~~leek~~ **leak** under my sink 3. I need to ~~pea~~ **pee**! 4. I can't ~~sea~~ **see** a thing 5. I ~~boat~~ **bought** a new computer 6. in the middle of the ~~rode~~ **road** 7. We often ~~meat~~ **meet** 8. I still feel very ~~week~~ **weak**

15. Autour des préfixes et suffixes

❶ 1. unreal 2. to disagree 3. underestimated 4. overconfident 5. to mispronounce

❷ 1. boring 2. homeless 3. sadness 4. childhood 5. slowly 6. washable

❸ 1. overconfident 2. endless 3. distrust 4. happiness 5. freedom

❹ 1.e ; 2.c ; 3.d ; 4.a ; 5.b

❺ 1. unpleasant / unpleasantly 2. resourceful /resourcefulness 3. successful / unsuccessful / unsuccessfully 4. expected / unexpected / unexpectedly

❻ 1.b ; 2.a ; 3.b ; 4.b ; 5.c ; 6.b ; 7.a

❼ 1. away from keyboard - AFK 2. laughing out loud - LOL 3. talk to you later - TTYL 4. be right back - BRB 5. in my opinion - IMO

❽ 1. watch 2. see 3. look 4. watch 5. look at

❾ 1. piece 2. waste 3. scene 4. stair 5. full

❿ buy-bye ; thyme-time ; which-witch ; pool-pull ; war-wore ; knows-nose ; their-there ; cereal-serial ; wood-would ; collar-colour ; urn-earn ; flu-flew ; right-write ; jeans-genes ; missed-mist ; allowed-aloud ; wait-weight

16. Autour des adjectifs

❶ 1. an ugly red plastic phone 2. a horrible old blue cotton sweater 3. a nice tall German lady 4. an exciting long Canadian novel

❷ 1.a ; 2.a ; 3.b et c ; 4.b, c et d ; 5.a, b et d

❸ Il fallait corriger : ~~a passionate man about cars~~ **a man passionate about cars** / ~~anciens~~ **ancient** cars / ~~racing, orange, new, wonderful car~~ **wonderful, new, orange, racing car** / ~~italian car~~ **Italian car** / ~~available colour~~ **colour available** / ~~spanish~~ **Spanish** / ~~catholic~~ **Catholic** / ~~a driver~~ ~~fast~~ **a fast driver**. Notez que l'on peut dire "a sport car" ou "a sports car", il n'y avait donc pas d'erreur ici !

❹ 1.a ; 2.b ; 3.c ; 4.b ; 5.a

❺ 1.d ; 2.e ; 3.c ; 4.b ; 5.a

❻ 1.c ; 2.a ; 3.d ; 4.b ; 5.e

❼ 1. homemade 2. green-eyed 3. sweet-smelling 4. fourteen-year-old

❽ 1. été-**summer** ; hiver-**winter** ; ciel-**sky** ; lune-**moon** ; étoile-star ; mer-**sea** 2. vague-**wave** ; plage-**beach** ; campagne-**country** ; herbe-**grass** ; île-**island** ; lac-**lake** 3. feuille-leaf ; montagne-**mountain** ; arbre-**tree** ; fleur-flower ; bois-wood ; printemps-spring

❾ 1. weather 2. rain 3. cloud 4. sun 5. snow 6. wind 7. fog 8. hot 9. cold

❿ 1.b ; 2.b ; 3.a ; 4.a et b

⓫ 1. dog 2. cat 3. horse 4. donkey 5. rabbit 6. sheep 7. pig 8. cow 9. goat 10. duck 11. monkey 12. mouse 13. bird 14. fish

⓬ 1. seat et eat 2. wet - I'm covered in sweat / How sweet of you! 3. about 4. foot - Don't shout like that! / I have never tried shooting a gun 5. heard 6. feared - Peter has grown a beard / The children wanted a bird 7. dear 8. swear - Winnie the Pooh is a cartoon bear / Guinness is a brand of beer

⓭ 1. aunt 2. officer 3. was 4. dough et Doug 5. virus 6. le nombre français 16 7. bed 8. les trois !

17. Autour des adverbes

❶ 1. lovely 2. silly 3. friendly 4. lively 5. lonely 6. needy 7. costly 8. cowardly

❷ 1. I rarely go to the cinema 2. Do you often go shopping? 3. Have you ever been to Japan? 4. I didn't understand the lesson well 5. They watch the news daily 6. She always has a sandwich for lunch

❸ 1. He regularly runs after work 2. I usually go to work on foot 3. He will probably win the race 4. She doesn't like tea much 5. I sincerely hope to see you soon 6. Perhaps you should drive more carefully

❹ 1. I always go on beach holidays 2. Paul politely turned down the invitation 3. They often go out 4. Frankly, I don't think he will win 5. He is not entirely wrong 6. Do you sometimes go to the opera?

❺ 1.d ; 2.f ; 3.c ; 4.e ; 5.a ; 6.b

❻ 1. then 2. whereas 3. so 4. because of 5. Unless

❼ 1.d ; 2.a ; 3.c ; 4.b ; 5.c

❽ 1. I **no longer** smoke. I **finally** stopped last year. 2. She's studied psychology and criminology **as well** 3. I love this house, **however**, I don't have enough money to buy it. 4. I phoned her but she wasn't home, **so** I left a message.

❾ 1. July 2. ago 3. career 4. taboo 5. Chinese

❿ 1. virus 2. basket 3. insect 4. apple 5. flavour

18. Autour des prépositions

❶ 1. on ; 2. out ; 3. at - to ; 4. from ... to ; 5. from

❷ 1. from 2. by 3. around 4. over 5. out 6. through 7. in

❸ 1. on 2. Ø 3. for 4. to 5. in 6. Ø 7. of

❹ 1. of 2. at 3. in 4. from 5. for

❺ 1.c ; 2.b ; 3.a ; 4.e ; 5.d

❻ 1.a ; 2.e ; 3.d ; 4.c ; 5.b

❼ 1. underground 2. traffic 3. crossroads 4. car-park 5. suburb 6. traffic jam

❽ 2 - 4 - 5 - 1 - 3

❾ 1.i ; 2.h ; 3.g ; 4.k ; 5.a ; 6.b ; 7.l ; 8.m ; 9.j ; 10.d ; 11.n ; 12.c ; 13.f ; 14.e

❿ 1. to answer 2. to comfort 3. to differ 4. to enter 5. to suffer 6. to offer 7. to copy 8. to envy 9. to open 10. to publish

⓫ 1. to finish (seul accentué sur la 1re syllabe : **'fi**nish) 2. to borrow (seul accentué sur la 1re syllabe : **'bor**row) 3. to oppose (seul accentué sur la 2e syllabe : o**'ppose**) 4. to cover (seul accentué sur la 1re syllabe : **'cov**er) 5. to listen (seul accentué sur la 1re syllabe : **'lis**ten)

⓬ 1. He likes to pro**'test** 2. What is this **'ob**ject ? 3. We im**'port** from India 4. He is a **'re**bel 5. I collect **'re**cords

19. Autour des verbes à particule (phrasal verbs)

❶ Phrases avec verbe à préposition : 2-3-5-8-11. Phrases avec verbe à particule : 1-4-6-7-9-10-12

❷ 1.f ; 2.a ; 3.e ; 4.d ; 5.b ; 6.c

❸ 1. up 2. down on 3. up to 4. for 5. out

❹ 1. burst out 2. climb up - fall down 3. keep off 4. take off 5. make up

❺ 1. to choose 2. to reject 3. to die 4. to discover 5. to suppress 6. to tolerate 7. to like 8. to explode 9. to become happier 10. to speak louder

❻ 1. hungry - thirsty 2. meals - breakfast - lunch 3. rare - well-done 4. starter - main-course - dressing 5. tip

❼ 1. salt 2. bread 3. pasta 4. pepper 5. rice 6. lamb 7. ham 8. beef 9. shrimp 10. milk 11. butter 12. coffee 13. water 14. juice 15. wine 16. beer 17. mustard

❽ Réponse c.

❾ 1. spinach 2. apple 3. cabbage 4. tomato 5. lettuce 6. plum 7. lemon 8. cherry 9. leek / A. pepper B. peas C. pear D. cucumber E. grapes

❿ 1. grapefruit (pamplemousse, seul fruit parmi les légumes) 2. pineapple (ananas, seul fruit parmi les légumes) 3. lettuce (salade, seul légume parmi les fruits) 4. artichoke (artichaut, seul légume parmi les fruits)

⓫ Mots correctement accentués : 1. aucun ! 2. mentalist 3. insulting, pleasantly 4. invented 5. partnership

⓬ 1. a**ma**zing, **o**ffered, un**hap**piness, **tea**cher 2. **cer**tainly, **hu**manism, **fi**reman, **rea**dable 3. **e**legantly, won-derful, **ans**wering, re**la**tionship 4. car**too**nist, **chan**geable, an**xious**ness, **wor**rying 5. **care**fully, **na**turalist, **nou**rishment, **num**bered 6. **ha**ppily, de**ligh**ted, co**rrect**ly, **friend**ship 7. **pain**ter, con**tras**ting, **wash**able, **fair**ness 8. **in**teresting, **mea**ningful, **yell**owish, **ha**ppened

20. Autour du passif

❶ 1. found 2. sent 3. been 4. sung 5. cut 6. told 7. forgotten 8. hit 9. cooked 10. let 11. written 12. stolen 13. thought 14. lost 15. gone

❷ 1. *Harry Potter* was written by J.K. Rowling 2. This car has been designed by Sam's father

❸ 1. He can't be trusted 2. He was given a mobile 3. The bill has been paid (for) 4. I was asked to deliver a speech 5. Spanish is spoken here

❹ 1. we were given a room with a view 2. he is said to be a selfish man 3. the problem will be dealt with by the mechanic

❺ 1. tea is drunk all over the world 2. people to be contacted in case of an emergency 3. I was told that Peter was seriously ill 4. he was offered a very interesting job in Japan

❻ 1. the children will be taken care of 2. a solution was looked for 3. this scandal was talked about for years

❼ 1.d ; 2.c ; 3.a ; 4.e ; 5.b

❽ 1. deal 2. odd 3. maybe 4. ready 5. shut 6. able 7. present 8. missing

❾ 1. famous 2. exhausted 3. wonderful 4. huge 5. mistake 6. glad 7. afraid 8. prison

❿ 1. selfish 2. clever 3. shy 4. unusual

⓫ 1. tiny 2. cross 3. kind

⓬ 1. window 2. wall 3. door 4. armchair 5. cellar 6. roof 7. stairs 8. cupboard 9. bed 10. chair 11. sofa 12. kitchen 13. bathroom 14. flat

⓭ 1. vrai 2. faux (e**'lev**en) 3. faux (um**'bre**lla) 4. faux (No**'vem**ber) 5. vrai 6. vrai 7. vrai

⓮ 1. **'fa**mily, **'a**pricot, po**'ta**to, re**'mem**ber, **'o**rigin 2. ge**'net**ics, a**'ller**gic, **'com**pany, auto**'ma**tic 3. **'con**sequence, **'hos**pital, scien**'ti**fic, **'vi**negar 4. **'con**tinent, ca**'the**dral, **'pol**itics, **'Ca**tholic, ho**'ri**zon

⓯ Voici les occurences fautives, corrigées : 3. (i**'dea**lise), 4. (de**'li**rious), 5. (techno**'log**ical)

⓰ 1. bi**'og**raphy, **'cat**egory, de**'rog**atory, co**'mmu**nicate 2. de**'li**cious, im**'po**ssible, psy**'chol**ogy, **'ne**cessary 3. am**'bi**tious, hi**'lar**ious, tech**'nol**ogy, ma**'jor**ity 4. **'a**nalyse, communi**'ca**tion, im**'pa**tient, perso**'na**lity

TABLEAU D'AUTOÉVALUATION

Bravo, vous êtes venu à bout de ce cahier ! Il est temps à présent de faire le point sur vos compétences et de comptabiliser les icônes afin de procéder à l'évaluation finale. Reportez le sous-total de chaque chapitre dans les cases ci-dessous puis additionnez-les afin d'obtenir le nombre final d'icônes dans chaque couleur. Puis découvrez vos résultats !

Chapitre	😊	😐	☹	Chapitre	😊	😐	☹
1. Autour du présent	☐	☐	☐	11. Autour du comparatif et du superlatif	☐	☐	☐
2. Autour du present perfect	☐	☐	☐	12. Autour des pronoms personnels et réfléchis	☐	☐	☐
3. Autour du prétérit	☐	☐	☐	13. Autour de l'expression de la possession et des noms composés	☐	☐	☐
4. Autour du futur	☐	☐	☐	14. Autour des pronoms relatifs et interrogatifs	☐	☐	☐
5. Autour des modaux	☐	☐	☐	15. Autour des préfixes et suffixes	☐	☐	☐
6. Autour des verbes : to, ing ou Ø ?	☐	☐	☐	16. Autour des adjectifs	☐	☐	☐
7. Autour de l'impératif, des ellipses et question tags	☐	☐	☐	17. Autour des adverbes	☐	☐	☐
8. Autour des noms	☐	☐	☐	18. Autour des prépositions	☐	☐	☐
9. Autour des articles	☐	☐	☐	19. Autour des verbes à particule	☐	☐	☐
10. Autour des quantificateurs	☐	☐	☐	20. Autour du passif	☐	☐	☐

Total, tous chapitres confondus ☐ ☐ ☐

Vous avez obtenu une majorité de...

 Congratulations! Vous maîtrisez maintenant les bases de l'anglais, vous êtes fin prêt pour passer au niveau 3 !

 Not bad at all! Mais vous pouvez encore progresser… Refaites les exercices qui vous ont donné du fil à retordre en jetant un coup d'œil aux leçons !

 Try again! Vous êtes un peu rouillé… Reprenez l'ensemble de l'ouvrage en relisant bien les leçons avant de refaire les exercices.

Crédits : Illustrations / © MS.

Création et réalisation : MediaSarbacane

© 2013, Assimil
Imprimé en Roumanie par Master Print - juin 2023

Les cahiers d'**exercices**

Anglais
Débutants

Hélène Bauchart

Avant-propos

Dans les différents chapitres de ce cahier, les leçons et exercices sont répartis en deux sections indépendantes, auxquelles une couleur différente est attribuée : vert pour la grammaire et le vocabulaire et rose pour la prononciation. Le vocabulaire nécessaire pour comprendre et faire les exercices est fourni dans une banque de mots, accompagnés de leur prononciation.

Les tableaux des pages 3 à 5 vous donnent quelques repères pour démarrer votre apprentissage de la prononciation, qui est distillée à petite dose à la fin de chaque chapitre. Notez que les sons apparaissent entre crochets et que le code de prononciation adopté est une transcription reposant sur des sonorités françaises les plus proches possibles des sons anglais (et non le code de phonétique international, trop ardu et nécessitant un apprentissage préalable). Par ailleurs, l'anglais étant une langue accentuée, certains mots clés portent un accent dit « tonique ». Dans tout le cahier, cet accent est indiqué comme dans les dictionnaires : la voyelle de la syllabe qui le porte est précédée d'une ' (ex. : 'table, He'llo). Nous vous présentons quelques règles d'accentuation basiques dans les chapitres 17 à 18.

Côté pratique, ce cahier vous permet de vous autoévaluer. Après chaque exercice, dessinez l'expression de vos icônes : ☺ pour une majorité de bonnes réponses, 😐 pour environ la moitié et ☹ pour moins de la moitié. À la fin de chaque chapitre, reportez le nombre d'icônes relatives à tous ces exercices et, en fin d'ouvrage, faites les comptes en reportant les icônes des fins de chapitres dans le tableau général prévu à cet effet !

Sommaire

Prononciation 3-5
1. Former ses premières phrases 1/2 6-11
2. Former ses premières phrases 2/2 12-19
3. Se présenter et présenter une personne ou un objet .. 20-25
4. Indiquer la possession 26-31
5. Décrire et parler d'une action en déroulement ou ponctuelle (non habituelle) 32-39
6. Utiliser les noms et indiquer une quantité 40-47
7. Décrire un objet ou une personne 48-53
8. Manier les nombres, dire la date et parler de la météo .. 54-59
9. Parler de ses habitudes, activités, goûts et opinions .. 60-67
10. Exprimer correctement le verbe avoir 68-75
11. Exprimer la comparaison 76-81
12. Donner un ordre et faire une suggestion/recommandation .. 82-85
13. Savoir utiliser les deux structures verbales de base ... 86-91
14. Exprimer des événements futurs 92-97
15. Exprimer des événements passés, terminés et coupés du présent 98-103
16. Exprimer la capacité, l'autorisation et l'obligation .. 104-109
17. Donner un conseil, faire une demande polie et s'exprimer au conditionnel 110-115
18. Parler d'événements (passés) toujours en lien avec le présent 116-121
Solutions 122
Tableau d'autoévaluation 128

Prononciation

1. Sons voyelles

	Mot anglais	Sons équivalents en français (mais plus courts en anglais)	Représentation dans le cahier
Sons brefs	cat	[a] de *date* (mais tirant un peu vers le [è])	[a]
	red	[è] de *dette*	[è]
	hit	[i] de *pitié*	[i]
	dog	[o] de *colle*	[o]
	cup	entre le [eu] ouvert de *neuf* et le [a] de *date*	[eu]
	put	[ou] de *sou*	[ou]
	postman	[e] de *me* mais très bref	[eu]
		Sons équivalents en français (mais plus longs en anglais)	
Sons longs	car	[â] de *âne*	**[â]**
	tall	[o] fermé, entre le [ô] de *nôtre* et [or] de *orge*	**[ô]**
	tea	[î] de *île*	**[i]**
	spoon	[ou] de *souris*	**[ou]**
	work	[œu] de *sœur*	**[eu]**
	can't	[an] de *avant*	**[ã]**
Sons doubles (diphtongues)	day	[eille] de *groseille*	[èï]
	dry	[aï] de *ail*	[aï]
	toy	[oï] de *oïl*	[oï]
	town	entre [ao] de *baobab* et [aou] de *caoutchouc* (en plus bref)	[a-ou]
	no	[eu] tendant vers un [ou]	[eu-ou]
	hear	[i] tendant vers un [eu]	[i-eu]
	pear	[è] tendant vers un [eu]	[è-eu]

PRONONCIATION

2. Sons consonnes

- b, c, d, f, k, l, m, n, p, t, v, x, z se prononcent comme en français.
- Prononciation des consonnes un peu différente du français :

Consonnes	Mots anglais	Son équivalent en français	Représentation dans le cahier
g	good	[gu] comme dans *garçon*	[g]
	gin	[dj] comme dans *Djibouti* (devant e, i, y)	[dj]
j	juice	[dj] de *Djibouti*	[dj]
r	red	courber la langue vers le palais : donne un son qui se rapproche du [w] de *web* et *watt*	[r]
	car	[r] entendu en fin de mot que si le mot suivant commence par une voyelle et qu'on fait une liaison	[ʳ]
s	yes	[s]/[ss] comme dans *super*	[s]
	rose	[z] comme dans *zoo* entre des voyelles et parfois en fin de mot	[z]
	usual	parfois (plus rare) [j] comme dans *jus*	[j]
w	well	[ou] comme dans *ouate*	[ou]
y	year	[j] de *paille*, *yeux*	[j]

3. Sons différents du français

Graphies	Mots anglais	Se prononce (équivalence en français)	Représentation dans le cahier
ch	cheese	[tch] de *tchin !*	[tch]
sh	shoes	[ch] de *chaussures*	[ch]

PRONONCIATION

4. Sons sans équivalents français

Graphies	Mots anglais	Se prononcent	Représentation dans le cahier
h	hat	h aspiré	[H]
th	the	[z] avec le bout de la langue entre les dents	[DH]
th	tooth	[s] avec le bout de la langue entre les dents	[TH]

- **À noter** : à part le **e** qui reste la plupart du temps muet, toutes les autres lettres se prononcent en finale de mot. Sachez aussi que [**in**] se prononcera comme le [**ine**] de *grenadine*, [**not**] comme *note*, [**bèt**] comme *bête*, [**on**] comme le [**one**] de *zone*, [**hot**] comme *hotte*, etc.

Former ses premières phrases (1/2)

L'alphabet

Prenez quelques minutes pour mémoriser la prononciation des lettres, puis passez aux exercices.

A	[èï]	F	[èf]	K	[kèï]	P	[pi]	U	[iou]
B	[bi]	G	[dji]	L	[èl]	Q	[kiou]	V	[vi]
C	[si]	H	[èïtch]	M	[èm]	R	[âr]	W	[deub^eu liou]
D	[di]	I	[aï]	N	[èn]	S	[ès]	X	[èks]
E	[i]	J	[djèï]	O	[eu-ou]	T	[ti]	Y	[ouaï]
								Z	[zèd] ([zi] aux USA)

❶ Trouvez les lettres de l'alphabet à partir de leur prononciation, en essayant de ne pas regarder le tableau

1. [èïtch] ....
2. [djèï] ....
3. [di] ....
4. [èks] ....
5. [âr] ....
6. [iou] ....

❷ Entourez la bonne prononciation, en essayant de ne pas regarder le tableau

1. A → [aï]   [ouaï]   [èï]
2. E → [èï]   [i]   [aï]
3. I → [aï]   [i]   [èï]
4. U → [deub^eu liou] [ouaï]   [iou]
5. Y → [èï]   [ouaï]   [aï]
6. G → [dji]   [djèï]   [kèï]
7. K → [kèï]   [dji]   [djèï]
8. Q → [kèï]   [kiou]   [èks]

❸ Épelez ces prénoms à haute voix de préférence

1. SIMON
[.......] [.......] [.......] [.......] [.......]
2. PAUL
[.......] [.......] [.......] [.......]
3. JANE
[.......] [.......] [.......] [.......]

FORMER SES PREMIÈRES PHRASES (1/2)

Les articles définis et indéfinis

À retenir : les noms anglais n'ont pas de genre.

- L'article indéfini anglais est **a** (prononcé [eu]) devant un nom commençant par une consonne, **an** (prononcé [eun]) devant un nom commençant par une voyelle (ex. : a bee [eu 'bi], an elephant [eun 'èlifeunt]). Il est invariable et signifie **un** ou **une**.

- L'article défini est **the**. Il se prononce [DHeu] devant un nom commençant par une consonne et [DHi] devant un nom commençant par une voyelle (ex. : the bee(s) [DHeu 'bi(z)], the elephant(s) [DHi 'èlifeunt(s)]). Il est invariable et signifie donc **le, la, les**.

Banque de mots
man ['man] (*homme*)
woman ['oumeun] (*femme*)
boy ['boï] (*garçon*)
girl ['geul] (*fille*)
bee ['bi] (*abeille*)
cat ['kat] (*chat*)
dog ['dog] (*chien*)
elephant ['èlifeunt] (*éléphant*)
rabbit ['rabit] (*lapin*)
apple ['apeul] (*pomme*)
egg ['èg] (*œuf*)
umbrella ['ambrèleu] (*parapluie*)
and [and] (*et*)

4 Complétez les espaces par A ou AN

1. .... cat
2. .... egg
3. .... apple
4. .... dog
5. .... rabbit
6. .... umbrella

5 Traduisez les petits énoncés suivants

1. Le chat ....
2. Un parapluie ....
3. Un lapin ....
4. Le chien ....

6 Entourez la bonne prononciation de THE dans les énoncés suivants

1. the egg → [DHeu] [DHi]
2. the rabbit → [DHeu] [DHi]
3. the dog → [DHeu] [DHi]
4. the apple → [DHeu] [DHi]

Les pronoms personnels sujets

je	tu	il	elle	sujet neutre	nous	vous	ils/elles
I	you	he	she	it*	we	you	they
[aï]	[iou]	[Hi]	[chi]	[it]	[oui]	[iou]	[DHèï]

* singulier, utilisé pour un objet ou un animal (au pluriel, on utilise **they**)
À noter : I prend toujours une majuscule, même en milieu de phrase.

FORMER SES PREMIÈRES PHRASES (1/2)

7 Remplacez les prénoms ou noms suivants par le pronom qui convient

1. the umbrella : ....

2. Sarah and I : ....

3. Simon : ....

4. Matt and John : ....

5. John and you : ....

6. Keira : ....

7. the cats : ....

8. the dog : ....

Le verbe être

To be [tou bi] (**to** est la marque de l'infinitif). Il se conjugue comme suit à la forme affirmative.

Forme pleine	Forme contractée
I **am** [aï am] ([aï^{eu}m], vie courante)	I**'m** [aïm]
You **are** [i**ou** â^r]	You**'re** [iou-^{eur}]
She/he/it **is** [ch**i**/h**i**/it iz]	She**'s** [chiz], he**'s** [Hiz], it**'s** [its]
We/you/they **are** [ou**i**/i**ou**/DHè**ï** â^r]	We**'re** [oui-^{eur}], you**'re** [iou^{eur}], they**'re** [DHè-^{eur}]

- La forme contractée s'utilise à l'oral (au présent, comme à tous les autres temps que vous allez apprendre dans ce cahier).
- À l'aide du verbe **être**, des articles et de quelques noms et adjectifs, vous pouvez commencer à parler de vous et des autres. Structures à utiliser :
  to be + adjectif ou **to be + article + nom**

8 Entourez la bonne conjugaison de TO BE et/ou le bon complément

1.	Simon and Jane	is – are – am	happy.
2.	You and I	am – are – is	sad.
3.	You	is – am – are	French.
4.	He	am – is – are	a man – a girl – a boy – a woman
5.	It	am – is – are	a rabbit – a bee – a dog – a cat
6.	She	am – is – are	a man – a girl – a boy – a woman

FORMER SES PREMIÈRES PHRASES (1/2)

9 Donnez la forme pleine ou contractée des formes suivantes

Forme pleine	Forme contractée
1.	I'm Sarah ['sè^{eu}r^{eu}]. I'm a girl
2. Matt ['mat] is a man	....
3. They are sad	....
4.	Keira's ['kir^{eu}z] happy
5. I am John ['djon]	....

Les adjectifs

Nous aborderons les adjectifs de manière plus approfondie au chapitre 7 mais voici déjà quelques adjectifs attributs (séparés du sujet par le verbe *être*).

• Quelques adjectifs de nationalités (ils prennent toujours une majuscule) :

France	Angleterre	Irlande	Allemagne	États-Unis	Italie	Espagne
France ['frāns]	England ['ingl^{eu}nd]	Ireland ['aï^{eu}l^{eu}nd]	Germany ['djeum^{eu}ni]	The U.S.A [DH^{eu} iou ès èï]	Italy ['it^{eu}li]	Spain ['spèïn]
French ['frènch]	English ['inglich]	Irish ['aïrich]	German ['djeum^{eu}n]	American [^{eu}'mèrik^{eu}n]	Italian [i'tali^{eu}n]	Spanish ['spanich]

• Quelques adjectifs pour exprimer les émotions :

happy ['Hapi]	sad ['sad]	angry ['angri]	ready ['rèdi]	fine ['faïn]	sick ['sik]	tired ['taï^{eu}d]	sorry ['sori]	good ['goud]
heureux	triste	en colère	prêt	bien (aller bien)	malade	fatigué	désolé	bon

10 Remettez les éléments dans l'ordre pour former une phrase pertinente et dites si la traduction proposée est correcte ou non (RIGHT ['raït] = vrai, WRONG ['rong]= faux)

1. ready / are / you

....

= tu es désolée [R] [W]

2. sick / cat / the / is

....

= le chat est malade [R] [W]

3. is / the / man / English

....

= le garçon est anglais [R] [W]

4. a / is / rabbit / it

....

= c'est un lapin [R] [W]

FORMER SES PREMIÈRES PHRASES (1/2)

11 Trouvez les noms de pays et les adjectifs de nationalités dans la grille, puis placez-les au bon endroit dans le tableau

1. England	....
2.	German
3.	Irish
4. Spain	....
5. USA	....
6.	Italian

E	O	H	T	E	S	I	L	E	F	T	R
N	R	I	H	A	L	T	E	D	V	R	Y
G	E	O	I	T	A	L	Y	M	R	I	D
L	N	M	S	P	A	N	I	S	H	T	D
I	N	E	S	G	A	O	R	W	E	T	E
S	F	X	B	M	T	D	R	I	F	P	C
H	V	I	R	E	L	A	N	D	M	Y	A
A	M	E	R	I	C	A	N	Q	T	H	B
Y	G	S	N	W	E	H	E	Q	M	P	E
P	L	I	Z	M	R	K	E	O	N	O	Z
A	N	L	A	D	Y	N	U	O	E	S	C
H	C	R	E	F	B	S	J	I	B	C	E

12 Traduisez les phrases suivantes en donnant les formes pleines et contractées

1. C'est un parapluie.
2. Vous êtes américains.
3. La fille est irlandaise.
4. Le chien est triste.
5. Nous sommes fatigués.
6. Je suis allemande.
7. La femme est désolée.

La prononciation des lettres au sein des mots

Il existe une différence entre la façon dont les lettres se prononcent en elles-mêmes, individuellement, et celle dont elles vont se réaliser au sein d'un mot, ce que nous allons découvrir de chapitre en chapitre. Commençons par la voyelle **A**.

Elle se prononce :
- **[a]** devant une consonne (C) de fin de mot ou plusieurs C, si non suivie par un r (ex. : cat, rabbit)
- **[â]** devant un r seul en fin de mot ou devant r + C (ex. : car ['kâʳ], Mark ['mâk])
- **[èï]** devant une C suivie d'une voyelle (V) (ex. : vase ['vèïz], *vase*). Exception : are !
- **[ô]** devant un l (ex. : ball ['bôl], *balle*)
- **[eu]** si seule en fin de mot (ex. : Keira ['kir^{eu}])

FORMER SES PREMIÈRES PHRASES (1/2)

13 Entourez la bonne prononciation

	A	B	C
1. apple (*pomme*)	['èïp^eu l]	['ap^eu l]	['âp^eu l]
2. star (*étoile*)	['stâ^r]	['stèï^r]	['stô^r]
3. small (*petit*)	['smâl]	['smèïl]	['smôl]
4. umbrella	['ambrèl^eu]	['ambrèla]	['ambrèlâ]
5. table (*table*)	['tab^eu l]	['tèïb^eu l]	['tâb^eu l]

14 Placez les prononciations suivantes à côté des mots qui leur correspondent

['kèïk] – ['èm^eu] – ['fâm^eur] – ['dâk] – ['bag] – ['taksi] – ['kôl] – ['kap] – ['bèïk^eu n] – ['bèïbi]

| 1. bag .... | 3. farmer ...... | 5. call .... | 7. baby .... | 9. cap .... |
| 2. cake .... | 4. bacon .... | 6. taxi .... | 8. dark .... | 10. Emma .... |

15 Placez chaque mot à côté de sa prononciation

fat (*gros*) / fate (*destin*)
plan (*projet*) / plane (*avion*)
lack (*manque*) / lake (*lac*)
mad (*fou*) / made (*fabriqué*)

3.
a. ['mad] ....
b. ['mèïd] ....

Pour bien intégrer les différents sons d'une langue en cours d'apprentissage, il est utile de s'entraîner à prononcer ce qu'on appelle des *paires minimales*, c'est-à-dire des mots qui ne diffèrent que par un seul phonème (ex. en français : *sel – sol*). Commençons dès maintenant par la paire minimale [a] / [èï].

2.
a. ['fat] ....
b. ['fèït] ....

1.
a. ['lak] ....
b. ['lèïk] ....

4.
a. ['plan] ....
b. ['plèïn] ....

Bravo, vous êtes venu à bout de ce chapitre ! Il est maintenant temps de comptabiliser les icônes et de reporter le résultat en page 128 pour l'évaluation finale.

Former ses premières phrases (2/2)
Situer un objet - Introduction aux nombres et à l'heure

Formes négative et interrogative de to be

- **Forme négative (FN)**
  Il suffit d'ajouter l'adverbe **not** [not] derrière **to be**, à la forme pleine ou à la forme contractée (ex. : **I'm not, you are not, she's not, he is not, we're not**, etc.).
  Il existe aussi une forme contractée de la négation : ce n'est alors plus avec le sujet que **to be** se trouve contracté, mais avec la négation. Cette forme existe pour toutes les personnes sauf **I** : **you aren't** [āt]**, he / she / it isn't** [iz^{eu}nt]**, we / you / they aren't**.

- **Forme interrogative (FI)**
  Il suffit d'inverser la forme affirmative (FA): **am I?, are you?, is / she / he / it? are we / you / they?**

- **À noter :** Lorsque l'on répond à une question par **oui** ou **non**, on complète cette réponse en répétant le pronom et l'auxiliaire (ex. : are you happy? Yes [ièss], I am / No [n^{eu}-ou] I am not ou I'm not. Is it a bee? Yes, it is. No, it's not / it isn't). Inutile de répéter l'adjectif ou le nom en revanche. Notez que quand la réponse est **affirmative**, on ne peut pas employer la forme contractée.

---

1 Complétez les équivalences de formes contractées suivantes

1. She .... = she's not

2. We aren't **=** we ....

2 Remettez les mots dans l'ordre pour former une phrase correcte

1. Spanish / ? / man / is / the
....

2. not / girl / ready / is / the
....

3 Mettez à la forme interrogative puis à la forme négative

1. Jennifer's ['djènif^{eu}z] tired
....
/ ....

2. Simon's Irish.
....
/ ....

3. You're sick.
....
/ ....

FORMER SES PREMIÈRES PHRASES (2/2)

4 Répondez aux questions suivantes et précisez si besoin, comme dans l'exemple

ex. : Is it a rabbit ?   Yes, it is.   No, it's not / it isn't. It's a dog.

1. Is it a dog?
....

2. Is it a woman?
....

3. Are they sad?
....

4. Is Laura ['lor^eu] angry?
....

5 Posez la question et répondez-y

1. (Paul – Italian)
.... ? ....

2. (Helena ['Hèlèn^eu] – happy)
.... ? ....

3. (apple)
.... ? ....

4. (boy)
.... ? ....

Le lieu

- **Le pronom interrogatif where** [ouè-^eur] signifie *où*. On l'utilise en début de phrase dans la structure suivante : **where + to be conjugué + sujet** (ex. : where's [ouè-^euriz] the bed? where are [ouè-^eur âr] the beds* [bèdz]? Réponse : it's in the bedroom / they're in the bedroom).

- **Prépositions de lieu statiques :** **in** [in] (*dans*), **on** [on] (*sur, dessus*), **between** [bi'touin] (*entre*), **under** ['eund^eur] (*en dessous*), **next to** ['nèkstou] (*à côté de*), **above** [^eu'bov] (*au-dessus de*), **behind** [bi'Haïnd] (*derrière*). Elles sont suivies d'un nom.

* Sachez juste pour l'heure que le pluriel se forme en général en ajoutant un S au nom.

The house

• **The house** ['Ha-ous] (*la maison*)

Kitchen ['kitch^{eu}n] (*cuisine*)	Bathroom ['bâTHroum] (*salle de bains*)	Bedroom ['bèdroum] (*chambre*)	Living-room ['living roum] (*salon*)	Other ['euDH^{eur}] (*autre*)
chair ['tchè-^{eur}] (*chaise*)	bath ['bâTH] (*baignoire*)	bed ['bèd] (*lit*)	armchair ['âmtchè-^{eur}] (*fauteuil*)	box ['boks] (*boîte*)
fridge ['fridj] (*réfrigérateur*)	shower ['cha-ou-^{eur}] (*douche*)	bedside table [bèdsaïd 'tèïb^{eu}l] (*chevet*)	sofa ['s^{eu}-ouf^{eu}] (*canapé*)	carpet ['kâpit] (*tapis*)
stove ['st^{eu}-ouv] (*gazinière*)	soap ['s^{eu}-oup] (*savon*)	lamp ['lamp] (*lampe*)	television ['tèl^{eu}vij^{eu}n] (*télévision*)	door ['dô^r] (*porte*)
table ['tèïb^{eu}l] (*table*)	towel ['ta-ou-^{eu}l] (*serviette*)	wardrobe ['ouôdr^{eu}-oub] (*armoire*)		

6 **Where's the cat?** [ouè-^{eu}z DH^{eu} 'kat?]
Entourez la bonne préposition

1. it's on / next to / behind / in / under the box
2. it's on / next to / behind / in / under the box
3. it's on / next to / behind / in / under the box
4. it's on / next to / behind / in / under the box
5. it's on / next to / behind / in / under the box

1.

2.

3.

4.

5.

FORMER SES PREMIÈRES PHRASES (2/2)

7 Étiquetez les pièces suivantes. Puis remettez les lettres dans l'ordre et placez les objets obtenus dans la pièce qui leur correspond

	bathroom	bedroom	living-room	kitchen
	1.	2.	3.	4.
pièce				
meubles				

AIMRCHRA   DIRFGE   EWDORABR   EWOLT   POAS   EVTOS

8 Demandez où sont les objets ou animaux représentés sur les illustrations et complétez les réponses

1. .... ?
They're .... the ....

2. .... ?
He's .... the ....

3. .... ?
They're .... the ....

4. .... ?
It's .... the ....

9 Répondez aux questions suivantes en précisant si nécessaire

1. Is the woman in the bathroom? ....
2. Is Marcus ['mâk^{eu}s] in the kitchen? ....
3. Is the cat above the fridge? ....
4. Is the girl between the wardrobe and the fridge? ....
....

FORMER SES PREMIÈRES PHRASES (2/2)

Les nombres cardinaux 1-12

1 **one** ['oueun]
2 **two** ['tou]
3 **three** ['THri]
4 **four** ['fô^r]
5 **five** ['faïv]
6 **six** ['siks]
7 **seven** ['sèv^{eu}n]
8 **eight** ['èït]
9 **nine** ['naïn]
10 **ten** ['tèn]
11 **eleven** [i'lèv^{eu}n]
12 **twelve** ['touèlv]

10. Complétez le tableau suivant

Lettres	Chiffres
	1
ten	
	4
eleven	
	8
two	
	12
	6

11. Complétez la suite suivante

– one
– three
– ....
– ....
– ....
– ....

- Pour dire **il y a + nom**, on utilise la structure **there is + noms singuliers** [DHè-^{eur} iz] (ou **there's** [DHè-^{eu}z]) et **there are + noms pluriels** [DHè-^{eur} âr].

- Pour demander **y a t-il … ?**, on dira : **is there a + nom sing. ?** ou **are there + nom plur. ?** Réponses : **Yes, there is / are – No, there is not ou isn't / are not ou aren't** (reprise du nom inutile).

- Pour interroger sur la quantité, on utilise la structure **how many** [Ha-ou mèni] **+ nom plur. + are there?** Réponse : **there is / are one**… (+ nom, optionnel).

12. Complétez les bulles suivantes pour interroger sur la quantité et répondez-y

1. « how .... ? »

« .... two (chairs) »

2. « how .... there on the towel ? »

« .... »

13. Complétez les espaces pour savoir s'il y a…

1. .... on the sofa? Yes, there is.

2. Are there two carpets on the table? ......
....

FORMER SES PREMIÈRES PHRASES (2/2)

14. Traduisez les phrases suivantes

1. La salle de bains est entre la chambre et la cuisine ....
....
2. Le tapis est à côté du lit ....
....

Introduction à l'heure

Pour demander l'heure on utilise la structure : **what time is it?** [wot 'taïm iz it ?] = *quelle heure est-il?*

- pour les heures pleines, on répond : **it's one, two...... twelve o'clock*** [eu'klok] (*« clock » signifie horloge. Dans la conversation courante, quand le contexte indique clairement que l'on parle de l'heure, on l'omet souvent).

- pour les heures non pleines, contrairement au français, on donne d'abord les minutes, puis l'heure. On utilise **to** pour exprimer les minutes avant l'heure (ex. : **it's five to** [t^eu] **four** = *il est 3h55*) et past [pâst] pour exprimer les minutes après l'heure (ex. : **it's twelve past four** = *il est 4h12*).

- le quart d'heure : **a quarter** ['kouôt^eur] (ex. it's a quarter to / past five = *il est 4h45 / 5h15*).

- la demi-heure, utilisée seulement avec past : **half** ['Hâf] (ex. it's half past eight = *il est 8h30*).

- *midi* : **midday** [mid'dèï] *minuit* : **midnight** [mid'naït].

- on donne parfois les précisions **a.m.** [èï èm] pour les heures de minuit à midi et **p.m.** [pi èm] pour les heures *entre midi et minuit*. Notez que l'on ne mentionne pas *o'clock* lorsque l'on précise a.m. ou p.m. En revanche, on peut tout à fait dire 8 in the morning / afternoon (*du matin / de l'après-midi*).

15. What time is it? Écrivez la réponse en toutes lettres (en indiquant a.m. ou p.m. entre parenthèses)

1. 16h
....
2. 7h30
....
3. 10h45
....
4. 5h15
....
5. 22h
....
6. 21h50
....
7. 2h58
....
8. 8h
....

16. Indiquez l'heure sur les réveils suivants

1.  it's half past eleven
2. it's ten to twelve
3.  it's a quarter past seven
4.  it's twelve past four

FORMER SES PREMIÈRES PHRASES (2/2)

17 Entourez le bon indicateur

1. The film is at nine **a.m.** - **p.m.**

2. The football game is at nine **a.m.** - **p.m.**

Moments de la journée et salutations

Banque de mots

morning ['môning] (matin)
→ good ['goud] morning (bonjour, le matin)
afternoon ['aft^{eu}noun] (l'après-midi)
→ good afternoon (bonjour, l'après-midi)
evening ['ivning] (soir)
→ good evening (bonsoir)
night ['naït] (nuit)
→ good night (bonne nuit)

meals ['milz] (les repas)
breakfast ['brèkf^{eu}st] (petit déjeuner)
lunch ['leuntch] (déjeuner)
snack ['snak] (en cas)
dinner ['din^{eur}] (dîner)

18 Pour chaque heure, entourez la salutation qui convient, ainsi que le nom du repas qui lui correspond (essayez d'abord de mémoriser la banque de mots !)

1.  Good night – morning – afternoon – evening.
It's time for a snack – dinner – lunch – breakfast

2.  Good night – morning – afternoon – evening.
It's time for a snack – dinner – lunch – breakfast

3.  Good night – morning – afternoon – evening.
It's time for a snack – dinner – lunch – breakfast

4.  Good night – morning – afternoon – evening.
It's time for a snack – dinner – lunch – breakfast

19 Retrouvez deux exceptions courantes à la règle b

Prononciation du E

Il se prononce :

- **a.** [è] devant une C (consonne) (ex. : yes [iès])

- **b.** souvent [i] devant C+V (voyelle) (ex. : evening ['**i**vning]), bien qu'il existe quelques exceptions

- **c.** [^{eu}] quand suivi d'une C en fin de mot (ex. : kitchen ['kitch^{eu}n])

- **d.** à quelques rares exceptions près, toujours [Ø] (muet) en fin de mot (ex. : stove ['st^{eu}-ouv])

FORMER SES PREMIÈRES PHRASES (2/2)

20 Donnez la prononciation des mots ci-dessous et entraînez-vous à prononcer les paires minimales [a] / [è] suivantes

1. 'bat (*chauve-souris*) [..........................] / 'bet (*pari*) [....]
2. 'bad (*mauvais*) [................................] / 'bed (*lit*) [....]
3. 'tan (*bronzage*) [...............................] / 'ten (*dix*) [....]
4. 'pan (*poêle*) [...................................] / 'pen (*stylo*) [....]

21 Placez les prononciations à côté des bons mots et entraînez-vous à prononcer les paires [èï] / [è] suivantes

1. paper (*papier*) ....   ['gèt]
   / pepper (*poivre*) ....   ['pèïp^eur]
2. tale (*conte*) ....   ['lèït]
   / tell (*dire*) ....   ['tèl]
3. gate (*grille*) ....   ['pèp^eur]
   / get (*obtenir*) ....   ['tèïl]
4. late (*tard*) ....   ['gèït]
   / let (*laisser*) ....   ['lèt]

22 Dans quel mot le E ne se prononce pas...

1. .... [i] ? 'gene, 'carpet, 'ten
2. .... [è] ? 'pen, 'bed, be'hind
3. .... [è] ? 'egg, 'desk, 'brother
4. .... [^eu] ? 'shower, 'fine, 'kitchen
5. .... [Ø] ? 'five, 'fridge, be'hind

Bravo, vous êtes venu à bout de ce chapitre ! Il est maintenant temps de comptabiliser les icônes et de reporter le résultat en page 128 pour l'évaluation finale.

Se présenter et présenter une personne ou un objet

- Hello / Hi[1], my name is / 's...
  [H^(eu'leu)-ou/Haï, maï 'nèïm iz/'nèïmz]
  → *Bonjour, je m'appelle...*

  1. salutation informelle

- What's your name? [ouots iou^(eu) 'nèïm]
  → *Comment vous appelez-vous / t'appelles-tu ?*

- Last name [lâst 'nèïm]
  → *nom de famille*
- First name [feust 'nèïm]
  → *prénom*

❶ Posez la question qui permet d'obtenir cette réponse et complétez la carte d'identité

— ....

— Hello, my name's Robert Summer

❷ Traduisez la phrase suivante, puis épelez le nom de famille comme vous le feriez à l'oral

Je m'appelle Paul Spencer.

....
[ ] [ ] [ ] [ ] [ ] [ ] [ ]

Faites de même avec vos propres noms et prénoms

....
[ ] [ ] [ ] [ ] [ ] [ ] [ ]

Demander comment ça va

- Hello, how are you? [H^(eu'leu)-ou, 'Ha-ou â iou] = *Bonjour, comment vas-tu / allez-vous ?*

- Réponse courante : I'm fine, thanks, and you? [aïm 'faïn, 'THanks, and iou] *Je vais bien, merci, et toi / vous ?*

- Autres adjectifs : great ['grèït] (*super*), very well ['vèri 'ouèl] (*très bien*), all right [ôl 'raït] (*ça va*), so-so [s^(eu)-ou s^(eu)-ou] (*moyen*), not well [not 'ouèl] (*pas bien*), terrible ['tèr^(eu)b^(eu)l] (*très mal*)

SE PRÉSENTER ET PRÉSENTER UNE PERSONNE OU UN OBJET

3 Trouvez les adjectifs de la page précédente dans la grille et classez-les dans le bon ordre

B	W	A	C	H	I	L	D	I	N
A	I	T	F	N	O	T	S	N	I
B	F	G	I	R	L	B	O	Y	E
Y	E	S	N	B	E	E	S	B	F
O	G	R	E	A	T	C	O	V	I
A	T	E	R	R	I	B	L	E	W

Je vais bien → Je ne vais pas bien

→ ....
→ ....
→ ....
→ ....

Les pronoms démonstratifs

Fonctionnement
- this [DHis] (pluriel : these [DHiz]). S'applique à une personne/chose proche.
- that [DHat] (pluriel : those [DHeu-ouz]). S'applique à une personne/chose éloignée ou évoquée en second lieu (ex. : this is a dog and those are rabbits[1]).

Utilisations
- pour désigner quelque chose ou quelqu'un (ex. : this man is John = *cet homme est John* ; this dog is sick = *ce chien est malade*).
- pour présenter quelque chose ou quelqu'un (ex. : this is a rabbit = *voici / c'est un lapin* ; this is John = *voici / c'est John*).

À la forme interrogative
- pour poser une question sur la nature de quelque chose :

Qu'est-ce que c'est ? = what is this / that? au singulier et what are these / those? au pluriel.

- pour interroger sur l'identité de quelqu'un :
Qui est-ce ? = Who's this? [Houz DHis]
Qui est-elle / il ? = Who's she/he?
Qui sont-ils ? = Who are they?

Banque de mots
sister ['sisteur] (*sœur*)
brother ['breuDHeur] (*frère*)
mother ['meuDHeur] (*mère*)
father ['fâDHeur] (*père*)
wife ['ouaïf] (*épouse*)
husband ['Heuzbeund] (*mari*)
boyfriend ['boïfrènd] (*petit ami*)
girlfriend ['geulfrènd] (*petite amie*)
son ['seun] (*fils*)
daughter ['dôteur] (*fille, descendante*)
friend ['frènd] (*ami*)
neighbour ['nèïbeur] (*voisin*)
single ['singeul] (*célibataire*)
married ['marid] (*marié*)
teenager [ti'nèïdjeur] (*adolescent*)
children ['tchildreun] (*enfants*)[2]
baby ['bèïbi] (*bébé*)
bag ['bag] (*sac*)
belt ['bèlt] (*ceinture*)
cap ['kap] (*casquette*)
hat ['Hat] (*chapeau*)
scarf ['skâf] (*écharpe*)
tie ['taï] (*cravate*)
rucksack ['reuksak] (*sac à dos*)
watch ['ouotch] (*montre*)
here ['Hi-eur] (*ici*)
there ['DHè-eur] (*là-bas*)

[1] Notez que le pluriel indéfini n'est précédé d'aucun article.
[2] pluriel irrégulier

SE PRÉSENTER ET PRÉSENTER UNE PERSONNE OU UN OBJET

4 Complétez le tableau suivant

singulier	1. This is a hat.	2.	3.	4. That is a bag.
pluriel	....	Those are belts ['bèlts].	These are caps ['kaps].	....

5 Complétez les phrases par les démonstratifs qui correspondent et entourez la bonne conjugaison

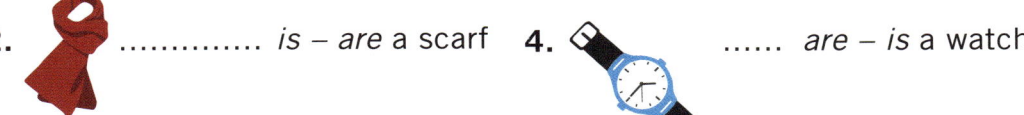

1. .... *are – is* umbrellas

2. .... *is – are* a scarf

3. .... *are – is* ties

4. ...... *are – is* a watch

6 Complétez le tableau suivant en répondant à la question et en apportant les éventuelles précisions nécessaires

1.		Is this a scarf?	....
2.		Is this a hat?	....
3.		Are these belts?	....
4.		Is this a bag?	....
5.		Is this a cap?	....
6.		Is this a rucksack?	....

SE PRÉSENTER ET PRÉSENTER UNE PERSONNE OU UN OBJET

7 Posez les questions qui permettent d'obtenir les réponses suivantes

1. .... ? this is a watch.
2. .... ? these are hats.
3. .... ? those are cats.
4. .... ? that is an umbrella.

8 Trouvez la traduction des mots suivants dans ces lignes de mots collés

Finemothertiredsadhusbandbehindrabbitbrothersoapangryunderwifeneighbourbetweenthreesister

1. voisin : .... 2. épouse : .... 3. frère : ....
4. mari : .... 5. sœur : .... 6. mère : ....

husbandboyfriendbrotherbabyscarfdaughtersinglechildrenfathersistersonmarriedfriendmotherhat

7. fille : .... 8. fils : .... 9. ami : ....
10. père : .... 11. petit ami : ....

9 Complétez la bulle de Max, qui nous présente sa famille, et répondez aux questions

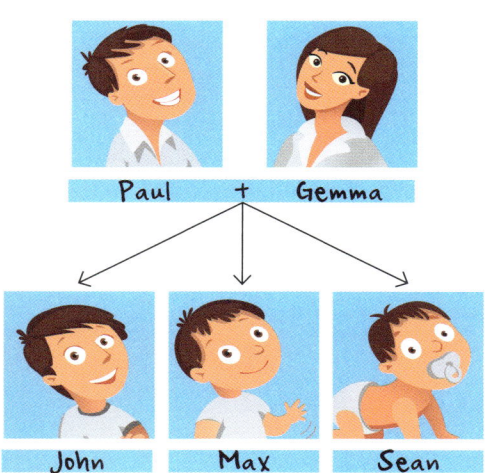

Paul + Gemma

John   Max   Sean

« Hi, I'm Max ['maks].
.... my* father, Paul,
.... my mother, Gemma ['djèm^{eu}] and
.........................my two brothers, John and Sean ['chon]. »

a. Is Sean a teenager? ....
b. Is John a teenager? ....

* marque du possessif : mon, ma, mes, la suite au chapitre 4 !

SE PRÉSENTER ET PRÉSENTER UNE PERSONNE OU UN OBJET

 Complétez la bulle suivante à l'aide de l'arbre généalogique de Lucy

« Hello, I'm Lucy ['l**ou**si].
This is my .... ,
William ['ouili^{eu}m].
These are my .... :
Ellen ['èl^{eu}n], my ....
and Adam ['ad^{eu}m], my .... »

11 **Traduisez le dialogue suivant**

W - Bonjour, je m'appelle William, tu t'appelles comment ?

....

O - Bonjour, je m'appelle Ophelia [o'fili^{eu}].

....

W - Comment vas-tu ?

....

O - Je vais très bien, merci. Et toi ?

....

W - Je vais bien, merci.

....

O - Es-tu marié ?

....

W - Non, je suis célibataire.

....

O - Qui est-ce ?

....

W - Oh, c'est ma sœur, Juliet ['djouli^{eu}t].

....

SE PRÉSENTER ET PRÉSENTER UNE PERSONNE OU UN OBJET

Prononciation du I

Il se prononce :
- [i] devant une C (ex. : this [DHis])
- [aï] devant C+V (ex. : five ['faïv]) et devant la graphie ght (ex. : night ['naït], *nuit*)
- [eu] devant r + C (ex. : girl ['geul])

12 Reliez les mots suivants à la bonne prononciation et entraînez-vous à prononcer ces paires minimales [aï]/[i] : fine-fin, wine-win, kite-kit, site-sit

1. fine •   • a. ['ouaïn]
2. Win (*gagner*) •   • b. ['faïn]
3. Fin (*nageoire*) • • c. ['fin]
4. Wine (*vin*) •   • d. ['ouin]

13 Classez ces mots dans le tableau en fonction de la prononciation de leur i

right   time   fine   wife   in
  tie   is   sick   shirt (chemise)
China   rabbit   kitchen   Ireland
bird (oiseau)   tired
   morning   behind   fridge
thirsty (assoiffé)   sister

[i]	[aï]	[eu]

Bravo, vous êtes venu à bout de ce chapitre ! Il est maintenant temps de comptabiliser les icônes et de reporter le résultat en page 128 pour l'évaluation finale.

Indiquer la possession

Formation

- Dans la forme génitive (possessive) de l'anglais, c'est le possesseur qui est mis en avant (et non l'objet possédé, comme en français) : **possesseur + 's + « chose possédée »** (ex. : **Tom's friend** = *l'ami de Tom*). Cela est valable même quand le nom finit par un **s** (ex. : **Marcus's dog** ['mâk^{eu}siz 'dog]. Notez qu'on ne met pas **the** pour traduire **le** !). Pour les possesseurs pluriels se terminant par un **s**, on ajoute juste une apostrophe (ex. : **the neighbours' dog** = *le chien des voisins*).

- **À noter :** quand il existe plusieurs possesseurs pour un seul « objet » (en commun), seul le second prend la marque du possessif (ex. : **Anna and John's cat** = *le chat d'Anna et John*).

Banque de mots

bone ['b^{eu}-oun] (*os*)
boots ['bouts] (*bottes*)
car ['kâ^r] (*voiture*)
clothes ['kl^{eu}-ouTHz] (*vêtements*)
coat ['k^{eu}-out] (*manteau*)
dress ['drès] (*robe*)

parents ['pèr^{eu}ns] (*parents*)
pullover ['poul^{eu}-ouv^{eur}] (*pull*)
shirt ['cheut] (*chemise*)
shoes ['chouz] (*chaussures*)
socks ['soks] (*chaussettes*)
skirt ['skeut] (*jupe*)
suit ['sout] (*costume*)

sunglasses ['seunglasiz] (*lunettes de soleil*)
T-shirt ['ticheut] (*T-shirt*)
tracksuit ['traksout] (*survêtement*)
trainers ['trèïn^{eu}z] (*baskets*)

❶ Indiquez les liens de parenté à l'aide de l'arbre généalogique ci-dessous

1. Suzie .... Charles and Emma ....
2. Emma .... Charles ....
3. Charles .... Emma ....
4. Adam .... Suzie ....
5. Adam .... Charles and Emma ....
6. Suzie .... Adam ....
7. Adam and Suzie .... Charles and Emma ....
8. Charles and Emma .... Adam and Suzie ....

26

INDIQUER LA POSSESSION

2 Complétez par 'S ou '

1. This is Keira, Tom .... girlfriend.
2. My sisters neighbours are English.
3. James .... mother is Irish.
4. ['i^eu n] Ian ... sister is my friend.

Les adjectifs possessifs (invariables)

my [maï]　　your [iou^eur]　　his [Hiz] ♂,
mon / ma / mes　ton / ta / tes　her [Heu^r] ♀, its
　　　　　　　　　　　　　　　[its] son / sa / ses

our [a-ou^eur]　your [iou^eur]　their [DHè^-eur]
notre / nos　　votre / vos　　leur(s)

Les pronoms possessifs (invariables)

mine [maïn]　　yours [iou^eu z]　his [Hiz] ♂,
le(s) mien(s) /　le(s) tien(s) /　hers [Heuz] ♀,
la mienne　　　la tienne　　　le(s) sien(s) /
　　　　　　　　　　　　　　　la sienne

ours [a-ou^eu z]　yours [iou^eu z]　theirs [DHè^-eu z]
le(s) nôtre(s) /　le(s) vôtre(s) /　le(s) leur(s) /
la nôtre　　　　la vôtre　　　　la leur

3 Complétez les espaces à l'aide de THEIR, THERE, THEY'RE, THERE'S ou THEIRS

1. .... a suit on the sofa.
2. .... father is German.
3. These are my sister's boots, ... elegant.
4. .... are socks in the wardrobe.
5. He's not my friend. He's ....

27

INDIQUER LA POSSESSION

4 À votre avis, comment demande-t-on un numéro de téléphone / une adresse e-mail ? Entourez la bonne réponse

1. Who is your phone number ['f^eu-oun neumb^eur] / e-mail address*?

2. What is your phone number / e-mail address ['imèïl ^eu'drès]?

* Eh oui, deux d et deux s ! À mémoriser !

Pour donner un numéro de téléphone, on énumère les chiffres un par un (ex. : six, neuf et non soixante-neuf). Quand un numéro est composé d'un chiffre double, on utilise le mot *double* ['deub^eul] (ex. : 22 = double two). Enfin, dans ce contexte, le zéro se dit O [^eu-ou] et non zero ['zir^eu-ou]. Pour les adresses e-mail, @ se dit at [at]. Pour les noms de domaines :
- Royaume-Uni : .co.uk = [dot k^eu-ou dot iou kèï]
- USA et international : .com = [dot kom]

5 Complétez les bulles suivantes pour demander les numéros de téléphone ou les adresses e-mail, et répondez-y

1. « Quel est ton numéro de téléphone ? »
....

« [^eu-ou faïv **tou** sèv^eun siks faïv naïn èït 'deub^eul THri] »
....

2. « Quel est son numéro de téléphone (à elle) ? » :
....
« 07 89 64 23 15 »
....

3. « Quelle est ton adresse e-mail ? » :
....
« HappyAntony@gmail.com »
....

4. « Quelle est son adresse e-mail (à lui) ? » :
....
« saïm^eun touèlv at èï ^eu-ou èl dot k^eu-ou dot **iou** kèï]
....

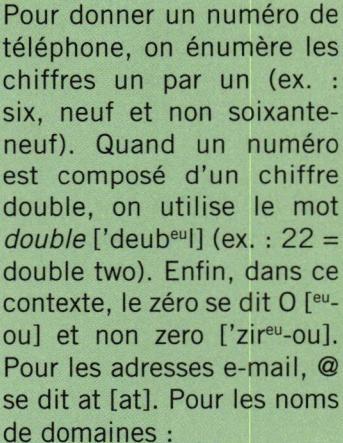

INDIQUER LA POSSESSION

6. Complétez la grille

horizontalement
3. costume
5. lunettes de soleil
6. bottes
8. jupe
9. chemise
11. manteau

verticalement
1. baskets
2. chaussettes
4. survêtement
12. chaussures
7. robe
10. casquette

7. Complétez à l'aide des adjectifs et des pronoms possessifs qui conviennent

1. It's not (you) .... coat, it's (Keira) ....
2. It's not (Keira) .... dress, it's (me) ....
3. It's not (me) .... shirt, it's (you) ....

INDIQUER LA POSSESSION

8. Exprimez la possession, comme dans l'exemple

ex : Sarah – robe → it's Sarah's dress, it's her dress, it's hers

1. Harry – survêtement
→ ....

2. Oliver + Robert – lunettes de soleil
→ ....

> Pour interroger sur l'identité d'un possesseur, on utilise l'interrogatif whose [Houz] : whose + nom (sans article) + to be conjugué + sujet (ex. : whose car is it? = *à qui est cette voiture ?*). Selon le contexte, on répondra en utilisant soit :
> - nom/prénom + 's (ex. : it's Sarah's (car))
> - adjectif possessif + nom (ex. : it's her car)
> - pronom possessif (ex. : it's hers)

9. Complétez les phrases en formulant la question ou la réponse qui correspond à l'illustration

1. .... ? It's Jenny's ['djèniz]

2. .... ? They're Gribouille's.

3. .... ? It's Gerald's ['djèr^{eu}ldz].

4. .... ? It's Gribouille's.

5. Is this Gerald's cap? ....

6. Whose T-shirt is this? ....

7. Is this Gribouille's coat? ....

INDIQUER LA POSSESSION

Prononciation du O

Il se prononce :
- [o] devant une C (ex. : not)
- [eu-ou] lorsqu'il se trouve seul en fin de mot (ex. : hello), parfois devant C + V (ex. : bone), mais pas toujours (ex. : love ['leuv])
- [ô] quand il précède un r ou r + C (ex. : port ['pôt])
- parfois [eu] (ex. : mother), vous en apprendrez quelques-uns dans les exercices suivants et dans la suite du cahier.

Banque de mots
bored (*qui s'ennuie*)
cold (*froid*)
cork (*bouchon*)
corn (*maïs*)
elbow (*coude*)
florist (*fleuriste*)
glove (*gant*)
go (*aller*)
grocer (*épicier*)
hero (*héros*)
hot (*chaud*)
love (*amour*)
pork (*porc*)

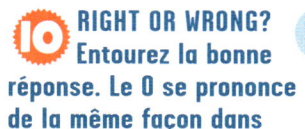

RIGHT OR WRONG ? Entourez la bonne réponse. Le O se prononce de la même façon dans

1. corn et hot .... R W
2. Hello et hero .... R W
3. bored et cork .... R W
4. dog et sock .... R W
5. love et cold .... R W
6. mother et brother .. R W
7. wardrobe et florist R W
8. grocer et pork ...... R W

II Entourez le bon terme pour que le O se prononce de la même façon dans tous les mots d'une même ligne

1. port, thorn, corn   **zero - norm**
2. Hello, judo   **euro - not**
3. mother, brother, glove   **love - port**
4. not, hot, sock   **son - so**
5. wardrobe, go, zero   **pullover - brother**

Bravo, vous êtes venu à bout de ce chapitre ! Il est maintenant temps de comptabiliser les icônes et de reporter le résultat en page 128 pour l'évaluation finale.

5

Décrire et parler d'une action en déroulement ou ponctuelle (non habituelle)

Pour parler d'une action en train de se dérouler ou ponctuelle (non habituelle), on utilise un temps appelé présent ING.

Formation

FA (Forme affirmative)	to be* conjugué + base verbale (BV = infinitif sans *to*) + ing (ex. : to go → I'm going, you're going, she / he / it's going, you / we / they're going ['g^{eu}-ouing]). Si le verbe finit par un e, celui-ci saute (ex. : write → writing). Quand un verbe finit par V + C, on double la C (ex. : run → running).
FI (Forme interrogative)	On inverse to be et le sujet : am I going? are you going? is she / he / it going? are you / we / they going? Pour répondre, on ne dit pas juste yes ou no, mais on reprend aussi le sujet et l'auxiliaire to be (ex. : are you going? Yes, I am - No I'm not / Is he going? Yes, he is. No, he's not ou no, he isn't). Notez que quand la réponse est affirmative, on ne peut pas employer la forme contractée.
FN (Forme négative)	On ajoute la négation not entre to be et le verbe : (ex. : I am / I'm not going - you are / you're not going, she / he / it is not / isn't going - we / you / they are not / aren't going).

*to be fonctionne ici comme un auxiliaire

Banque de mots
book ['bouk] (*livre*)
bus ['beus] (*bus*)
cake ['kèïk] (*gâteau*)
film ['film] (*film*)
glass ['glas] (*verre*)
letter ['lèt^{eur}] (*lettre*)
song ['song] (*chanson*)
to be hungry ['Heungri] (*avoir faim*)
to be late ['lèït] (*être en retard*)
to be thirsty ['THeusti] (*avoir soif*)
to come ['keum] (*venir*)
to cry ['kraï] (*pleurer*)
to drink ['drink] (*boire*)
to drive ['draïv] (*conduire*)
to eat ['it] (*manger*)
to go ['g^{eu}-ou] (*aller*)
to make ['mèïk] (*faire, fabriquer*)
to play ['plèï] (*jouer*)
to read ['rid] (*lire*)
to run ['reun] (*courir*)
to sing ['sing] (*chanter*)
to sleep ['slip] (*dormir*)
to swim ['souim] (*nager*)
to wait ['ouèït] (*attendre*)
to walk ['ouôk] (*marcher*)
to wear ['ouè$^{-eur}$] (*porter*)
to write ['raït] (*écrire*)
to watch ['ouotch] (*regarder*)
water ['ouôt^{eur}] (*eau*)

DÉCRIRE ET PARLER D'UNE ACTION EN DÉROULEMENT OU PONCTUELLE (NON HABITUELLE)

1 De 1 à 5, dites dans quelles cases se trouvent les termes demandés (en précisant la prononciation des lettres et chiffres entre crochets) et faites l'inverse de 6 à 10

	R	S	T	U	V
7					
8					
9					

1. **write** is in .... [.............]
2. **read** is in .... [.............]
3. **sleep** is in .... [.............]
4. **swim** is in .... [.............]
5. **book** is in .... [.............]

6. .... is in R9 [â 'naïn]
7. .... is in R7 [â 'sèv^{eu}n]
8. .... is in R8 [âr 'èït]
9. .... is in U9 [i**ou** 'naïn]
10. .... is in T7 [t**i** 'sèv^{eu}n]

2 Complétez le tableau suivant en posant la question ou en y répondant

1.		Is he waiting for the bus?	....
2.		................................?	Yes, they are.
3.		Is she eating?	....
4.		................................?	Yes, they are.

DÉCRIRE ET PARLER D'UNE ACTION EN DÉROULEMENT OU PONCTUELLE (NON HABITUELLE)

3 Conjuguez les verbes entre parenthèses au présent ING et complétez avec le complément qui correspond le mieux

1. Jacob ['djèïk*eu*b] **(drink)** ....

2. Olivia [o'livi*eu*] and Jordan ['djôd*eu*n] **(make)** ....

3. Violet ['vaï*eu*l*eu*t] **(read)** ....

4. Luke ['louk] **(sleep)** ....

5. I **(write)** ....

6. Alice ['alis] and Clara ['klar*eu*] **(watch)** ....

a cake *on the sofa*
a book *a film* *a letter* *a glass of water*

- Si la phrase contient un interrogatif comme who, what, where, on le met en début de phrase (ex. : who is running? *Qui est en train de courir ?* where is he going? *Où va t-il ?* what is he doing? *Que fait-il ?*).

- En voici d'ailleurs un nouveau : why [ouaï], qui signifie *pourquoi* (why is / are + sujet + verbe ing = pourquoi est / sont-il(s) en train de... ?). On y répond avec une phrase commençant par because ['bikoz], qui signifie *parce que, car*. (ex. : why is she singing? *She's singing because she's happy*).

4 À l'aide des illustrations, posez les questions qui permettent d'obtenir les réponses suivantes

1. ....? Jane is.

2. .... ? John is.

3. ....? Julia and Heather ['HèDH*eur*] are.

4. ....? Harry ['Hari] and Steve ['stiv] are.

DÉCRIRE ET PARLER D'UNE ACTION EN DÉROULEMENT OU PONCTUELLE (NON HABITUELLE)

5 Complétez les espaces en rédigeant les questions et les réponses, puis entourez le bon adjectif, comme dans l'exemple Ex. : why - her father - sing? → why is her father singing? Réponse : he's singing because he's tired - sorry - (happy)

1. why - Simon - cry? .... ?
.... *sad – happy – ready*

2. why - your sister - eat? .... ?
.... *thirsty – hungry – tired*

3. why - his mother - sleep? .... ?
.... *happy – late – tired*

4. why - Sean - wear a kilt? .... ?
.... *cold – late – Scottish**

5. why - you - run? .... ?
.... *sad – late – tired*

6. why - Charles - drink - a glass of water? .... ?
.... *late – thirsty – sad*

* Écossais

- On utilise aussi le génitif ('s) devant certains noms d'endroits (médecins, commerçants…) car on sous-entend *au cabinet du* médecin, *au magasin du* fleuriste, etc.
- C'est le cas de tous les commerces donnés dans la liste ci-contre, à part supermarket.
- On l'utilise aussi pour dire *chez quelqu'un* (ex. : Peter's = *chez Peter*).

Banque de mots
baker ['bèïk^{eur}] (*boulanger*)
butcher ['boutch^{eur}] (*boucher*)
chemist ['kèmist] (*pharmacien*)
cinema ['sin^{eu}m^{eu}] (*cinéma*)
doctor ['dokt^{eur}] (*médecin*)
fishmonger ['fichmeung^{eur}] (*poissonnier*)
florist ['florist] (*fleuriste*)
grocer ['gr^{eu}-ous^{eur}] (*épicerie*)
hairdresser ['Hè-^{eu}drès^{eur}] (*coiffeur*)
post office ['p^{eu}-oust 'ofis] (*poste*)
restaurant ['rèstr^{eu}nt] (*restaurant*)
school ['skoul] (*école*)
station ['stèïch^{eu}n] (*gare*)
supermarket ['soup^{eu}mâk^{eu}t] (*supermarché*)
swimming pool ['souiming poul] (*piscine*)
zoo ['zou] (*zoo*)

6 Où pouvez-vous trouver ces produits ?

1. fish ['fich] ?
the ....

2. flowers ['fla-ou^{eu}z] ?
the ....

3. meat ['mit] ?
the ....

4. bread ['brèd] ?
the ....

5. tablets ['tèïbl^{eu}ts] ?
the ....

DÉCRIRE ET PARLER D'UNE ACTION EN DÉROULEMENT OU PONCTUELLE (NON HABITUELLE)

- On utilise la préposition at lorsque l'on se situe à un endroit sans être en mouvement (ex. : I'm at the butcher's = *je suis chez le boucher*).

- Pour parler des déplacements, on utilise le verbe to go avec la préposition to [t^{eu}] quand on y va (ex. : I'm going to the butcher's = *je vais chez le boucher*), et to come avec la préposition from [fr^{eu}m] quand on en revient (ex. : I'm coming from the butcher's = *je viens de chez le boucher*).

- Pour demander où quelqu'un va : where + to be conjugué + sujet + going (ex. : where are you going? = *où vas-tu ?*).

- Pour demander d'où quelqu'un (re)vient : where + to be conjugué + sujet + coming from (ex. : where is she coming from? = *d'où (re)vient-elle ?*).

7 Où vont-ils ? Posez la question à l'aide des illustrations et répondez-y

	Question	Réponse
1.	………………………… ?	…………………………
2.	………………………… ?	…………………………
3.	………………………… ?	…………………………
4.	………………………… ?	…………………………
5.	………………………… ?	…………………………
6.	………………………… ?	…………………………

DÉCRIRE ET PARLER D'UNE ACTION EN DÉROULEMENT OU PONCTUELLE (NON HABITUELLE)

8 Remettez les mots dans l'ordre pour traduire les phrases suivantes. Puis, entourez les 'S marquant un possessif et soulignez les 'S correspondant à TO BE

1. Non, il n'est pas chez le fleuriste, il est chez Anna.

Anna / 's / at / the / no / he / 's / not / florist / 's / he / 's / at

→ ....

2. Non, elle ne va pas chez le boucher, elle va à la boulangerie.

the / no / she / 's / not / 's / she / going / to / baker / 's / going / the / butcher / to / 's

→ ....

9 Dites où chaque personnage est, où il va, ou d'où il vient en utilisant la bonne préposition (AT, TO OU FROM)

1.

....

4.

....

2.

....

5.

....

3.

....

6.

....

DÉCRIRE ET PARLER D'UNE ACTION EN DÉROULEMENT OU PONCTUELLE (NON HABITUELLE)

10 Traduisez le dialogue suivant

- Qui est cette femme ? ....

- C'est la mère de Paul ....

- Que fait-elle ? ....

- Elle est en train de chanter une chanson irlandaise ....

Prononciation des sons composés de 2 lettres

Graphies AI, AY

- ay se prononce [èï] (ex. : day [dèï])

- ai se prononce en général [èï] (ex. : sailor ['sèï^eur], marin], ou [è-^eu] quand suivi d'un r (ex. : armchair ['âmtchè-^eur]. Il existe une exception importante à connaître : again [^eu'gèn] (encore)

11 Entourez le mot dans lequel...

1. ... on entend le son [èï] : hairdresser - 'air - a'gain - 'play

2. ... on entend le son [è-^eu] : a'fraid - 'chair - a'gain - 'delay

3. ... on n'entend pas le son [èï] : 'trainers - a'way - a'fraid - 'air

4. ... on n'entend pas le son [è-^eu] : 'fair - 'paint - 'chair - 'hair

12 Entraînez-vous à marquer la différence entre les sons [è] et [èï] avec les paires minimales suivantes. Placez les prononciations au bon endroit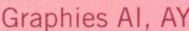

1. tell (*dire*) .... / tail (*queue*) ....

2. pen (*stylo*) .... / pain (*douleur*) ....

3. wet (*mouillé*) .... / wait (*attendre*) ....

Graphies EA, EE, EI, EW

	[i]	[èï]	[è-^eu] (souvent dans la graphie -ear)	[è]
ea	eat, read	great, steak	wear (*porter*), pear (*poire*)	head (*tête*), dead (*mort*)

- ei se prononce [i] (ex. : ceiling ['siling], *plafond*) ou [èï] (ex. : vein ['vèïn], *veine*).

- ee se prononce [i] (ex. : sleep ['slip], *dormir*).

- ew se prononce [ou] (ex. : crew ['krou], *équipage*). Mais NB : new ['niou] (*nouveau*).

- ey se prononce [i] (ex. : money ['meuni], *argent*) et parfois [èï] (ex. : grey ['grèï], *gris*).

DÉCRIRE ET PARLER D'UNE ACTION EN DÉROULEMENT OU PONCTUELLE (NON HABITUELLE)

 Détachez les mots et entourez celui dont la prononciation diffère de celle des autres

1. wearbearbrewpear ....
2. eatsleeppearteacaffeinseaperceive ....
3. weightveilbreaktreegreatreign ....
4. donkeyhoneytheyturkeyalleykey ....
5. teareceiveheadsheepceilingsea ....

Longueur du i

- Comme vous l'aurez remarqué, il existe un son [i] court et un [i] long.
- Lorsque la lettre i se prononce [i], ce son est court. En revanche, lorsque les graphies ea, ee et ei se prononcent [i], ce son est long [i].
- Il est très important de marquer cette différence dès le début de votre apprentissage. Entraînez-vous en faisant l'exercice de paires minimales suivant.

 Placez les mots suivants dans le tableau pour former des paires minimales, puis entraînez-vous à les prononcer

leave (partir), *slip* (glisser), *it* (ça), *fill* (remplir), *seek* (chercher), *ship* (bateau), *cheap* (bon marché)

	1.	2.	3.	4.	5.	6.	7.
I long [i]	eat		feel (*sentir*)			sheep (*mouton*)	sleep
I court [i]		sick		live (*vivre*)	chip (*frite*)		

Bravo, vous êtes venu à bout de ce chapitre ! Il est maintenant temps de comptabiliser les icônes et de reporter le résultat en page 128 pour l'évaluation finale.

6 Utiliser les noms et indiquer une quantité

La notion de nom dénombrable/indénombrable

- La difficulté des noms anglais n'est pas dans la distinction féminin/masculin comme en français, car ils n'ont pas de genre. C'est dans la différenciation dénombrable (dén.) ou indénombrable (indé.) que celle-ci réside. Il est important de bien comprendre cette notion dès le début de votre apprentissage car elle est indispensable pour savoir utiliser les articles/déterminants et les quantificateurs.

- **Noms dénombrables (dén.)** Ce sont les noms que l'on peut compter. Ils représentent la majorité des noms (ex. : one table, two tables, three tables, etc.).

- **Noms indénombrables (indé.)** Ce sont ceux perçus comme un ensemble non individualisable et que l'on ne peut donc pas compter. Sont considérés comme indénombrables de nombreuses denrées alimentaires (ex : milk = *le lait*), les notions générales (ex. : love = *l'amour*). Certains indénombrables sont contre-intuitifs pour les francophones et sont à apprendre (ex. : hair = les cheveux).

Banque de mots

- **dénombrables**

banana [bᵉᵘ'nanᵉᵘ] (*banane*)
lemon ['lèmᵉᵘn] (*citron*)
nut ['neut] (*noix*)
pear ['pè-ᵉᵘʳ] (*poire*)
potato [pᵉᵘ'tèïtᵉᵘ-ou] (*pomme de terre*)
tomato [tᵉᵘ'matᵉᵘ-ou] (*tomate*)

- **indénombrables « prévisibles »**

bread ['brèd] (*le pain*)
butter ['beutᵉᵘʳ] (*le beurre*)
chocolate ['tchoklᵉᵘt] (*le chocolat*)
coffee ['kofi] (*le café*)
jam ['djam] (*la confiture*)
love ['leuv] (*l'amour*)
meat ['mit] (*la viande*)
milk ['milk] (*le lait*)
money ['meuni] (*l'argent*)
sugar ['chougᵉᵘʳ] (*le sucre*)
tea ['ti] (*le thé*)
water ['ouôtᵉᵘʳ] (*l'eau*)

- **indénombrables surprenants**

furniture ['feunitchᵉᵘʳ] (*meubles*)
hair ['Hè-ᵉᵘʳ] (*cheveux*)
luggage ['leugidj] (*bagages*)
pasta ['pastᵉᵘ] (*pâtes*)
spinach ['spinitch] (*épinards*)
toast ['tᵉᵘ-oust] (*pain grillé*)

UTILISER LES NOMS ET INDIQUER UNE QUANTITÉ

1 Remettez les lettres dans l'ordre pour trouver les mots illustrés

 1. RUTBET 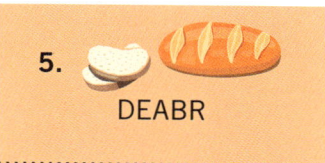 5. DEABR  9. SAPAT

 2. MELON  6. KIML  10. ANBNAA

 3. MAJ  7. REPA

 4. PAPEL  8. ASPIHCN

2 Trouvez les lettres manquantes

 1. P _ _ A _ _    3. _ U _    5. _ EA _

 2. _ G _    4. W _ _ ER    6. T _ _ S _

3 Détachez les mots et trouvez...

1. le dénombrable
breadfurnituretomatotoastjambutter

2. l'indénombrable
lemoneggpearapplejamnut

41

UTILISER LES NOMS ET INDIQUER UNE QUANTITÉ

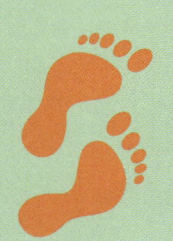

Pluriel des noms

	dén.	indé.
Pluriel	• **Ajout d'un s** au pluriel si le nom est **régulier** (ex. : cat → cats). • Forme fixe **à apprendre** si le pluriel est **irrégulier**.	**Ne se mettent pas au pluriel**, ne prennent donc **pas de s** et sont suivis d'un verbe au singulier (ex. : **My hair is blond** = *mes cheveux sont blonds*).
Articles utilisés avec (introduction)	• **a, an, the** avec les singuliers. • **the** et/ou **chiffres** avec les pluriels.	**the** uniquement. Ne sont jamais utilisés avec l'article indéfini a/an, ni avec un chiffre.

Pluriel de dén. irréguliers

Terminaison du dén.	Désinence plurielle
-z, -x, -s, -ss, -sh, -ch	**-es** (ex. : brush ['breuch] → brushes ['breuchiz])
-y	**-ies**, sauf si le **y** est précédé d'une voyelle (ex. : baby ['bèïbi] → babies ['bèïbiz]); key ['ki] → keys ['kiz])
-f, -fe, -lf	**-ives** (ex. : leaf ['lif] → leaves ['livz]; wife ['ouaïf] → wives ['ouaïvz])
-o	**-oes** (ex. : potato → potatoes [p^{eu}'tèït^{eu}-ouz])

• **Formes fixes à apprendre :**
man → **men** ['mèn]
woman → **women** ['ouimin]
child ['tchaïld] (*enfant*) → **children** ['tchildr^{eu}n]
mouse ['ma-ous] (*souris*) → **mice** ['maïs]
sheep (*mouton*) → **sheep** ['chip]
foot ['fout] (*pied*) → **feet** ['fit]
tooth ['touTH] (*dent*) → **teeth** ['tiTH]

Banque de mots
bush ['bouch] (*buisson*)
fly ['flaï] (*mouche*)
goose ['gous] (*oie*)
half ['Hâf] (*moitié*)
life ['laïf] (*vie*)

 Complétez le tableau suivant en vous aidant des banques de mots (ci-dessus et p. 40)

Singulier	Pluriel
half	....
....	nuts
....	geese
egg	....
....	mice

Singulier	Pluriel
....	lives
man	....
tooth	....
....	boxes
tomato	....

UTILISER LES NOMS ET INDIQUER UNE QUANTITÉ

5 Corrigez les éventuelles erreurs

1. My hairs are black.
2. There are three dogs on the bed.
3. The two womans are late.
4. The spinach is good.
5. The children is tired.

Indiquer la quantité

Pas de	• **not any** + dén. plur.* ou indé. (ex. : there aren't any apples / there isn't any meat) ou **no** + dén. plur. ou indé. (ex. : there are no apples / there is no meat)
Un peu de, quelques	• **a little** [ᵉᵘ 'litᵉᵘ] + indé. (ex. : a little pasta) • **a few** [ᵉᵘ 'fiou] + dén. plur. (ex. : a few tomatoes)
Du, de la, des	• **FA : some** ['seum] + dén. plur. et indé. (ex : there are some apples / there is some toast) • **FI : any** ['èni] + dén. plur. (ex. : are there any apples?) ou indé. (ex. : is there any pasta?). Lorsque l'on propose quelque chose, on utilisera **some** et non **any**, comme il serait grammaticalement attendu. Ceci est une marque de politesse (ex. : do you want some tea? = *voulez-vous du thé ?*)
Beaucoup de	• **a lot of** [ᵉᵘ 'leut ᵉᵘv] + dén. plur. et indé. (ex. : a lot of nuts / a lot of water) • **much** ['meutch] + indé. (ex. : much sugar) • **many** ['mèni] + dén. plur. (ex. : many bananas)
Interroger sur la quantité (combien…?)	• **How much** pour les indé. (ex. : how much water is there?) • **How many** pour les dén. plur. (ex. : how many lemons are there?)

* singulier possible pour les objets dont on s'attend à ce qu'il n'y en ait qu'un seul, l'objet en question serait alors précédé de l'article indéfini ou de **one** dans la réponse qui lui correspondrait (ex. : there is a/one car / is there any car? / No, there is no car ou there isn't any car)

6 Entourez le(s) bon(s) quantificateur(s) (parfois plusieurs réponses possibles !)

1. There are *many – much – no – a few – any* eggs in the fridge.
2. There is *no – any – many* furniture in the house.
3. How *much – many* nuts is he eating?
4. He's eating *no – any – many – a little – much – some – a few* toast.
5. How *many – much* milk is there in the fridge?
6. There is *any – many – a lot* of pasta on the table.

UTILISER LES NOMS ET INDIQUER UNE QUANTITÉ

7 En utilisant **SOME** ou **ANY**, demandez ce qu'il y a dans le réfrigérateur ou sur la table et/ou répondez à la question

1. ? .... ?
Yes, there is one bottle in the fridge.

2. Are there any apples?
....

3. ? .... ?
Yes, there is some in the fridge.

4. Is there any chocolate?
....

5. ? .... ?
Yes, there are five in the fridge.

6. ? .... ?
Yes, there is some in the toaster, on the table.

7. Are there any steaks?
....

Utilisation des articles (approfondissement)

The	utilisé avec les choses définies et **jamais avec une généralisation** : • avec les **choses uniques** : the sun (*le soleil*), the weather (*la météo*), the dog (sous-entendu en contexte : le nôtre), the salt (sous-entendu en contexte : celui qui est sur la table, par opposition au sel en général, comme dans un énoncé comme : Ø salt is not good for you (= *le sel [en général] n'est pas bon pour la santé*.) • devant les **instruments de musique** (ex. : he's playing the piano)
Ø	• devant les **notions générales**, dén. plur. ou indé. (ex. : Ø dogs = *les chiens* en général, Ø love = *l'amour* en général) • devant les **noms de pays** sauf the *USA* (ex. : Ø France = *la France*) • devant les **sports** (ex. : he's playing Ø tennis) • devant les **titres officiels** : (ex. : Ø Queen Elizabeth = *la reine Elisabeth*) • devant les **possessifs** (mais nous avons déjà vu cela !)
A/an	• avec les noms indéfinis, comme en français • devant les professions (nous y reviendrons au chapitre 9)

UTILISER LES NOMS ET INDIQUER UNE QUANTITÉ

8. Complétez les espaces par A(N), THE ou Ø

1. .... President Obama is from Hawai.
2. Amy's in .... kitchen.
3. He's going to ..... Germany.
4. He's eating .... apple.
5. John's playing ..... trumpet.
6. My neighbour is playing .... football.
7. .... water is vital.
8. There is .... butter in .... fridge.
9. .... baby's crying.
10. My husband is .... doctor.

9. Traduisez les phrases suivantes

1. Il est en train de manger du chocolat.
....
2. Il est en train de manger du chocolat, pas de la confiture.
....
3. Est-il en train de jouer au tennis ?
....
4. Ils ne sont pas en train de jouer du piano.
....
5. Les épinards ne sont pas bons.
....
6. Les épinards, ça n'est pas bon.
....
7. L'amour est aveugle (blind).
....
8. Il n'y a pas de sucre dans mon café.
....
9. Les hommes aiment le football
....

Les noms composés sont des noms formés de deux mots différents. Ces mots peuvent être de nature variée (verbe, nom, préposition, adverbe) mais la combinaison la plus fréquente est **nom-nom**. Le premier nom apporte une précision sur le deuxième (caractéristique, type, fonction, etc.), il est invariable mais le deuxième peut se mettre au pluriel (ex. : **olive** (olive), **oil** (huile) → **olive oil** = huile d'olive / **olive oils** = des huiles d'olive).

10. À partir des nouveaux noms donnés ci-dessous et de ceux que vous avez appris dans les chapitres précédents, traduisez ces noms composés

story ['stori] (histoire), **bag** ['bag] (sachet), **recipe** ['rècipi] (recette), **pie** ['paï] (tarte)

1. chocolat au lait
....
2. recette de pâtes
....
3. histoire d'amour
....
4. tarte à la pomme
....
5. chaise de cuisine
....
6. sachet de thé
....

UTILISER LES NOMS ET INDIQUER UNE QUANTITÉ

Prononciations de la désinence s/es des pluriels

Cette désinence peut se prononcer de 3 manières différentes :

- **[iz]** pour les noms qui forment leur pluriel en **-es** (c'est-à dire après les lettres -s, -sh, -ch, -x, -z)
- **[z]** après les sons [b], [d], [g], [l], [m], [n], [ng], [v], [DH], [o]
- **[s]** après les sons [f], [k], [p], [TH], [t]

11 Classez les noms dans le tableau, selon la prononciation de leur désinence plurielle

boxes, pears, potatoes, eggs, bananas, allergies, problems, cats, rabbits, bushes, lives, stories, nuts, bags, dresses, pots, apples, soups, caps, socks, lemons

[iz]	[z]	[s]

Prononciation du U

- [eu] devant une C (ex. : mug)
- [iou] devant C+V (ex. : tune)
- parfois [ou] (ex. : pull)
- [ou] dans les graphies **ui** et **ue** (ex. : tracksuit, blue)

Banque de mots
rude (*grossier*)
flu (*grippe*)
blue (*bleu*)
glue (*colle*)
true (*vrai*)
cute (*mignon*)

uniform (*uniforme*)
to use (*utiliser*)
barbecue (*barbecue*)
tuna (*thon*)
cruise (*croisière*)
juice (*jus*).

12 Right or wrong ? Entourez la bonne réponse

1. Le U de husband, under, umbrella, rucksack se prononce [ou] .... R W
2. Le U de cute, uniform, use, cup se prononce [iou] .... R W
3. Le U de pullover, glue, butcher, bush, juice se prononce [ou] ou [ou] R W

UTILISER LES NOMS ET INDIQUER UNE QUANTITÉ

 Détachez les mots au bon endroit et entourez ceux dans lesquels on n'entend pas [ou] ou [ou]

bluebuscruisenutflurudebuttertunatruebarbecueluggageglue

Prononciation du Y

- [j] comme dans yaourt, en début de mot : yes [iès]
- [aï] dans les mots d'une syllabe, quand ce n'est pas la 1re lettre (ex. : why)
- généralement [i] ailleurs (ex. : sorry)

 **Chassez l'intrus en justifiant votre réponse**

1. you, story, yellow (*jaune*), yoga
2. allergy, story, many, cry
3. hungry, cry, bye, fly

Astuce

Maintenant que nous avons passé en revue toutes les voyelles, vous avez peut-être remarqué que l'ajout d'un **e** derrière **V + C** transforme la voyelle courte en un son double :

hop (*sauter*) – **hope** (*espoir*) ['Hop – 'H^{eu}-oup]
win (*gagner*) – **wine** (*vin*) ['ouin – 'ouaïn]
fat (*gros*) – **fate** (*destin*) ['fat – 'fèït]
cut (*coupure*) – **cute** (*mignon*) ['keut - 'kiout]

Bravo, vous êtes venu à bout de ce chapitre ! Il est maintenant temps de comptabiliser les icônes et de reporter le résultat en page 128 pour l'évaluation finale.

Décrire un objet ou une personne

- Au chapitre 1, nous avons rapidement évoqué quelques adjectifs **attributs** (séparés du sujet par le verbe *être*). Nous avions mentionné que tous ces adjectifs étaient **invariables** en genre et en nombre (ex. : she is sick, he is sick, we are sick) et que les adjectifs de nationalités prenaient une majuscule.

- Ajoutons maintenant que les **adjectifs épithètes** (qui accompagnent le nom sans l'intermédiaire du verbe *être*), se placent avant le nom et sont aussi invariables (ex. : **a happy boy** = *un garçon heureux*, **happy girls** = *des filles heureuses*). Pour renforcer un adjectif, on utilise parfois l'adverbe **very** ['vèri], qui signifie *très*. Il se place avant l'adjectif (ex. : **very happy** = *très heureux/heureuse(s)*).

Banque de mots
Quelques contraires à connaître :
beautiful-ugly ['biout^eu foul] ['eugli] (*beau-laid*)
big-small ['big] ['smôl] (*grand-petit* ; taille)
clean-dirty ['klin] ['d**eu**ti] (*propre-sale*)
early-late ['**eu**li] ['lèït] (*tôt-tard, en avance-en retard*)
fat-slim ['fat] ['slim] (*gros-mince*)
full-empty ['foul] ['èmpti] (*plein-vide*)
good-bad ['goud] ['bad] (*bon-mauvais*)
hot-cold ['Hot] ['k^eu-ould] (*chaud-froid*)
new-old ['niou] ['^eu-ould] (*nouveau-ancien*)
open-closed ['^eu-oup^eu n] ['kl^eu-ouzd] (*ouvert-fermé*)
rich-poor ['ritch] ['pou-^eur] (*riche-pauvre*)
short-long ['chôt] ['long] (*court-long*)
strong-weak ['strong] ['ou**i**k] (*fort-faible*)
tall-short ['tôl] ['chôt] (*grand-petit* ; hauteur)
young-old ['ieung] ['^eu-ould] (*jeune-vieux*)

1. Reconstituez les adjectifs suivants et reliez-les au bon contraire

Contraire de…

a. _ g l _ •
b. c _ l _ •
c. _ o _ r •
d. s _ _ r _ •

• 1. chaud
• 2. beau
• 3. long
• 4. riche

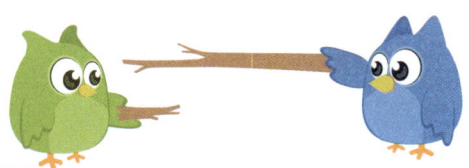

2. Entourez le bon adjectif, sachant que Peter a un rendez-vous à 14 h 30

 1. He's early - late

 2. He's early - late

DÉCRIRE UN OBJET OU UNE PERSONNE

3 Suivez les instructions données en A, B et C

	A	B	C	D
1				
2				
3				
4				

A. Indiquez la case qui correspond à la description et reformulez comme dans l'exemple

Ex. : The dog is big : 1B [oueun bi] – This is a big dog

1. The door is open :
.... [.......................]
→ ....

2. The glass is full :
.... [.......................]
→ ....

3. The towel is dirty :
.... [.......................]
→ ....

4. The woman is young :
.... [.......................]
→ ....

B. Répondez aux questions en apportant les précisions nécessaires

5. Is the woman young in A4?
....

6. Is the boy fat in C2?
....

7. Is the man strong in A2?
....

8. Is the cake bad in D3?
....

C. Passez les affirmations exactes à la forme négative

9. The dog is small in C3.
....

10. The boy is fat in B3.
....

11. The glass is empty in A1.
....

12. The door is closed in C4.
....

DÉCRIRE UN OBJET OU UNE PERSONNE

Les adjectifs de couleurs

- yellow ['ièl^eu-ou]
- orange ['orèïndj]
- red [rèd]
- purple ['p**eu**p^eul]
- blue ['b**lou**]
- green ['gr**i**n]
- black ['blak]
- white ['ouaït]
- grey ['grèï]
- brown ['bra-oun]
- pink ['pink]

• Structures utiles avec les couleurs :

→ **what's your favourite colour?** [ouots iou^eu 'fèïvrit 'keul^eur?] = *quelle est ta couleur préférée ?*

→ **what colour is / are + nom?** [ouot 'keul^eur iz/âr] = *de quelle couleur est / sont… ?*

4 Trouvez les quatre couleurs qui se cachent dans la grille ci-dessous et entourez leur traduction dans la liste de mots

H	Q	D	A	R	M	E	Q	D	K	T	L
O	I	D	Y	H	S	E	E	A	B	N	J
E	Q	S	D	P	S	Q	P	X	H	V	A
P	M	D	A	N	E	T	I	S	S	F	A
H	Q	C	T	N	D	M	N	X	O	Y	T
C	N	A	K	T	U	E	K	V	A	J	O
S	O	K	D	C	F	R	I	E	N	D	W
C	E	E	W	P	K	M	T	M	B	O	A
H	B	G	O	R	N	A	C	I	L	E	A
O	A	G	A	S	F	E	H	L	U	D	X
O	W	T	A	B	T	A	E	K	E	O	E
L	P	L	I	Z	C	Y	N	R	J	R	N

rouge
vert
bleu
marron
noir
jaune
rose
gris
blanc

5 Répondez aux questions suivantes en apportant les éventuelles précisions nécessaires

1.  Is the umbrella blue?

....

2. Are the boots brown?

....

3. Is the cat white?

....

4.  Is the dog brown?

....

DÉCRIRE UN OBJET OU UNE PERSONNE

6 Décrivez les objets ci-dessous, comme dans l'exemple

This is a yellow fridge / This fridge is yellow

1.  .... / ....

7 Complétez les espaces avec la conjugaison requise de **TO BE** et entourez le bon complément

1.  I .... wearing a   2.  You .... wearing a
green belt   pink skirt
green tie   purple shirt
green scarf   pink shirt
green rucksack   purple skirt

2. .... / ....

3. .... / ....

8 Demandez ce qu'ils portent et répondez à la question

1. « .... ? »

« .... a .... pullover and a red .... »

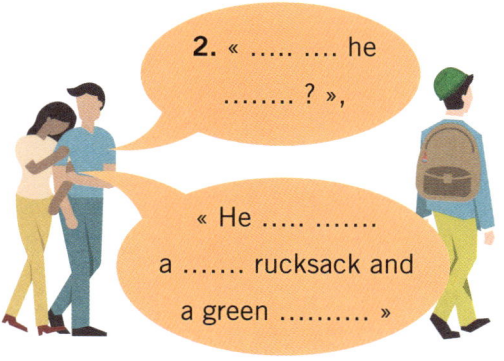

2. « .... he .... ? »,

« He .... a .... rucksack and a green .... »

Le corps humain

- **The face** ['fèïs] (le visage)
  ear ['i-eur] (oreille)
  eye ['aï] (œil)
  hair ['Hè-eur] (cheveux)
  mouth ['ma-ouTH] (bouche)
  nose ['neu-ouz] (nez)

- **The body** ['beudi] (corps)
  arm ['âm] (bras)
  finger ['fingeur] (doigt)
  foot ['fout] (pied)
  hand ['Hand] (main)
  head ['Hèd] (tête)
  knee ['ni] (genou)
  leg ['lèg] (jambe)

DÉCRIRE UN OBJET OU UNE PERSONNE

9. Complétez les illustrations suivantes

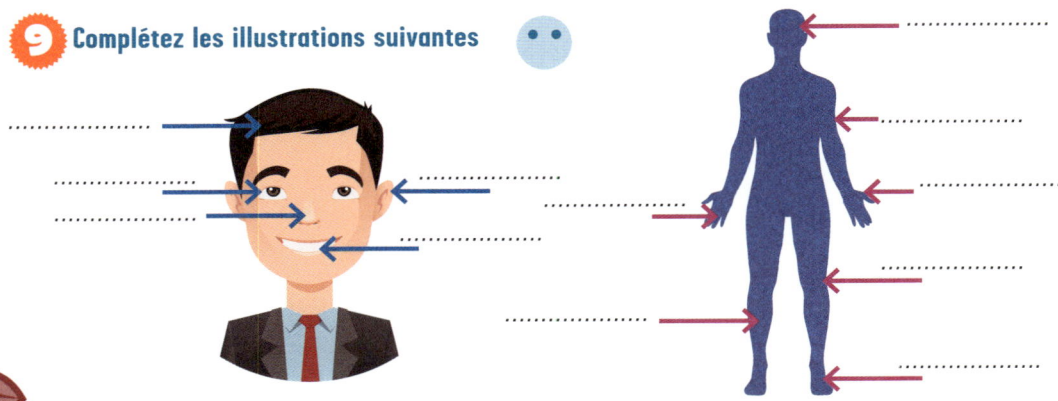

Pour demander des précisions sur l'apparence de quelque chose ou de quelqu'un, on utilise cette structure : **what is / are .... like?** *Comment est / sont .... ?* (ex. : what are his eyes like? They are big = *comment sont ses yeux ? Ils sont grands*).

10. Entourez le bon adjectif/nom dans chaque paire/triade proposée, pour décrire le personnage ci-contre correctement

David's *old-young*, he's *fat-slim*, his *head-hair-hand* is blond, his eyes are *blue-brown-green*, his ears are *big-small-strong*, his mouth is *small-big-weak*, his nose is *long-short-old*, his legs are *short-long* and his feet are *big-small*.

11. Complétez les tableaux suivants

	1. Couleur des cheveux ?	2. Couleur des yeux ?
	Q : .... ?	Q : .... ?
	R :	R : ....

	3. Taille du nez ?	4. Taille de la bouche ?	5. Taille des oreilles ?
	Q : .... ?	Q : .... ?	Q : .... ?
	R :	R :	R : ....

DÉCRIRE UN OBJET OU UNE PERSONNE

 Comparez la scène A à la scène B

A B

1. The d _ _ r is.....   The d _ _ r is.....
2. The man is o _ _   The man is y _ _ n _
3. The man's h _ _ r is .....   The man's h _ _ r is .....

> Les adjectifs anglais sont parfois suivis d'une préposition, que l'on ne peut calquer sur l'adverbe ou la postposition en français (ex : nice **to** = *gentil envers*). Découvrez quelques exemples en faisant l'exercice 13.

 Entourez la bonne préposition

1. different ['difr^{eu}nt] (*différent de*) from – on – for
2. interested ['intr^{eu}stid] (*intéressé par*) in – from – on
3. dependent ['dipènd^{eu}nt]
   (*dépendant de*) in – from – on
4. responsible [ris'ponsib^{eu}l]
   (*responsable de*) at – on – for
5. sorry (*désolé de*) in – for – from
6. married (*marié à*) to – for – on

> **Prononciation : les sons [ou] longs ou courts**
>
> • Au fil des chapitres, vous aurez remarqué que l'on pouvait retrouver (mais pas nécessairement) ces deux sons avec les graphies **ew, oo, ue, ou, u** et **ui**. Révisons un peu avec l'exercice suivant.
>
> • **À noter** : on trouve aussi le son [ou] dans ces trois mots courants : two, who et shoe.

Dans quel mot n'entend-on pas le son [ou], long ou court ?

1. tracksuit, four, shoe, soup
2. tooth, butcher, fruit, husband
3. out, glue, good, blue
4. foot, two, blood, screw
5. pullover, mouse, you, bush
6. umbrella, flu, who, boot
7. rude, zoo, door, bruise

Bravo, vous êtes venu à bout de ce chapitre ! Il est maintenant temps de comptabiliser les icônes et de reporter le résultat en page 128 pour l'évaluation finale.

Manier les nombres, dire la date et parler de la météo

Nombres (suite)

- **13-19**
13 thirteen [THeu'tin]
14 fourteen [fô'tin]
15 fifteen [fif'tin]
16 sixteen [siks'tin]
17 seventeen [sèvᵉᵘn'tin]
18 eighteen [èï'tin]
19 nineteen [naïn'tin]
20 twenty ['touènti]

- **Dizaines**
30 thirty ['THeuti]
40 forty ['fôti]

50 fifty ['fifti]
60 sixty ['siksti]
70 seventy ['sèvᵉᵘnti]
80 eighty ['èïti]
90 ninety ['naïnti]

- **Compter dans les dizaines :** on ajoute les chiffres de 1 à 9 derrière l'unité de 10 et on met un tiret entre les dizaines et les unités (ex. : 62 = sixty-two, 56 = fifty-six)

- **Demander l'âge de quelqu'un :**
how old + to be conjugué + sujet. How old are you [Ha-ou ᵉᵘ-ould â iou?] / is she? Réponse : I'm / she's + nombre

Banque de mots
bike ['baïk] (*vélo*)
computer [kᵉᵘm'pioutᵉᵘʳ] (*ordinateur*)

---

❶ Barrez les chiffres qui conviennent pour former les nombres suivants, comme dans l'exemple

Ex. : forty-five

1. thirty-seven   ③   ④   ⑨   ⑦   ⑧   ②

2. ninety-two   ④   ⑨   ⑦   ②   ③   ①

3. sixty-three   ②   ④   ⑧   ⑥   ⑤   ③

❷ Complétez l'écriture des nombres suivants et reliez-les au numérique qui leur correspond

a. 47   •   • 1. SE _ _ NTY- F _ _ E
b. 68   •   • 2. NINE _ _ _ N
c. 13   •   • 3. F _ _ TY-S _VE _
d. 26   •   • 4. TW _ _ TY-S _ _
e. 92   •   • 5. _ IXTY-EI _ _ T
f. 75   •   • 6. _ _ _ RTEEN
g. 19   •   • 7. NIN _ _ Y-T _ _

MANIER LES NOMBRES, DIRE LA DATE ET PARLER DE LA MÉTÉO

3 Quelle heure est-il ? Écrivez-la en toutes lettres

1.

....

2.

....

3.

....

4 Demandez quel âge ils ont, puis répondez à la question en écrivant le nombre en toutes lettres

1. .... ?

....

2. .... ?

....

3. .... ?

....

1. We're 54.

2. I'm 25.

3. I'm 12.

Centaines et milliers

- **100 : one hundred** ['Heundr^{eu}d]
- **1 000 : one thousand** ['THa-ouz^{eu}nd]
- Pour compter les centaines et les milliers, on ajoute l'unité devant et une virgule après les milliers (ex. 200 = two hundred / 3,000 = three thousand). Notez que **hundred** et **thousand** sont alors **invariables.**

- On fait précéder de **and** les dizaines et les unités qui sont ajoutées à **hundred** (ex. : 210 = two hundred and ten mais 3,200 = three thousand two hundred).

- Demander le prix d'un article : **How much** ['Ha-ou meutch] **is / are + sujet?** Réponse : it's / they're + nombre.

5 Demandez le prix des objets ci-dessous et répondez en écrivant en toutes lettres

1. 9 500 euros   2. 890 euros   3. 325 euros

1. .... ? → ....

2. .... ? → ....

3. .... ? → ....

MANIER LES NOMBRES, DIRE LA DATE ET PARLER DE LA MÉTÉO

- **Mois de l'année** (months of the year)
['meunTHs ᵉᵘv DHᵉᵘ 'jiᵉᵘʳ]
January ['djanjouᵉᵘri] (*janvier*)
February ['fèbrouᵉᵘri] (*février*)
March ['mâtch] (*mars*)
April ['èïprᵉᵘl] (*avril*)
May ['mèï] (*mai*)
June ['djoun] (*juin*)
July [djᵉᵘ'laï] (*juillet*)
August ['ôgᵉᵘst] (*août*)
September [sèp'tèmbᵉᵘʳ] (*septembre*)
October [ok'tᵉᵘ-oubᵉᵘʳ] (*octobre*)
November [nᵉᵘ-ou'vèmbᵉᵘʳ] (*novembre*)
December [di'sèmbᵉᵘʳ] (*décembre*)

- **Jours de la semaine** (days of the week)
['dèïz ᵉᵘv DHᵉᵘ 'ouïk]
Monday ['meundèï] (*lundi*)
Tuesday ['tiouzdèï] (*mardi*)
Wednesday ['ouènzdèï] (*mercredi*)
Thursday ['THeuzdèï] (*jeudi*)
Friday ['fraïdèï] (*vendredi*)
Saturday ['satᵉᵘdèï] (*samedi*)
Sunday ['seundèï] (*dimanche*)
today [tᵉᵘ'dèï] (*aujourd'hui*)

- **À noter :** mois et jours prennent toujours une majuscule

6 Trouvez les lettres manquantes pour reconstituer les jours, puis reliez-les à leur traduction

a. M _ _ DAY
b. SA _ _ _ DAY
c. TH _ _ _ DAY
d. TU _ _ DAY
e. F _ _ DAY
f. W _ _ NE _ DAY
g. S _ _ DAY

1. lundi
2. mardi
3. mercredi
4. jeudi
5. vendredi
6. samedi
7. dimanche

7 Trouvez les mois qui se sont cachés dans cette grille et placez-les au bon endroit

J	S	P	T	N	N	L	U	V
E	C	P	Y	N	E	P	S	E	V
P	Z	V	A	N	N	S	I	J	S
I	S	J	U	M	V	G	T	B	A
R	V	J	G	A	A	R	H	T	P
L	G	U	U	Y	P	C	T	J	B
A	D	L	S	E	R	R	E	R	Z
I	I	Y	T	A	I	D	L	R	H
R	R	L	M	R	L	G	E	H	E
H	A	S	O	G	C	E	Q	R	T

January ....
February ....
.... September
.... October
.... November
.... December

MANIER LES NOMBRES, DIRE LA DATE ET PARLER DE LA MÉTÉO

Nombres ordinaux

- Ils expriment un classement ou un ordre. Il faut apprendre les 3 premiers (irréguliers) :
le 1ᵉʳ = **the first, 1st** ['feust]
le 2ᵉ = **the second, 2nd** ['sèkᵉᵘnd]
le 3ᵉ = **the third, 3rd** ['THeud]

- Ensuite, on ajoute **th** au chiffre, avec modification orthographique pour 5 :
4ᵉ = **the fourth, 4th** ['fôTH]

5ᵉ = **the fifth, 5th** ['fifTH]
6ᵉ = **the sixth, 6th** ['siksTH]
7ᵉ = **the seventh, 7th** ['sèvᵉᵘnTH]...

- Dans les dizaines, c'est toujours l'unité qui porte ce **th** (les 3 premiers restent irréguliers bien-sûr. Ex. : le 31ᵉ = the thirty-first, le 43ᵉ = the forty-third, le 56ᵉ = the fifty-sixth).

8 Remettez les lettres dans l'ordre pour trouver les nombres cardinaux, puis transformez les en ordinaux, comme dans l'exemple
ex. : LEVWET → twelve, the twelfth, the 12th [DHᵉᵘ 'touèlTH]

1. YWTNET-ROUF → ...., the ...., the ....
2. NEFTEIF → ...., the ...., the ....
3. YWTNET → ...., the ...., the ....
4. ETGHEIEN → ...., the ...., the ....

Dire une date

- **What's the date today?** ['ouots DHᵉᵘ 'dèït 'tᵉᵘdèï] = *quelle est la date d'aujourd'hui ?*

- **Réponse orale : today is + jour + the + nombre cardinal + of + mois** (ex. : vendredi 5 mai 2015 = Friday, the fifth of May, two-thousand [and] fifteen).

- **Date à l'écrit** : jour, mois + ordinal, année (ex. : Friday, May 5th, 2015) ou jour, ordinal, mois et année (ex. : Friday, 5th April, 2015).

- **Pour interroger sur une date ou un moment**, on utilise l'interrogatif **when**, qui signifie **quand**. When + to be + sujet (ex. : when is / when's your birthday? [ouènz iouᵉᵘ 'beuTHdèï] = *Quel jour a lieu ton anniversaire ?*)

- **À noter :** Pour les années avant 2000, on décompose en 2 nombres à deux chiffres (ex. : 1965 = nineteen sixty-five, 1852 = eighteen fifty-two).

9 Rédigez la date telle qu'exprimée à l'écrit

1. 13 janvier 2017

....

2. 29 novembre 1974

....

MANIER LES NOMBRES, DIRE LA DATE ET PARLER DE LA MÉTÉO

10 Rédigez la date de naissance de Marcus et Suzie, telle qu'elle est exprimée à l'oral

1. Marcus, 5 février 1992 ....

2. Suzie, 28 juillet 2002 ....

Parler de la météo

What's the weather like today? ['ouots DH^eu 'ouèDH^eu laïk t^eu'dèï?] = *Quel temps fait-il aujourd'hui ?*

Banque de mots
- **The seasons** ['siz^eunz] (*les saisons*)
winter ['ouint^eur] (*hiver*)
spring ['spring] (*printemps*)
summer ['seum^eur] (*été*)
autumn ['ôt^eum] (*automne*)

- **The weather** ['ouèDH^eur] (*temps, météo*)
cloud ['kla-oud] (*nuage*)
→ **it's cloudy** ['kla-oudi] = *c'est nuageux*
fog ['fog] (*brouillard*)
→ **it's foggy** ['fogi] = *il y a du brouillard*
rain ['rèïn] (*pluie*)
→ **it's rainy / raining** ['rèïni(ng)] = *il pleut*
snow ['sn^eu-ou] (*neige*)

→ **it's snowy / snowing** ['sn^eu-oui(ng)] = *il neige*
sun ['seun] (*soleil*)
→ **it's sunny** ['seuni] = *il fait beau / ensoleillé*
wind ['ouind] (*vent*)
→ **it's windy** ['ouindi] = *il y a du vent*

11 Trouvez les 4 saisons dans la grille, remettez les lettres des mois 1 à 4 dans l'ordre, puis placez chaque saison sous le mois qui lui correspond

E	D	R	F	O	E	F	D	U	K
M	E	E	W	R	F	N	S	V	S
S	N	A	T	I	E	G	U	G	A
A	U	T	U	M	N	I	M	W	A
A	S	F	H	I	E	T	M	G	N
G	Q	E	R	E	M	P	E	O	G
C	T	P	E	A	B	S	R	R	G
E	S	P	X	I	V	M	N	V	A
H	I	O	C	E	L	M	T	H	L
I	F	U	Y	A	C	S	C	T	L

1. Y N J A R U A

....

2. Y A M

....

3. S U T A G U

....

4. R O T C O B E

....

12 Complétez les espaces, pour demander/indiquer quel temps il fait

1. « What .... the .... today? »
« .... »

2. « What .... the .... today? »
« .... »

3. « What .... the .... today? »
« .... »

4. « What .... the .... today? »
« .... »

MANIER LES NOMBRES, DIRE LA DATE ET PARLER DE LA MÉTÉO

Prononciation des sons doubles [èï] et [aï]

- Au fil des chapitres, vous aurez remarqué que l'on pouvait trouver (mais pas nécessairement) les **sons** [èï] et [aï] avec plusieurs graphies différentes.

- On peut trouver le son [aï] avec les graphies **ie** (ex. : lie, *mentir*), **ight** (ex. : night, *nuit*), **i** + C + **e** (ex. : mice).

- On peut trouver le son [èï] avec les graphies **a** + C + **e** (ex. : late), **a** + C + **y** sauf many (ex. : crazy, *fou*), **ei**, **ey** et **ai** (ex. : vein, grey, mail), et parfois **ea** (ex. : great, steak)

13 Classez les mots suivants selon que l'on y entend le son [i] ou [aï]

rabbit, time, wife, right, sister, sick, write, cry, film, fine, spinach, fly, mice, milk, story, allergy, my, pie, kitchen, night, many, life, hungry, drive.

[i]	[aï]

14 Dans quels mots entend-on...

hair, money, tea, man, table, baker, head, reign, again, apple, cake, vein, key, day, wait, race, steak, wear, rabbit, sea, read, play, monkey, cap, afraid, pear, break, caffein, weight, bag, clean, sad, trainers, dead, receive, jam, pain, ceiling, away, great, hat, paint, late

1. ... le son [èï] ? ....
....
2. ... le son [a] ? ....
....
3. ... les sons [i]/[i] ? ....
....

Bravo, vous êtes venu à bout de ce chapitre ! Il est maintenant temps de comptabiliser les icônes et de reporter le résultat en page 128 pour l'évaluation finale.

9
Parler de ses habitudes, activités, goûts et opinions

Formation

- On utilise un temps qui s'appelle le **présent simple**.

FA	**BV à toutes les personnes**, avec **ajout de la désinence -s à la 3ᵉ pers. du sing**. I / you **eat** - she / he / it **eats** - we / you / they **eat**
FN	**Sujet + auxiliaire do** (**does** à la 3ᵉ pers. sing.) **+ not + BV** I / you **do not eat** [dou not]. Forme contractée : I / you **don't eat** ['dᵉᵘ-ount] she / he / it **does not eat** [deuz not]. Forme contractée : **doesn't eat** ['deuzᵉᵘnt] we / you / they **do not eat**. Forme contractée : **don't eat**
FI	**Do** (**does** à la 3ᵉ pers. sing.) **+ sujet + BV ?** **do** I / you **eat**? - **does** she / he / it **eat**? - **do** we / you / they **eat**? Pour répondre par *oui* ou *non*, on reprend le **sujet + auxiliaire do / does** (ex. : do you read? **Yes, I do – No, I do not** ou **No, I don't**). S'il y a un interrogatif, il se place en début de phrase (ex. : **why does she run?** = *pourquoi court-elle ?* **What do you eat** = *que manges-tu ?*). **Avec who** : who + verbe à la 3ᵉ pers. sing. (ex. : **who runs?** = *qui court ?*).

- **Cas particuliers à la 3ᵉ pers. sing. :**
- si le verbe se termine par **-y** → aucune modification si celui-ci est précédé d'une V (ex. : play → plays)
- si le **y** est précédé d'une C, il se transforme en **-ies** (ex. : cry → cries).
- on ajoute **es** si le verbe se termine en **ch, sh, o, s, x, z, s** (ex. : he / she watches ['ouotchiz], he/she goes ['gᵉᵘ-ouz]).

- **Utilisations : pour parler de faits récurrents, que ce soit :**
- une vérité générale (ex. : **water boils** ['boïlz] **at 100°C** = *l'eau bout à 100 °C*)
- une action habituelle ou à valeur non ponctuelle (ex. : **I eat an apple every day** = *je mange une pomme tous les jours* / **I live in Paris** = *j'habite à Paris*). Si l'action est ponctuelle, on utilisera le présent ING (ex. : I'm eating an apple today, I'm living in Paris this month).

- Lorsque l'on mentionne un jour donné, on met la préposition **on** devant ce jour (et non l'article défini comme en français) et un **s** au jour (ex. : I eat a sandwich **on** Mondays = *je mange un sandwich le lundi*).

- **Chaque/tous les** se dit **every** ['èvri] **+ singulier** (cette fois-ci, c'est en anglais qu'on ne met pas au pluriel !). Every day = *tous les jours*, every week = *toutes les semaines*, every month = *tous les mois*. Si l'on veut évoquer un créneau horaire (*de... à*), on emploiera **from... to** [frᵉᵘm... tᵉᵘ] (ex. : I eat from 1 to 2 p.m.).

PARLER DE SES HABITUDES, ACTIVITÉS, GOÛTS ET OPINIONS

Banque de mots
by bus/car/train (*en bus, en voiture, en train*) [baï 'beus/'kâr/'trèïn]
football ['foutbôl] (*football*)
go shopping ['choping] (*aller faire des courses*)
on foot [on 'fout] (*à pied*)
play ['plèï] (*jouer*)
rugby ['reugbi] (*rugby*)
swimming pool ['souiming poul] (*piscine*)
to dress ['drès] (*s'habiller*)
to exercise ['ègz^{eu}saïz] (*faire du sport*)
to get up ['gèt ^{eu}p] (*se lever*)
to go to bed ['g^{eu}-ou t^{eu} 'bèd] (*aller se coucher*)
to shave ['chèïv] (*se raser*)
to speak ['spik] (*parler*)
to speak English ['spik 'inglich] (*parler anglais*)
to take a shower ['tèïk ^{eu} 'cha-ou^{eur}] (*prendre une douche*)
to wash ['ouoch] ([*se*] *laver*)
to work ['oueuk] (*travailler*)
trumpet ['treumpit] (*trompette*)

• **Adverbes de temps** exprimant l'habitude. Ils se placent entre le sujet et le verbe.
always ['ôlouèïz] (*toujours*)
never ['nèv^{eur}] (*jamais*) (ex. : I never drink milk)
often ['of^{eu}n] (*souvent*)
sometimes ['seumtaïmz] (*parfois*)
usually ['iouj^{eu}li] (*généralement*)

1. Formez des phrases correctes au présent simple à l'aide des éléments fournis

1. (she – play – rugby – not)
....
2. (you – exercise – ?)
....
3. (? – get up – they – when)
....
4. (not – speak English – I – well)
....
5. (on foot – she – go to school)
....
6. (? – he – work – where)
....

2. Formez des phrases pertinentes à l'aide des éléments fournis

1. (always – go to the swimming pool – you – on Sundays)
....?
2. (go shopping – every week – my daughter – usually)
....
3. (play rugby – we – on Saturdays – never)
....

PARLER DE SES HABITUDES, ACTIVITÉS, GOÛTS ET OPINIONS

3. Retrouvez les 5 adverbes de fréquence dans la grille suivante et classez-les dans l'ordre croissant en terme de fréquence

E	E	Y	C	W	Y	S	G	O	R	C
Q	Q	W	D	O	R	O	F	T	E	N	F
Y	L	S	O	M	E	T	I	M	E	S	R
R	F	Z	C	E	L	F	R	Q	Y	S	H
S	U	R	T	I	O	A	R	A	A	D	M
H	S	C	O	T	F	T	W	N	C	X	L
Y	U	O	R	M	A	L	O	Y	H	N	E
S	A	T	U	C	A	I	G	O	E	U	Z
C	L	E	O	P	J	N	E	V	E	R	N
T	L	M	T	R	I	F	I	O	S	S	I
E	Y	S	D	F	D	L	G	H	E	E	T
P	L	E	W	S	I	A	C	V	E	D	S

⊕ ....

....

....

....

⊖ ....

4. Formez 8 phrases correctes en associant chaque sujet à une forme verbale et à un complément pertinent

1. The Johns
[DH^{eu} 'djonz]

2. Victor
['vikt^{eur}]

A. goes
B. get up
C. have dinner
D. play
E. plays the
F. exercises
G. usually go to bed
H. never

a. at 11 p.m.
b. shaves
c. trumpet
d. in the park
e. at 8 a.m. and have breakfast
f. rugby from 3 to 5 p.m.
g. to the cinema on Saturdays
h. at the restaurant every day

1. ....
2. ....
3. ....
4. ....
5. ....
6. ....
7. ....
8. ....

PARLER DE SES HABITUDES, ACTIVITÉS, GOÛTS ET OPINIONS

5 Par quel moyen de locomotion vont-ils au travail / à l'école ? Posez la question et répondez-y

1.  .... ? ....

2. .... ? ....

3. .... ? ....

Structures utiles pour demander à quelqu'un :

- ce qu'il fait dans la vie : **what do / does + sujet + do?** (ex. : what do you do? ['ouot d**ou** i**ou** 'd**ou**]). On répond par : **sujet + to be + a/an + métier** (ex. : **I'm a vet** = *je suis vétérinaire*)

- d'où il vient : **where do / does + sujet + come from?** ['ouè-^{eu}... keum fr^{eu}m?]. On répond par : **sujet + come / comes from + pays / ville** (ex. : **he comes from Spain** = *il vient d'Espagne*)

- où il habite : **where do / does + sujet + live?** ['ouè-^{eu}... 'liv]. On répond par : **sujet + live(s) in + pays / ville** (ex. : **they live in Rome** = *ils vivent à Rome*)

Banque de mots
doctor ['dokt^{eur}] (*médecin*)
farmer ['fâm^{eur}] (*fermier*)
flat ['flat] (*appartement*)
hairdresser ['Hè^{eu}drès^{eur}] (*coiffeur*)
house ['Ha-ous] (*maison*)
lawyer ['loï^{eur}] (*avocat*)
mechanic ['mi'kanik] (*mécanicien*)
nurse ['neu**s**] (*infirmière*)
plumber ['pleum^{eur}] (*plombier*)
postman ['p^{eu}-oustm^{eu}n] (*facteur*)
student ['stioud^{eu}nt] (*étudiant*)
teacher ['titch^{eur}] (*professeur*)
to do [tou 'd**ou**] (*faire*)
to live [tou 'liv] (*vivre*)
vet ['vèt] (*vétérinaire*)

6 Déclinez les phrases suivantes à l'aide des illustrations, comme dans l'exemple : Henry ['Hènri] – Paris ['paris]

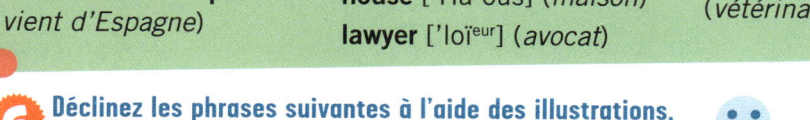

Henry is French, he comes from France, he lives ['livz] in Paris, in a flat.

1. I – Dublin ['deublin]

 ....

2. They – Rome ['r^{eu}-oum] :

 ....

PARLER DE SES HABITUDES, ACTIVITÉS, GOÛTS ET OPINIONS

7 Traduisez les phrases suivantes

1. Je bois souvent du thé mais aujourd'hui je bois du café.
....
2. Tu portes toujours du noir mais aujourd'hui tu portes du bleu.
....
3. Ma mère ne fait jamais de sport le mardi mais aujourd'hui elle joue au tennis.
....
4. Il boit tout le temps de l'eau mais aujourd'hui il boit du jus d'orange.
....

8 Répondez aux questions suivantes, en apportant les éventuelles précisions nécessaires

1.  Is he a nurse? ....

2.  Is she a lawyer? ....

3.  Is she a nurse? ....

4.  Is he a mechanic? ....

5.  Is she a hairdresser? ....

6. Is he a mechanic? ....

7. Is he a vet? ....

> On utilise aussi le **présent simple** pour exprimer sa volonté, ses pensées, goûts, opinions, sensations et émotions (voir pp. 65-66).

PARLER DE SES HABITUDES, ACTIVITÉS, GOÛTS ET OPINIONS

Banque de mots

apricot ['èïprikot] (*abricot*)
but [beut] (*mais*)
cheese ['tchiz] (*fromage*)
cherry ['tchèri] (*cerise*)
chips ['tchips] (*frites*)
Pour interroger sur un choix : **either… or** ['aïDH^{eur}… or] (*ou… ou*)
French beans ['binz] (*haricots verts*)
God ['god] (*Dieu*)
ham ['Ham] (*jambon*)

ice cream [aïs 'krim] (*crème glacée*)
peas ['piz] (*petits pois*)
pineapple ['païnap^{eu}l] (*ananas*)
soup ['soup] (*soupe*)
sugar ['choug^{eur}] (*sucre*)
to believe [bi'liv] (*croire*)
to hate ['Hèït] (*détester*)
to hope ['H^{eu}-oup] (*espérer*)
to know ['n^{eu}-ou] (*savoir*)
to like ['laïk] (*bien aimer*)
to love ['leuv] (*adorer*)

to remember [ri'mèmb^{eur}] (*se rappeler / se souvenir de*)
to think ['THink] (*penser*)
to understand ['eund^{eu}stand] (*comprendre*)
to want ['ouânt] (*vouloir*)
to wish ['ouich] (*souhaiter*)
to wonder ['oueund^{eur}] (*se demander*)
vegetables ['vèdjt^{eu}b^{eu}lz] (*légumes*)
with [ouiDH] (*avec*)
without [ouiDH'a-out] (*sans*)

9 Passez à la forme négative, en corrigeant les erreurs de traduction

1. Ton père déteste les petits pois.
Your father likes French beans.

....

2. Aimes-tu les pommes ?
Do not you believe apples?

....

3. Mon frère adore l'ananas.
My brother hates cherries.

....

4. Je pense qu'il est 3 heures.
I understand it is 3 o'clock.

....

5. Je te crois.
I know you.

....

6. Je connais ses parents.
I believe his parents.

....

7. J'ai besoin de légumes.
I need beans.

....

10 Indiquez quels aliments ont été oubliés au marché

cheese
ham
pineapple
tomatoes
French beans

....
....
....
....

PARLER DE SES HABITUDES, ACTIVITÉS, GOÛTS ET OPINIONS

11 Procédez comme dans l'exemple en vous aidant des informations fournies dans le tableau

Ex. : Emma - aimer - tomates? → Does Emma like tomatoes?
Yes, she loves tomatoes and soup, but she hates ham.

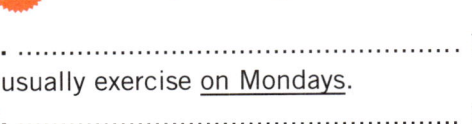

	😊	☹️
Emma	soup, tomatoes	ham
Michael ['maïk^{eu}l]	cherry	eggs, ham
Harry	cheese, apples	peach

1. Michael ['maïk^{eu}l] – aimer – jambon : .... ? ....
2. Harry – aimer – abricots : .... ? ....
3. Michael – aimer – cerises : .... ? ....
4. Emma – aimer – jambon : .... ? ....

12 Posez les questions permettant d'obtenir les réponses ci-dessous

1. .... ?
I usually exercise <u>on Mondays</u>.
2. .... ?
<u>My mother</u> does the shopping.
3. .... ?
<u>Yes, I speak</u> English very well.
4. .... ?
She sometimes sleeps <u>on the sofa</u>.

5. .... ?
I go to work <u>on foot</u>.
6. .... ?
I go to work on foot <u>because I haven't got a car</u>.
7. .... ?
She wants <u>chips and peas</u>.

13 Conjuguez les verbes au temps qui convient : présent simple ou présent ING ?

1. Many cats (**like** milk) ....
2. The baby (**sleep**) .... well today.
3. You (**think**) the film is too long. .... ?
4. I (**not – drink – tea**) today ....

5. English people (**drink**) a lot of tea. ....
6. What (**he – do**)? ....
He's a lawyer.
7. He (**not – want**) ....
to go on foot.

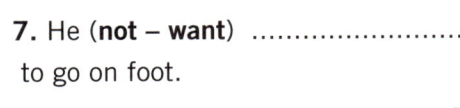

PARLER DE SES HABITUDES, ACTIVITÉS, GOÛTS ET OPINIONS

14 Reliez chaque début de phrase à la suite qui lui correspond

1. Look, it's •
2. He never •
3. It usually •
4. What is she •
5. I sometimes •

• a. snows in December
• b. doing?
• c. snowing!
• d. do the shopping
• e. works on Saturdays

> **Prononciation du s/es à la 3ᵉ pers. du sing.**
>
> • Le **S** se prononce [z] ou [s]. C'est le degré de facilité à prononcer qui est déterminant. Ainsi, il se prononcera [s] après les sons [p], [t], [k], [f] et [z] après les voyelles et les sons [b], [d] et [g].
> • Le **ES** se prononce [z] ou [iz] : [iz] après les sons [s], [ch], [tch], [j], [x], [z].
> • **S/ES** se prononcent [iz] pour les verbes se terminant en **-y** : (ex. : worries* ['ouoriz]) sauf si le **y** ne se prononce pas [i] (ex. : plays ['plèïz]).
>
> * to worry = s'inquiéter.

15 Indiquez comment se prononce le s/es dans chacune des lignes suivantes

1. eats, cooks, waits, sleeps, makes, wants, hates : [...]
2. goes, cleans, plays, sings, believes, lives : [............]
3. exercises, pushes, wishes, catches, washes : [.........]

16 Indiquez la bonne prononciation du son s/es entre crochets

1. writes [...................]
2. swims [....................]
3. washes [..................]
4. drinks [....................]
5. kisses [....................]
6. teaches [..................]
7. likes [......................]
8. wears [....................]
9. watches [..................]
10. reads [...................]
11. worries [................]
12. cries [....................]
13. knows [..................]
14. hopes [...................]
15. thinks [...................]
16. remembers [............]

Bravo, vous êtes venu à bout de ce chapitre ! Il est maintenant temps de comptabiliser les icônes et de reporter le résultat en page 128 pour l'évaluation finale.

Exprimer correctement le verbe avoir

Le verbe to have

FA	I / you **have** ['Hav] – she / he / it **has** ['Haz] – we / you / they **have** ['Hav]
FN	Forme pleine I / you **do not have** – she / he / it **does not have** – we / you / they **do not have** Forme contractée I / you **don't have** – she / he / it **doesn't have** – we / you / they **don't have**
FI	**do** I / you **have**? – **does** she / he / it **have**? – **do** we / you / they **have**? On y répond par **yes, I do / she does** ou **no, I do not – don't / she does not – doesn't**. S'il y a un interrogatif, il se place en début de phrase (ex. : what do you have : a bath or a shower?). Avec **who** : who + **have** à la 3ᵉ pers. sing. (ex. : **who has diabetes?** = *qui a du diabète ?*)

Il s'emploie dans 2 contextes :
- au présent simple, pour un état non transitoire (*avoir une maladie grave, un bon métier...*).
- dans des expressions désignant une activité / action, où il signifie **prendre** et non **avoir** (*prendre un verre, le petit déjeuner, une douche, des vacances*, etc.). On l'utilise alors au présent simple s'il s'agit d'une habitude (ex. : **I have milk every day** = *je prends du lait tous les jours*), ou au présent ING si l'action se déroule au moment où l'on parle ou si elle est ponctuelle (ex. : **I'm having a glass of milk** = *je prends un verre de lait, là maintenant ou aujourd'hui, par exemple*).

Banque de mots

a drink ['drink] (*un verre/une boisson*)
bacon ['bèïkᵉᵘn] (*bacon*)
beans ['binz] (*haricots*)
cereal ['sirieᵘl] (*céréales*)
coffee ['kofi] (*café*)
dream ['drim] (*rêve*)

good time ['goud 'taïm] (*bon moment*)
holiday ['Holidèï] (*vacances*)
job ['djob] (*emploi*)
orange juice ['orèïndj 'djoᵘs] (*jus d'orange*)

problem ['probleᵘm] (*problème*)
sausage ['sosidj] (*saucisse*)
temper ['tèmpᵉᵘr] (*caractère*)

EXPRIMER CORRECTEMENT LE VERBE AVOIR

1 Répondez aux questions à l'aide du tableau, comme dans l'exemple
Exemple : where's the bacon? It's in I8 [aï ëït] / What's in [aï ëït]? Bacon

	H	I	J
7	🍹	🫘	🍞
8	🍫	🥓	🥣

1. Where's the orange juice? ....
2. Where are the beans? ....
3. Where's the toast? ....
4. What's in [èïtch èït]? ....
5. What's in [djèï èït]? ....

2 Placez les compléments au bon endroit pour reconstituer la traduction des expressions suivantes

1. Avoir un cancer : have ....
2. Avoir mauvais caractère : have a bad ....
3. Prendre un bain : have a ....
4. Prendre un verre : have a ....
5. Passer un bon moment : have a ....
6. Prendre des vacances : have a ....
7. Avoir un problème : have a ....
8. Déjeuner : have ....
9. Faire un rêve : have a ....

good time *bath* *problem* *lunch* *holiday* *dream* *cancer* *TEMPER* *drink*

3 Complétez les espaces en utilisant HAVE et entourez le bon quantificateur/article pour indiquer ce que les personnages sont en train de faire

1. .... some/any ....
2. .... a/an ....
3. .... an/a ....

EXPRIMER CORRECTEMENT LE VERBE AVOIR

4 Répondez aux questions suivantes en apportant les précisions nécessaires

	question	réponse
1.	Do they have eggs for lunch?	....
2.	Does she have tea?	....
3.	Does he have bacon?	....

Have got

FA	• I / you **have got** ou forme contractée I**'ve got** [aïv 'got] et you**'ve got** [iouv 'got] • she / he / it **has got** ou forme contractée she / he / it**'s got** [chiz 'got/Hiz 'got/ its 'got] • we / you / they **have got** ou forme contractée we / you / they**'ve got** [DHèïv 'got]
FN	• I / you **have not got** ou forme contractée I/you **haven't got** [aï/iou Hav{eu}nt 'got] • She / he / it **has not got** ou forme contractée she/he/it **hasn't** [Haz{eu}nt] **got** • we / you / they **have not got** ou forme contractée we/you/they **haven't got**
FI	• **Have** I / you **got**? **Has** she / he / it **got**? **Have** we / you / they **got**? • On y répond par **yes, I have / she has** ou **no, I have not – haven't / she has not – hasn't**, etc. Notez que si la réponse est affirmative, on n'utilise pas la forme contractée. S'il y a un interrogatif, il se place en début de phrase (ex. : **what have you got?** = *qu'as-tu ?*). Avec **who** : **who + have got** à la 3{e} pers. sing. (ex. : **who has got a car?** = *qui a une voiture?*)

On utilise *have got* **pour évoquer :**
- les « possessions » (*avoir une voiture, un chat*, etc.)*
- les caractéristiques physiques (*avoir une barbe, les cheveux longs, les yeux bleus*, etc.)
- les liens de parenté (*avoir des enfants, un frère*, etc.)*
- les maux ponctuels (*avoir mal à la tête, la grippe*, etc.).

* Vous vous rendrez compte que dans l'usage, on peut aussi utiliser *have* dans ces cas de figure, mais pour l'heure, retenez ces grandes lignes.

EXPRIMER CORRECTEMENT LE VERBE AVOIR

Banque de mots

a cold ['k^{eu}-ould] (*un rhume*)

a headache ['Hèdèïk] (*un mal de tête*)

a sore throat [sô THr^{eu}-out] (*un mal de gorge*)

the flu ['flou] (*la grippe*)

toothache ['touTHèïk] (*un mal de dents*)

beard ['bi-^{eu}d] (*barbe*)

change ['tchèïndj] (*monnaie*)

computer [k^{eu}m'pi**ou**t^{eur}] (*ordinateur*)

dishwasher ['dichouoch^{eur}] (*lave-vaisselle*)

glasses ['glasiz] (*lunettes*)

goldfish ['g^{eu}-ouldfich] (*poisson rouge*)

laptop ['laptop] (*ordinateur portable*)

launderette [leund^{eu}'rèt] (*laverie automatique*)

pet [pèt] (*animal domestique*)

washing-machine ['ouoching m^{eu}'chin] (*lave-linge*)

watch ['ouotch] (*montre*)

- **Expression utile :** have you got a sec? ['sèk] (*T'as une minute ?*)

5️⃣ **Complétez la grille suivante**

1 →

2 →

3 →

4 →

5 →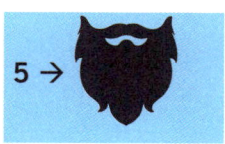

6 →

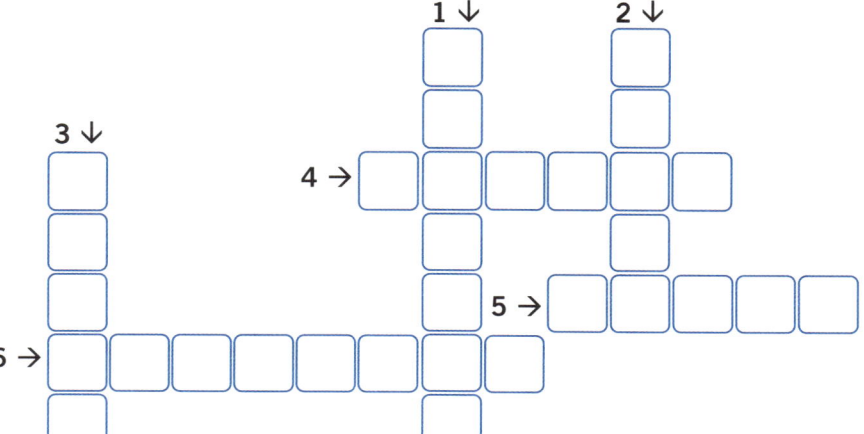

EXPRIMER CORRECTEMENT LE VERBE AVOIR

6 Identifiez le 'S qui correspond à un possessif, celui qui correspond au verbe être et celui qui correspond au verbe avoir

1. My friend's dishwasher's old.
2. My friend's got a dishwasher.

7 Dans chacune de ces lignes, entourez la phrase correctement formulée

1. **a.** Has you got a cat? **b.** Have they got a cat? **c.** Have he got a cat?
2. **a.** She haven't got a brother. **b.** I have got not a brother. **c.** We haven't got a brother.
3. **a.** They's got a house. **b.** You have a house got. **c.** She's got a house.
4. **a.** Who have got a car? **b.** Who has got a car? **c.** Who've got a car?

8 Décrivez Jordan à l'aide de l'illustration ci-contre (yeux, cheveux, nez, accessoires, vêtements)

....
....
....
....
....
....
....

9 Passez les phrases suivantes à la forme indiquée

1. Heather has got a pet. **FI :** ....
2. I don't have lunch at 12. **FI :** ....
3. Has your husband got a beard? **FN :** ....
4. Does he have a bad job? **FA :** ....

EXPRIMER CORRECTEMENT LE VERBE AVOIR

10 Procédez comme dans l'exemple en vous aidant des informations fournies dans le tableau

1. Has Mike got a dishwasher? No, he hasn't got a dishwasher but he's got a laptop and a goldfish.

	🧺	💻	🐟
1. Mike ['maïk]	x	√	√
2. Roger ['rodj^eur] and Charles	√	√	x
3. Amy ['èïmi]	x	√	√
4. Jane	√	x	x

2. ....
3. ....
4. ....

11 Trouvez les cinq termes désignant des maux (en mettant les lettres dans l'ordre) et utilisez-les pour traduire les phrases suivantes

1. J'ai mal à la gorge : **A EOSR TOARHT** ....
2. Le frère de Mary a un rhume : **A LODC** ....
3. Ta mère a t-elle la grippe ? **LUF** .... ?
4. Mon chien a mal aux dents : **ATOCHEHOT** ....
5. Ils ont mal à la tête : **A DAECHEHA** ....

12 Entourez la bonne forme verbale

1. They *has got – has – have got – have* a beautiful house.
2. She *has got – have got – has – have* dinner at 8 p.m.
3. We *have got – has got – have – has* two laptops.
4. He *has – have got – has got – have* a sister.

EXPRIMER CORRECTEMENT LE VERBE AVOIR

- Il existe un certain nombre d'expressions pour lesquelles on utilise le verbe *avoir* en français (avoir + nom) mais *être* en anglais (être + adjectif). Pour l'heure, vous pouvez retenir les plus courants :

avoir + âge = **be + nombre**
avoir tort / raison = **be wrong/right**
avoir chaud / froid = **be hot/cold**
avoir peur = **be afraid** [eu'frèïd]
avoir faim = **be hungry** ['Heungri]
avoir soif = **be thirsty** ['THeusti]

13 Complétez les espaces par BE, HAVE ou HAVE GOT en les conjuguant

1. I usually .... a snack at 4 p.m.
2. Patrick .... the flu.
3. I .... afraid of big dogs.
4. My friend .... no laptop.
5. Yes, you .... right, she .... 25.
6. .... you ...... a good time? Yes, we are!
7. He ...... thirsty, he ... a glass of water.
8. My sister .... five sons!

14 Traduisez les phrases suivantes

1. Qui a un animal domestique ?
....

2. Je prends toujours du sucre dans mon thé.
....

3. Tes enfants ont-ils faim ?
....

4. As-tu un petit ami ?
....

5. Ils n'ont pas de monnaie.
....

Who / Which

Pour traduire **qui** complément, on utilise :
- **who** si ce qui précède est une personne (ex. : I know a man. He is a pilot = I know a man who is a pilot.)
- **which** ['ouitch] si ce qui précède est non humain (ex. : I have a computer. It is expensive. = I have a computer which is expensive.)

EXPRIMER CORRECTEMENT LE VERBE AVOIR

15 Reformulez les phrases suivantes en utilisant soit WHICH soit WHO

1. This is my friend. He is a doctor : ....
2. Her mother cooks pasta. Her pasta is good : ....
3. He's having a cup of tea. It is hot : ....
4. She's got a brother. He is fat : ....

Prononciation des graphies ch et sh

Le **ch** se prononce [tch] (ex. chewing-gum = ['tchouing-geum] et le **sh** se prononce [ch] (ex. : shopping ['choping]).

16 RIGHT OR WRONG? Entourez la bonne réponse

1. chair ['tchè-eur] .... R W
2. shadow ['tchadeu-ou] (*ombre*) .... R W
3. shoes ['chouz] .... R W
4. check-up ['chèk eup] .... R W

17 Entourez la bonne prononciation

1. chin (*menton*)   a. ['chin]   b. ['tchin]
2. show (*spectacle*)   a. ['cheu-ou]   b. ['tcheu-ou]
3. choice (*choix*)   a. ['tchoïs]   b. ['choïs]
4. church (*église*)   a. ['cheutch]   b. ['tcheutch]
5. shampoo (*shampooing*)   a. [tcham'pou]   b. [cham'pou]

18 Soulignez les sons [tch] et identifiez les sons [ch]

1. The English butcher is having chicken for lunch.
2. He's having a cheese sandwich on the kitchen chair.
3. The children are eating much chocolate.
4. There's cherry juice on his chin and his shirt.

Bravo, vous êtes venu à bout de ce chapitre ! Il est maintenant temps de comptabiliser les icônes et de reporter le résultat en page 128 pour l'évaluation finale.

11

Exprimer la comparaison

Le comparatif et le superlatif

	Adjectifs courts	Adjectifs longs
Comparatif d'égalité *(pas) aussi... que...*	**(not) as ... as** [az ... az] (ex. : as big as)	**(not) as ... as** (ex. : as beautiful as)
Comparatif d'infériorité *moins... que...*	**less ... than** [lès ... DHan] (ex. : less clean than)	**less ... than** (ex. : less interesting than)
Comparatif de supériorité *plus... que...*	**Adj + -er ... than** [eur ... DHan] (ex. : older than)	**more + adj + than** [môr ... DHan] (ex. : more comfortable than)
Superlatif d'infériorité *le moins...*	**the least ...** [DHeu... list] (ex. : the least small)	**the least ...** (ex. : the least disappointed)
Superlatif de supériorité *le plus...*	**the + adj + -est** [DHeu ...eust] (ex. : the coldest)	**the most** [DHeu meu-oust] + adj (ex. : the most talkative)

- On considère comme courts les adjectifs d'une syllabe (ex. : nice) et ceux de deux syllabes qui se terminent par **-le, -y, -er, -ow** (ex. : easy). Les adjectifs se terminant par **-y** prennent la désinence **-ier** au comparatif et **-iest** au superlatif.

- Pour les adjectifs se terminant par 1V+1C, on double cette C (ex. big : bigger ['bigeur]).

- Les adjectifs **good** et **bad** ont des formes irrégulières qu'il faut apprendre : **good, better** ['bèteur] (*mieux*), **the best** ['bèst] (*le meilleur*) / **bad** ['bad], **worse** ['oueus] (*pire*), **the worst** ['oueust] (*le pire*).

- **Structures utiles avec le superlatif :**
in the world ['oueuld] = *au monde*
in town ['ta-oun] = *de la ville*
in + pays = *de + pays*
I know = *que je connaisse*
there is = *qui soit*
The happiest man in the world / in town / in England / I know / there is = *l'homme le plus heureux du monde / de la ville / d'Angleterre / que je connaisse / qui soit*

EXPRIMER LA COMPARAISON

Banque de mots

boring ['bôring] (*ennuyant*)
clever ['klèv^{eur}] (*intelligent*)
comfortable ['keumft^{eu}b^{eu}l] (*confortable*)
complicated ['komplikèïtid] (*compliqué*)
confident ['konfid^{eu}nt] (*confiant*)
dangerous ['dèïngr^{eu}s] (*dangereux*)
disappointed [dis^{eu}'poïntid] (*déçu*)
easy ['izi] (*facile*)
famous ['fèïm^{eu}s] (*célèbre*)
funny ['feuni] (*drôle*)
generous ['djèn^{eu}r^{eu}s] (*généreux*)
interesting ['intristing] (*intéressant*)
lazy ['lèïzi] (*paresseux*)
lucky ['leuki] (*chanceux*)
nice ['naïs] (*gentil, agréable*)
proud ['pra-oud] (*fier*)
quiet ['kouaï^{eu}t] (*calme*)
selfish ['sèlfich] (*égoïste*)
shy ['chaï] (*timide*)
smart ['smât] (*intelligent*)
talkative ['tôk^{eu}tiv] (*bavard*)
wonderful ['oueund^{eu}f^{eu}l] (*formidable*)

• **Nouveaux contraires :**
cheap ['tchip] (*bon marché*)
– **expensive** [ik'spènsiv] (*cher*)
good ['goud] (*bon*)
– **bad** ['bad] (*mauvais*)
heavy ['Hèvi] (*lourd*)
– **light** ['laït] (*léger*)
sour ['sa-ou^{eur}] (*amère*)
– **sweet** ['souit] (*sucré*)

1 Détachez les mots suivants et placez-les à côté de leur traduction.
Il y a deux orphelins, lesquels ?

lazyshytalkativefamousconfidentboringselfishfunny

1. drôle ....
2. bavard ....
3. célèbre ....
4. ennuyant ....
5. paresseux ....
6. confiant ....

2 Remettez les lettres dans l'ordre pour trouver l'opposé des adjectifs suivants

1. Expensive
PEHAC ....
2. Sweet
RUSO ....
3. Light
YHVEA ....

EXPRIMER LA COMPARAISON

3. Retrouvez les mots ci-dessous et reliez-les à leur traduction

1. N _ C _ •
2. F _ N _ _ •
3. _ UI _ _ •
4. C _ EV _ _ •
5. W _ _ DE _ F _ _ •
6. _ IS _ P _ O _ _ TED •

• a. formidable
• b. intelligent
• c. déçu
• d. gentil, agréable
• e. drôle
• f. calme

4. Mettez les éléments dans l'ordre pour former des phrases pertinentes

1. cake / as / is / good / not / spinach / as

2. horses / than / smaller / ponies / are

3. boring / is / Mary / than / Julia / more

4. family / son / Patrick / the / in / cleverest / the / is

5. world / dog / most / this / the / in / is / dangerous / the

6. confident / yours / son / is / than / less / my

7. know / neighbour / least / man / my / is / I / talkative / the

5. Corrigez les erreurs

1. Chocolate is gooder than jam.

2. He's the worse piano player there is.

3. This armchair is the comfortabler in the shop.

4. Their son is the most nice boy I know.

5. This exercise is least complicated than n°6.

EXPRIMER LA COMPARAISON

6 **Complétez les espaces en suivant les consignes indiquées entre parenthèses**

1. Her son (**= shy**) .... her daughter.
2. I (**- disappointed**) .... you.
3. My neighbour (**le - generous**) .... boy there is.
4. Her boyfriend (**le + lucky**) .... man I know.
5. That's (**le + sad**) .... film there is.

7 **En utilisant comparatifs et superlatifs, construisez le plus de phrases possibles à partir des éléments fournis**

1. Beer (*bière*), champagne, expensive

   ....
   ....
   ....
   ....
   ....
   ....
   ....

2. Apple, lemon, sweet

   ....
   ....
   ....
   ....
   ....
   ....
   ....

EXPRIMER LA COMPARAISON

8 Traduisez les phrases ci-dessous

1. Robert ['rob{eu}t] est-il moins célèbre que Liam ['li{eu}m] ?
....
2. C'est le film le plus merveilleux qui soit.
....
3. Suis-je plus égoïste que lui ?
....
4. Mon frère n'est pas plus riche que vous.
....
5. Leur médecin est l'homme le plus fier de la ville.
....

Les liaisons

- Il existe aussi des liaisons en anglais. Tout comme en français, elles facilitent la prononciation et donnent de la **fluidité** au discours.

- **Liaison la plus courante : son C + son V**. Quand un mot se termine par un son C et qu'il est suivi par un son V, il faut faire la liaison. Comment ? C'est un peu caricatural, mais dans un premier temps, en faisant comme si la C faisait partie du mot qui suit (ex. : an egg : a negg [{eu} 'nèg] / read the book = read it : rea – dit ['ri dit]).

9 Indiquez la prononciation des mots suivants (procédez comme dans l'exemple ci-dessus)

1. eat it [............................]
2. watch us [..........................]
3. an umbrella [......................]
4. drink it [...........................]
5. an old dog [.......................]
6. milk allergy [.....................]

La liaison avec le r

- Le **r** de fin de mot ne se prononce pas si ce mot est isolé ou suivi d'un mot commençant par une C. Cependant, quand un mot se terminant en **r** est suivi d'un mot débutant par une V, on prononce ce **r** pour faire la liaison (ex. : car race ['kâ 'rèis] (*course de voitures*) *vs* car engine ['kâr‿'èndjin] (*moteur de voiture*))

- Attention : on ne fait pas la liaison avec le **r** si le 2e mot commence par les graphies **u** ou **eu** se prononçant [iou] (ex. : euro ['iour{eu}-ou], university ['iouniveusiti], uniform ['iounifôm]).

EXPRIMER LA COMPARAISON

10 Mettez une croix dans la case lorsque le R ne se prononce pas et un signe de liaison lorsqu'il se prononce pour faire la liaison
four ☒ nuts   four ☐ eggs

1. poor ☐ baker
2. door ☐ and window
3. winter ☐ apples
4. better ☐ university
5. butter ☐ cake
6. butter ☐ is good
7. dear ☐ Emma
8. pear ☐ and apples
9. summer ☐ house
10. clever ☐ and shy

Son V suivi d'un autre son V

- Pour éviter un hiatus **entre deux V** et adoucir l'enchaînement, on ajoute un petit son très léger :
  - soit un son [ou] (comme dans *ouate*) (ex. : do it = do [ou] it)
  - soit un son [j] (comme dans *yeux*, pa*ille*) (ex. : he eats = he [j]eats)

- Le choix entre ces **deux sons** se fait sans même en avoir conscience (déterminé par le degré d'ouverture de la bouche et le positionnement de la langue que nécessite la prononciation du 1er mot). Ne réfléchissez donc pas trop, cela viendra naturellement avec la pratique.

11 Entourez le son furtif qui vous permettra de prononcer ces énoncés de manière fluide

1. two [ou] [j] eggs
2. three [ou] [j] eggs
3. the [ou] [j] apple
4. tea [ou] [j] and coffee
5. potato [ou] [j] and carrot
6. very [ou] [j] old
7. two [ou] [j] apples
8. we [ou] [j] are
9. say [ou] [j] it
10. funny [ou] [j] eyes
11. yellow [ou] [j] umbrella
12. my [ou] [j] ear

Bravo, vous êtes venu à bout de ce chapitre ! Il est maintenant temps de comptabiliser les icônes et de reporter le résultat en page 128 pour l'évaluation finale.

Donner un ordre et faire une suggestion/recommandation

- On utilise l'impératif, comme en français. On l'emploie surtout pour la 1re pers. plur. et les 2e pers. sing. et plur., mais sachez reconnaître aussi les autres si vous les entendez ! Pour former l'impératif, il faut connaître les pronoms personnels compléments (moi, toi, lui, etc.).

- **Les pronoms personnels compléments (PPC)**

me [mi]	you [iou]	her [Heu^r]	him [Him]	it [it]	us [eus]	you [iou]	them [DH^{eu}m]
moi	*toi*	*elle, la*	*lui, le*	*ça, le*	*nous*	*vous*	*eux/elles, les*

Ex. : **I like her/him** = *je l'aime bien*, **they like us** = *ils nous aiment bien*. Ces PPC sont aussi utiles dans certaines structures verbales de base (ex. : **look at her!** = *regarde-la !*).

1 RIGHT OR WRONG? Les équivalences suivantes sont-elles correctes ?

1. She's watching a film
= she's watching *him* .... [R] [W]

2. She's having dinner with Robert and me
= she's having dinner with *us* ..... [R] [W]

3. I'm working with her dad
= I'm working with *him* .... [R] [W]

4. Sean is talking to Emma and Ian
= Sean is talking to *their* .... [R] [W]

5. I don't trust your brother
= I don't trust *it* .... [R] [W]

2 Remplacez les éléments soulignés par un PPC

1. She's looking at <u>my brother</u> : ....
2. I often have dinner with <u>James ['djèïms] and Alan</u> : ....
3. He loves <u>me and Ellen</u> : ....
4. You don't like <u>my mother</u> : ....

DONNER UN ORDRE ET FAIRE UNE SUGGESTION/RECOMMANDATION

Formation de l'impératif

	Forme affirmative	**Forme négative**
2ᵉ pers. du sing. et du plur.	**BV seule** **Eat** (your apple)! *Mange(z) (ta/votre pomme) !*	**Don't + BV** **Don't eat** (your apple)! *Ne mange(z) pas (ta/votre pomme) !*
Autres personnes	**Let + PPC + BV** **Let me eat** (my apple)! *Que je mange (ma pomme) !* **Let her/him/it eat** (her / his / its apple)! *Qu'elle / il mange (sa pomme) !* **Let us / Let's (contractée) eat** (our apple)! *Mangeons (notre pomme) !* **Let them eat** (their apple)! *Qu'ils/elles mangent (leur pomme) !*	**Let + PPC + not + BV** **Let me not eat** (my apple)! *Que je ne mange pas (ma pomme) !* **Let her/him/it not eat** (her / his / its apple)! *Qu'elle / il ne mange pas (sa pomme) !* **Let's not eat** (our apple)! *Ne mangeons pas (notre pomme) !* **Let them not eat** (their apple)! *Qu'ils ne mangent pas (leur pomme) !*

Utilisations

Selon le contexte, il est utilisé pour :
- donner des ordres ou des consignes (recette, notice), soit par l'intermédiaire d'un tiers (**let him do this / that** = *qu'il fasse ceci / cela*) ou directement avec les 2ᵉ pers. du sing. et plur. (**do this / that!** = *faites ceci / cela !*)
- pour formuler des suggestions ou des invitations (**let's do this / that!** = *faisons ceci / cela !*). **Let them come with us** = *qu'ils viennent avec nous !*). Vous connaissez certainement déjà l'expression **let's go!** = *allons-y !*

3 Complétez les espaces par le pronom qui convient

1. I need this book. Give .... to .... !

2. The box is heavy for Amy. Help .... !

3. His brothers are not nice. I don't trust ....

4. Let .... go to the restaurant tonight!

DONNER UN ORDRE ET FAIRE UNE SUGGESTION/RECOMMANDATION

Banque de mots

again [ᵉᵘ'gèn] (*encore*)
church ['tcheutch] (*église*)
funny ['feuni] (*drôle*)
mobile ['mᵉᵘ-oubaïl] (*téléphone portable*)
onion ['oniᵉᵘn] (*oignon*)
pepper ['pèpᵉᵘʳ] (*poivre*)
post office ['pᵉᵘ-oust 'ofis] (*bureau de poste*)

salt ['sôlt] (*sel*)
station ['stèïchᵉᵘn] (*gare*)
to believe [bi'liv] (*croire*)
to boil ['boïl] (*faire bouillir*)
to call ['kôl] (*appeler*)
to chop ['tchop] (*émincer*)
to forgive [fᵉᵘ'giv] (*pardonner*)
to give + PPC + COD* ou **to give + COD + to + PPC** ['giv] (*donner... à...*)
to grate ['grèït] (*râper*)
to help ['Hèlp] (*aider*)
to laugh ['laf] (*rire*)
to listen ['lisᵉᵘn] **to + ppc** (*écouter quelqu'un*)
to look at ['louk ᵉᵘt] **+ ppc** (*regarder quelqu'un*)

to meet ['mit] (*se rejoindre, se retrouver*)
to need ['nid] (*avoir besoin de*)
to peel ['pil] (*éplucher*)
to pour ['pôʳ] (*verser*)
to remember [ri'mèmbᵉᵘʳ] (*se souvenir de*)
to simmer ['simᵉᵘʳ] (*mijoter*)
to spread ['sprèd] (*étaler*)
to tell ['tèl] (*dire à*)
to trust ['treust] (*faire confiance*)
to try ['traï] (*essayer*)
to worry ['ouᵉᵘri] (*s'inquiéter*)
truth ['trouTH] (*vérité*)

* complément d'objet direct

4 Remettez les éléments dans l'ordre pour former des phrases pertinentes, puis proposez une traduction

Phrases	Ordre	Traduction
1. hand / me / your / give!		
2. day / a / have / nice!		
3. the / us / station / meet / let / at!		
4. teacher / to / them / listen / the / let!		
5. office / go / not / him / post / let / the / to!		
6. cat / look / beautiful / at / the!		
7. Sundays / to / go / on / chuch!		

DONNER UN ORDRE ET FAIRE UNE SUGGESTION/RECOMMANDATION

5 Indiquez les instructions culinaires illustrées ci-dessous (directives à la 2ᵉ pers. sing.)

1.  ....
2.  ....
3. 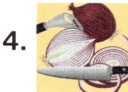 ....
4.  ....
5.  ....

6 Traduisez les phrases ci-dessous

1. Essaie encore !
....
2. Ne regardons pas ce film ce soir !
....
3. Pardonne-le !
....
4. Faisons confiance à Emma !
....
5. Dis-moi la vérité !
....
6. Prenons du fromage !
....
7. Appelle-moi sur mon portable !
....
8. Ne riez pas, ce n'est pas drôle !
....
9. Ne t'inquiète pas !
....

Les intonations de phrases

En anglais, il existe plusieurs intonations de phrases. Pour l'instant, contentons-nous des deux schémas de base : l'**intonation montante** et l'**intonation descendante**. Elle est montante pour les questions fermées (auxquelles on répond par oui ou non). Elle est descendante pour les phrases à l'impératif et les questions ouvertes commençant par un interrogatif en wh- (**why, where, who, what, when**). Sachez aussi dès maintenant qu'elle est aussi descendante pour les phrases affirmatives évoquant des faits et informations neutres.

7 Indiquez par une flèche montante ou descendante l'intonation qu'il faut prendre lorsque l'on prononce les phrases ci-dessous

1. Don't watch TV!
2. Do you like bacon?
3. Where are my glasses?
4. Berlin is the capital of Germany.
5. Is it sunny today in Paris?
6. Why is she crying?

Bravo, vous êtes venu à bout de ce chapitre ! Il est maintenant temps de comptabiliser les icônes et de reporter le résultat en page 128 pour l'évaluation finale.

13 Savoir utiliser les deux structures verbales de base

Le gérondif

- Selon les verbes et/ou leur contexte d'utilisation, il faut tantôt les utiliser au gérondif ou à l'infinitif.
- **Formation : BV + -ing** (ex. : eating). Pour les verbes se terminant en **-e**, celui-ci « saute » (ex. : love → loving).
- **Utilisations** : le gérondif donne une valeur nominale au verbe, celui-ci s'utilise comme un nom ou un infinitif français, quand celui-ci peut être remplacé par l'expression **le fait de** (ex. : **singing** = *le fait de chanter / le chant*, **smoking** = *le fait de fumer / le tabagisme*, **playing football** = *le fait de jouer au foot*, l'activité en elle-même et non l'action). Ainsi, on passe souvent par un gérondif pour parler de ses activités de loisirs (ex. : **swimming** = *la natation*, **reading** = *la lecture*, etc.). Ce gérondif peut avoir fonction de sujet (ex : **smoking is dangerous** = *fumer / le fait de fumer / le tabagisme est dangereux*), ou de complément (ex. : **she loves running** = *elle adore courir / la course à pieds*). Le verbe **to do** (*faire*) est souvent utilisé avec un gérondif (ex. : **to do the shopping** = *faire les courses*, **to do the cooking** ['kouking] = *faire la cuisine / cuisiner*, **to do the washing-up** ['ouoching ᵉᵘp] = *faire la vaisselle*).

- **On l'emploie après :**
  - les verbes de commencement ou de fin : to begin [bi'gin], to stop ['stop], et les verbes exprimant les goûts et émotions : to like, to love, to hate
  - les prépositions **with, without, after, before**
  - les expressions **I don't mind** [aï dᵉᵘount 'maïnd] (*cela ne me dérange pas*), **I can't help** [aï kãt 'Hèlp] (*je ne peux pas m'empêcher de*), **I can't stand** [aï kãt 'stand] (*je ne supporte pas de*)
  - **what about** [ouot ᵉᵘ'ba-out], **how about** [Ha-ou ᵉᵘ'ba-out] (*et si on… ? pourquoi ne pas… ?*), pour proposer une activité.

Banque de mots

a foreign language ['forᵉᵘn 'langouidj] (*une langue étrangère*)
after ['âftᵉᵘr] (*après*)
asset ['asèt] (*atout*)
before [bi'fôʳ] (*avant*)
to cook ['kouk] (*cuisiner*)
to cycle ['saïkᵉᵘl] (*faire du vélo*)
to dance ['dãns] (*danser*)
to draw ['drô] (*dessiner*)
to fish ['fich] (*pêcher*)
to garden ['gâdᵉᵘn] (*faire du jardinage*)
to paint ['pèïnt] (*peindre*)
to park ['pâk] (*se garer*)
to roller-skate ['rᵉᵘ-oulᵉᵘ skèït] (*faire du roller*)
to smoke ['smᵉᵘ-ouk] (*fumer*)
to speak ['spik] (*parler*)
to take pictures ['tèïk 'piktchᵉᵘz] (*prendre des photos*)
to travel ['travᵉᵘl] (*voyager*)
to use phones ['iouz 'fᵉᵘ-ounz] (*utiliser des téléphones*)
to wait ['ouèït] (*attendre*)
tonight [tᵉᵘ'naït] (*ce soir*)

SAVOIR UTILISER LES DEUX STRUCTURES VERBALES DE BASE

1 Décollez les mots ci-dessous et placez-en 6 à côté de l'illustration qui leur correspond.

cryingdancingwearingcyclingwritingeatingcookingcomingfishingtakingexercisingpaintingdrawinggoing

1. ....
2. ....
3. ....
4. ....
5. ....
6. ....

2 Décrivez les panneaux ci-dessous en utilisant l'impératif et le gérondif

1. 🚫🍽 .... / ....
2. 🚫🍷 .... / ....
3. 🚫P .... / ....
4. 🚫🏊 .... / ....
5. 🚫🎣 .... / ....
6. 🚫🚲 .... / ....

SAVOIR UTILISER LES DEUX STRUCTURES VERBALES DE BASE

3 Quelle activité aiment-ils ou détestent-ils faire ?

	déteste	adore
John	football	dormir
Sean	courir	chanter
Liam	guitare	voiture
Heather	vêtements	marcher
Sarah	nager	lire
Anna	vélo	gâteau

Complétez les espaces

1. John loves ....
2. Sarah hates ....
3. Anna loves ....
4. Heather hates ....
5. Liam loves ....
6. Sean loves ....

Posez la question et répondez-y

7. John / détester ?
.... / ....
8. Liam / détester ?
.... / ....
9. Heather / adorer ?
.... / ....
10. Sarah / adorer ?
.... / ....
11. Anna / détester ?
.... / ....
12. Sean / détester ?
.... / ....

Anglicismes fautifs sur les gérondifs

Dans la vie courante, nous employons beaucoup de mots anglais. Malheureusement, il arrive qu'on les utilise dans un sens différent de ce qu'ils signifient en anglais (voir ex. 4) ! Cela est particulièrement vrai pour les noms gérondifs.

SAVOIR UTILISER LES DEUX STRUCTURES VERBALES DE BASE

4 Détachez les mots ci-dessous (traductions correctes de nos anglicismes fautifs) et placez-les au bon endroit

campsiterunschedulemakeovercarparktracksuitdrycleaner'sdinnersuit

1. Un **parking** ne se dit pas *parking*, mais : a ....

2. Un **planning** ne se dit pas *planning* mais : a ....

3. Un **pressing** ne se dit pas *pressing* mais : a ....

4. Un **smoking** ne se dit pas *smoking* mais : a ....

5. Un **footing** ne se dit pas *footing* mais : a ....

6. Un **camping** ne se dit pas *camping* mais : a ....

7. Un **jogging** (survêtement) ne se dit pas *jogging* mais : a ....

8. Un **relooking** ne se dit pas *relooking* mais : a ....

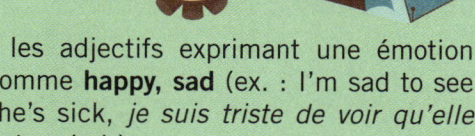

L'infinitif

- **Formation : to + BV à la FA** (ex. : you need to eat) et **not to + BV à la FN** (ex. : she does not want to eat, *elle ne veut pas manger*).

- **Utilisations :** quand le verbe est orienté vers la réalisation d'une action, cette forme exprime particulièrement l'idée de but (ex. : I'm going to drink some milk). Si l'on compare **I want to play football** et **I like playing football,** dans le 1er cas c'est l'action, l'intention et le but qui sont mis en avant, dans le 2nd c'est l'activité (le foot, et non une autre activité).

- **On l'emploie après :**
  - de très nombreux verbes. Citons parmi ceux qui vous connaissez déjà : *need, want, hope, tell.*
  - les adjectifs exprimant une émotion comme **happy, sad** (ex. : I'm sad to see she's sick, *je suis triste de voir qu'elle est malade*).
  - les pronoms interrogatifs **who, what, where, when** (mais pas **why**. Ex. : I don't know what to do, *je ne sais pas quoi faire*).

- **Autre emploi :** pour traduire le subjonctif français. Ainsi, pour exprimer le désir que quelqu'un fasse quelque chose, on utilisera la structure suivante : **verbe + PPC + infinitif** (ex. : *je veux que tu manges* = **I want you to eat**).

SAVOIR UTILISER LES DEUX STRUCTURES VERBALES DE BASE

5 Reliez chaque début de phrase à la fin qui lui correspond

1. Gardening is a very • • **a.** to go running with her.
2. I need some eggs • • **b.** to start dinner, 9 p.m.?
3. My sister doesn't like • • **c.** to be here with you!
4. I'm very happy • • **d.** cooking at all.
5. How about • • **e.** to see you tonight!
6. She wants us • • **f.** natural activity.
7. Stop • • **g.** smoking in the house!
8. I don't mind • • **h.** to make a cake.
9. I don't know when • • **i.** eating Italian again tonight.
10. We hope • • **j.** going to the zoo?

6 Corrigez les erreurs de traduction et de structure

1. *Je prends toujours une longue douche après avoir fait du vélo* – I always take a long shower after to draw. ....

2. *Je ne veux pas cuisiner ce soir* – I don't need drawing tonight.
....

3. *Ses parents veulent qu'il voyage* – His parents help him to travel.
....

4. *Et si on faisait du roller ?* – What about to go taking pictures?
....

5. *Mon ami ne peut pas s'empêcher de fumer* – My neighbour can't stand to wait. ....

7 Conjuguez les verbes dans les phrases ci-dessous

1. How about **(go)** .... to the swimming pool this afternoon?

2. I usually finish **(cook)** .... at 8 o'clock.

3. I like **(travel)** .... but I don't know where **(go)** ....

4. The doctor is happy **(tell)** .... the patient ['pèïch^{eu}nt] is now fine.

5. Peel the potatoes without **(chop)** .... them.

SAVOIR UTILISER LES DEUX STRUCTURES VERBALES DE BASE

8 Traduisez les phrases ci-dessous

1. Parler une langue étrangère est toujours un atout.
....
2. Mon frère veut utiliser son téléphone.
....
3. Je ne peux pas m'empêcher de chanter.
....
4. Son professeur veut qu'il dessine un chat.
....

Le h : aspiré ou non ?

En avant-propos, nous précisions que le **h** en position initiale d'un mot était **aspiré** car c'est presque toujours le cas. Il est d'ailleurs important de bien marquer cette aspiration car dans le cas contraire, il existe beaucoup de quasi homophones avec lesquels on pourrait confondre ces mots.

9 Complétez les espaces avec les mots fournis et entraînez-vous à prononcer les paires minimales [H]/[Ø] créées

hate, hair, and, at, I, ham, eight, hat, hand, am

1. **Hi** (*salut*) et .... (*je*)
2. .... (*détester*) et .... (*huit*)
3. .... (*main*) et .... (*et*)
4. .... (*jambon*), et .... (*suis*)
5. .... (*chapeau*) et .... (*à*)
6. .... (*cheveux*) et **air** (*air*)

- Notez cependant qu'il existe quelques mots dont le **h initial** est muet : dans hour (*heure*), heir (*héritier*), honest(y), honour
- On utilise l'article **a** avant les noms dont le h est aspiré et **an** devant ceux dont le h est silencieux

10 Complétez les espaces par A ou AN

1. ..... horse
2. ..... hour
3. ..... house
4. ..... hug (*câlin*)
5. ..... honest man
6. ..... head

Bravo, vous êtes venu à bout de ce chapitre ! Il est maintenant temps de comptabiliser les icônes et de reporter le résultat en page 128 pour l'évaluation finale.

14
Exprimer des événements futurs

- Il existe 4 manières principales d'exprimer une action future :

	Formation	Utilisation
to be going to ['g^eu-ouing t^eu]	**Be conjugué + going to + BV** (ex. : They're going to sleep. / Are you going to sleep? / She's not going to sleep.)	- action certaine et prévue dans un futur proche (*je vais...*) - déduction à partir des circonstances (ex. : the sky is grey, it's going to rain)
présent ING	Vous savez le faire depuis le chapitre 5 !	Pour une action future si la décision est prise et organisée. On mentionne souvent une date, une heure, un jour (ex. : she's eating with me on Sunday).
will [ouil] **won't** [ouont]	**Will + BV** **Will** est un auxiliaire, il n'a **pas d'infinitif** et se conjugue de la **même façon à toutes les personnes** : - **FA** : I ... they **WILL + BV**. Forme contractée : I ... they**'ll** (ex. : I will come / I'll come) - **FN** : I ... they **WILL NOT + BV**. Forme contractée I ... they **won't** (ex. : they will not eat/won't eat) - **FI** : **WILL** I ... they **+ BV?** (ex. : will she swim?) On répond par **yes, I... they will** ou **no, I... they will not / won't**. Pas de forme contractée quand la réponse est affirmative. S'il y a un interrogatif, il se place en début de phrase (ex. : why will you come ? Where will you sleep?) Cas particulier de **who** : **who + will + BV** (ex. : **who will come?** = Qui va venir ?)	- action avec intention / volonté - décision prise au moment où on l'énonce - pour les actions sous condition (ex. : I will drink if I'm thirsty)
présent simple	Vous savez le faire depuis le chapitre 9 !	événement / horaire planifié par un agent extérieur (horaire de train, programme, etc. Ex. : the concert starts at 10)

EXPRIMER DES ÉVÉNEMENTS FUTURS

- Nous avons vu au chapitre précédent que l'on pouvait faire une suggestion en utilisant **how / what about + ing** ou **let's + BV**. Il existe aussi une autre manière de proposer quelque chose : en utilisant **shall**. Cette structure ne s'utilise qu'à la 1re personne (ex. : **shall we dance?** = *Voulez-vous danser ? / Et si on dansait ?* / **Shall I make some tea?** = *Voulez-vous que je fasse du thé ?*).

Banque de mots

camera ['kamr^{eu}] (*appareil photos*)
duck ['deuk] (*canard*)
late ['lèït] (*en retard*)
next + nom ['nèkst] (*prochain*)
pill ['pil] (*cachet*)
postcard ['p^{eu}-oustkâd] (*carte postale*)
present ['prèz^{eu}nt] (*cadeau*)
soon ['sou̇n] (*bientôt*)
to buy ['baï] (*acheter*)
to catch ['katch] (*attraper*)
to clean ['klin] (*nettoyer*)
to die ['daï] (*mourir*)
to feed ['fid] (*nourrir*)
to get married ['gèt 'marid] (*se marier*)
to hunt ['Heunt] (*chasser*)
to hurry up ['Heuri ^{eu}p] (*se dépêcher*)
to send ['sènd] (*envoyer*)
to study ['steudi] (*étudier*)
together [t^{eu}'gèDH^{eur}] (*ensemble*)
tomorrow [t^{eu}'mor^{eu}-ou] (*demain*)
year ['ji-^{eur}] (*année*)

❶ Détachez les mots au bon endroit pour isoler 4 phrases, puis placez celles-ci à côté des illustrations qui leur correspondent

he'sgoingtocleanthebathroomshe'sgoingtostudyhe'sgoingtohuntshe'sgoingtobuyacamera

1.  ....   3.  ....

2. 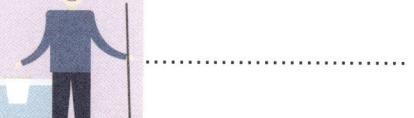 ....   4.  ....

❷ Corrigez les erreurs de structures qui se sont glissées dans les phrases ci-dessous

1. The conference will starts at 4 o'clock.

2. I go to the swimming pool this afternoon.

3. She will helping you if she has time.

4. Shall we to go to the pub?

5. They going to buy a new car next week.

EXPRIMER DES ÉVÉNEMENTS FUTURS

RIGHT OR WRONG? Cochez la bonne case et corrigez les affirmations fautives si nécessaire

	Description	Right or Wrong	Correction
1.	He's going to wash his feet	R W	
2.	She's going to feed the ducks	R W	
3.	It's going to eat	R W	
4.	She's going to hunt	R W	
5.	He's going to study	R W	

Complétez les phrases avec la forme de futur la mieux adaptée

1. - Do you want to wear this shirt?
   - I don't know. Ok, I .... **(wear)** it!

2. I **(run)** .... a marathon next Monday.

3. I **(buy)** .... a postcard if I have some change!

4. She's wearing her tracksuit. She **(run)** ....

5. I **(clean)** .... the fridge if you want me to.

EXPRIMER DES ÉVÉNEMENTS FUTURS

5 Donnez 3 manières de suggérer d'inviter les voisins
(INVITE – THE NEIGHBOURS – TO DINNER)

1. S........................ we .... ?
2. H…. /W .... about .... ?
3. L........................'s .... !

6 Posez les questions qui permettent d'obtenir les réponses ci-dessous

1. .... ? Oh <u>yes! Let's feed the ducks!</u>
2. .... ? The play starts at <u>midnight</u>.
3. .... ? Tom <u>is not coming</u> to dinner.
4. .... ? I'm going to send her a card <u>because it's her birthday</u>.
5. .... ? <u>No, I won't</u> study with you.

7 Reliez chaque début d'énoncé à la fin qui lui correspond

1. I don't know what to eat. Oh well, •   • **a.** is getting married in July.
2. It's very cloudy, •   • **b.** going to the cinema with our friends tomorrow
3. My sister •   • **c.** we have some tea?
4. I'm going to buy •   • **d.** a present for her birthday!
5. It's cold. Shall •   • **e.** die* if he doesn't take his pills.
* mourir
6. He'll •   • **f.** I'll have a steak!
7. We're •   • **g.** it's going to rain soon!

8 Traduisez les phrases ci-dessous

1. Je dormirai de 9 h à 11 h si je suis fatigué.
....

2. Je vais en Espagne le 23 avril.
....

EXPRIMER DES ÉVÉNEMENTS FUTURS

9 **Traduisez la conversation ci-dessous**

Angela – Tu fais quoi ce soir ?

Francis – Je vais au cinéma, et si on y allait ensemble ?

Angela – Je ne viendrai pas si c'est un film romantique !

Francis – C'est un thriller !

Angela – Ok, je viens alors. Tu pars quand ?

Francis – Bientôt, le film commence à 9 h.

Angela – Tu prends un parapluie ?

Francis – Oui, il va pleuvoir.

Angela – Es-tu prêt ? Dépêche-toi, on va être en retard !

Angela – ....

Francis – ....

Angela – ....

Francis – ....

Angela – ....

Francis – ....

Angela – ....

Francis – ....

Angela – ....

Les mots de liaison servent à lier les phrases entre elles de manière logique, en indiquant des liens de cause, de conséquence, d'opposition, etc. (vous connaissez déjà **but** et **if**).

Ils peuvent bien sûr s'utiliser avec tous les temps.

as well / too [az ouèl] / [tou] (*aussi*) se placent en fin de phrase.

in spite of [in spaït ᵉᵘv] + nom : *en dépit de*

not + verbe + **anymore** [not èni'mõʳ] : *ne plus* + verbe

unless [ᵉᵘn'lès] + sujet + BV : *à moins que*

because [bi'koz] (*parce que*)

so [sᵉᵘ-ou] (*donc*)

---

10 **Entourez le mot de liaison qui convient**

1. My daughter never drinks milk **so – unless – but – because** she is allergic to it.

2. I don't like coffee **but – unless – in spite of – as well** I love tea.

3. **not anymore – too – in spite of – so** the rain, the children are going to play football.

4. **unless – but – if – as well** you go to the supermarket, buy some bread.

5. **because – unless – but – too** you hurry up, you will be late.

6. I do not smoke **unless – if – too – anymore**.

7. I play the piano and I play the guitar **as well/too – unless – so – not anymore**.

8. He is a very nice boy, **if – unless – as well – so** he will help you.

EXPRIMER DES ÉVÉNEMENTS FUTURS

Les lettres silencieuses (1/2)

Il arrive parfois que certaines lettres ne se prononcent pas. Découvrez les cas les plus fréquents et utiles ci-dessous.

B	Silencieux dans la graphie **mb**, en particulier de fin de mot (ex. : comb ['k^{eu}-oum], *peigne*, plumber ['pleum^{eur}]) et avant un **t** (ex. : debt ['dèt], *dette*)
C	Silencieux dans les mots se terminant en **scle** et ceux contenant **sci** (ex. : muscle ['meus^{eu}l], science ['saï^{eu}ns])
D	Silencieux quand il se trouve entre 2 C (ex. : handkerchief ['Hank^{eu}tchif] (*mouchoir*), sandwich ['sanouitch])
G	Souvent silencieux dans la graphie **gn** (ex. : champagne ['tchampèïn], design [di'saïn]). Notez que le **gh** est silencieux après une voyelle (ex. : daughter ['dôt^{eur}], light ['laït]) et que la graphie **gh** se prononce **f** en fin de mot (ex. : laugh ['laf])
K	Silencieux dans la graphie **kn** en début de mot (ex. : knife ['naïf], know ['n^{eu}-ou])
L	Silencieux devant les lettres **m, k, f** (ex. : calm ['kâm], walk ['wôk], half ['Hâf])

11 Entourez la bonne prononciation

1. *doute* → **doubt**	a. ['da-out]	b. ['da-oubt]	c. ['da-oub]
2. *signe* → **sign**	a. ['saïg]	b. ['saïgn]	c. ['saïn]
3. **right**	a. ['raïgt]	b. ['raït]	c. ['raï]
4. *craie* → **chalk**	a. ['tchôl]	b. ['tchôlk]	c. ['tchôk]
5. *subtil* → **subtle**	a. ['seut^{eu}l]	b. ['seubt^{eu}l]	c. ['seub^{eu}l]
6. *pouce* → **thumb**	a. ['THeumb]	b. ['THeum]	c. ['THeub]
7. *ciseaux* → **scissors**	a. ['kiz^{eu}z]	b. ['skiz^{eu}z]	c. ['siz^{eu}z]
8. *frapper à la porte* → **knock**	a. ['knok]	b. ['nok]	c. ['kok]
9. *muet* → **dumb**	a. ['deumb]	b. ['deum]	c. ['deub]
10. *saumon* → **salmon**	a. ['sâm^{eu}n]	b. ['sâlm^{eu}n]	c. ['sâm^{eu}]
11. **knee**	a. ['kni]	b. ['ni]	c. ['ki]

12 RIGHT OR WRONG?

1. **enough** (*assez*) et **cough** (*toux*) riment avec **decaf** (*café décaféiné*) .... R W

2. Le **gh** se prononce pareil dans **enough**, **cough** et **night** .... R W

Bravo, vous êtes venu à bout de ce chapitre ! Il est maintenant temps de comptabiliser les icônes et de reporter le résultat en page 128 pour l'évaluation finale.

15. Exprimer des événements passés, terminés et coupés du présent

Pour exprimer des événements **passés et terminés**, on emploie un temps qui s'appelle le **prétérit**.

Formation
Il existe deux cas de figure, selon que le verbe est dit **régulier** ou **irrégulier**.

• **FA**

Verbes réguliers
BV + **-ed** à toutes les personnes (ou **-d** si le verbe termine par un **-e**. Ex. : I cook → I cook**ed**, she hopes → she hop**ed**). Si le verbe se termine par **-y**, la marque du prétérit sera **-ied** (ex. : they worry → they worr**ied**), sauf si le **-y** est précédé d'une V (ex. : we play → we play**ed**).

Verbes irréguliers
Le prétérit et le participe passé (pp) du verbe sont des formes fixes à apprendre (nous vous conseillons d'apprendre le pp en même temps, car vous en aurez besoin pour apprendre un autre temps au chapitre 18).

• **FI et FN :** Nous avons besoin de l'auxiliaire **do** au prétérit : **did** [did]

FN : sujet + **did** + **not** + BV ou en forme contractée **sujet + didn't** [did^{eu}nt] + BV (ex. : I … they **did not** run / I … they **didn't** run)

FI : **did** + sujet + BV (ex. : **did** I … they go?). Comme pour les autres temps, on ne répond pas à une question au prétérit par **yes** ou **no** tout court (ex. : did you see Anna yesterday? No, I did not / didn't – Yes, I did). S'il existe un interrogatif, on le place en début de phrase (ex. : **what did you do?** = *qu'as-tu fait ?* **Where did you go?** = *où es-tu allé ?*). Avec **who** : sujet + verbe au prétérit (ex. : **who cooked?** = *qui a cuisiné ?*)

Cas à part à apprendre : le verbe to be

FA	FI	FN pleine	FN contractée
I **was** ['ouoz]	**was** I?	I **was not**	I **wasn't** ['ouoz^{eu}nt]
you **were** ['oueu^r]	**were** you?	you **were not**	you **weren't** ['oueunt]
she / he / it **was**	**was** she / he / it?	she / he / it **was not**	she / he / it **wasn't**
we, you, they **were**	**were** we, you, they?	we, you, they **were not**	we, you, they **weren't**

Utilisation
• On utilise ce temps pour parler d'une action passée et terminée (coupée du présent). Notez que l'action est la plupart du temps datée ou associée à un marqueur de temps passé comme *hier, la semaine dernière, il y a x jours, en 1999*, etc. (ex. : I bought a car yesterday/last week/in 2012). Si l'action n'est pas datée, il est évident qu'elle renvoie au passé (ex. : the Greeks invented democracy = *les Grecs ont inventé la démocratie*).

• Parmi les verbes que vous avez croisés jusqu'à présent dans ce cahier, voilà ceux qui sont irréguliers. Par défaut, ceux qui ne figurent pas dans ce tableau sont donc à considérer comme réguliers. Sont énumérés dans cet ordre : infinitif, prétérit, participe passé (pp).

EXPRIMER DES ÉVÉNEMENTS PASSÉS, TERMINÉS ET DATÉS

To be, I was ['ouoz], been ['bin]

To begin, I began ['bigan], begun ['bigeun]

To break ['brèïk], *(casser)* I broke ['br^eu-ouk], broken ['br^eu-ouk^eun]

To buy, I bought ['bôt], bought ['bôt]

To catch, I caught ['kôt], caught ['kôt]

To choose ['tchouz], *(choisir)* I chose ['tch^eu-ouz], chosen ['tch^eu-ouz^eun]

To come, I came ['kaïm], come ['keum]

To do, *(faire)* I did ['did], done ['deun]

To draw, I drew ['drou], drawn ['drôn]

To drink, I drank ['drank], drunk ['dreunk]

To drive, I drove ['dr^eu-ouv], driven ['driv^eun]

To eat, I ate ['èït], eaten ['it^eun]

To feed, I fed ['fèd], fed ['fèd]

To forgive, *(pardonner)* I forgave [f^eu'gèïv], forgiven [f^eu'giv^eun]

To get up, *(se lever)* I got ['got] up, got ['got] up

To give, I gave ['gèïv], given ['giv^eun]

To go, I went ['ouènt], gone ['geun]

To have, I had ['Had], had ['Had]

To hear, I heard ['Heud], heard ['Heud]

To help, I helpt* ['Hèlpt], helpt* ['Hèlpt]

To know, I knew ['niou], known ['n^eu-oun]

To make, I made ['mèïd], made ['mèïd]

To read, I read ['rèd], read ['rèd]

To run, I ran ['ran], run ['reun]

To say [sèï], *(dire)* I said ['sèd], said ['sèd]

To see, *(voir)* I saw ['sô], seen ['sin]

To send, I sent ['sènt], sent ['sènt]

To sing ['sing], I sang ['sang], sung ['seung]

To sleep, I slept ['slèpt], slept ['slèpt]

To speak, I spoke ['sp^eu-ouk], spoken ['sp^eu-ouk^eun]

To spread, I spread ['sprèd], spread ['sprèd]

To swim, I swam ['souam], swum ['soueum]

To take, I took ['touk], taken ['tèïk^eun]

To tell, *(dire à)* I told ['t^eu-ould], told ['t^eu-ould]

To teach, *(enseigner)* I taught ['tôt], taught ['tôt]

To think, I thought ['THôt], thought ['THôt]

To understand, I understood [eund^eu'stoud], understood [eund^eu'stoud]

To wear, I wore ['ouôr], worn ['ouôn]

To write, I wrote ['r^eu-out], written ['rit^eun]

* helped, helped aux USA

EXPRIMER DES ÉVÉNEMENTS PASSÉS, TERMINÉS ET DATÉS

Banque de mots
beach ['bitch] (*plage*)
mistake [mis'tèïk] (*erreur*)
mountain ['ma-ountin] (*montagne*)

- Mots du passé :
ago [eu'geu-ou] : *il y a…*
(ex. : **2 days ago** = *il y a 2 jours*)
last week ['last 'ouik] (*la semaine dernière*)

last month ['last 'meunTH] (*le mois dernier*)
last year (*l'année dernier/ière*)
yesterday ['ièsteudèï] (*hier*)

1. Entourez les verbes irréguliers

write – catch – see – hope – hear – begin – watch – hate – like – love – break – cook – tell – finish – believe – drive – trust – remember

2. Entourez la bonne forme de TO BE, puis passez la phrase à la forme interrogative et négative contractée

1. I was – were tired. ....
2. We was – were happy. ....
3. He was – were old. ....

3. Placez ces prétérits à côté des infinitifs qui leur correspondent

spoke, had, heard, thought, went, gave, wore

1. think ....
2. give ....
3. have ....
4. hear ....
5. go ....
6. wear ....
7. speak ....

4. Décrivez ce que John a fait ce matin, en choisissant le bon verbe/nom

brushed – hair – toast – got up – washed – drank

1. He .... at 6.
2. He .... tea.
3. He ate ....
4. He .... his[1] hands.
5. He .... his[1] teeth.
6. He combed[2] his[1] ....

1. En anglais, on utilise le possessif (et non l'article défini) avec les parties du corps placées en position de COD.
2. to comb = *peigner*

EXPRIMER DES ÉVÉNEMENTS PASSÉS, TERMINÉS ET DATÉS

5 Reliez chaque début de phrase à la fin qui lui correspond

1. Did you
2. My grandparents went
3. Sandy's mother
4. I did not
5. My neighbour's son

a. made a cake for her birthday.
b. broke his leg two days ago.
c. to Spain last year.
d. see my brother yesterday?
e. understand the lesson well.

6 Corrigez les erreurs dans les formes verbales

1. I catched the flu last year.
2. I did not cooked dinner tonight.
3. They was very sick last month.
4. Do you saw Patrick at the station?
5. She singed an Irish song.
6. Who did drove?

7 Placez les indicateurs temporels ci-dessous dans la section qui leur correspond

next year, yesterday, last week, today, in a week, 2 days ago, tomorrow, now

Past ['past] (*passé*)	Present ['prèseunt] (*présent*)	Future ['fioutcheur] (*futur*)
....	....	....
....	....	....
....		

8 Conjuguez les verbes au prétérit

1. We (not – go) .... to the beach last summer.
2. .... your son .... (like) spinach when he .... (be) a child?
3. .... Paul and Henry .... (buy) a new car last week?
4. I (work) in England .... in 1999.
5. Jenny (call) .... me yesterday.
6. He ....(make) many mistakes in his letter.

EXPRIMER DES ÉVÉNEMENTS PASSÉS, TERMINÉS ET DATÉS

9 Qu'ont-ils fait hier ? Répondez aux questions en apportant les éventuelles précisions nécessaires

1. Did he go to the beach?
....

5. Did he watch a film?
....

4. Did she break a glass?
....

2. Did she drink a glass of water? ....

3. Did he read a book?
....

On utilise aussi le prétérit pour former le **discours rapporté** (il a dit que + proposition au passé…). On le forme ainsi : **sujet + said + that** (optionnel pour traduire *que*) **+ proposition au prétérit** (ex. : *ils ont dit qu'ils détestaient le fromage* = **they said (that) they hated cheese**).

---

10 Transposez les exemples 1 et 2 au discours rapporté et faites l'inverse pour 3 et 4 (faites attention à bien adapter les pronoms !)

1. « I trust my son »
→ She ....

2. « I speak Spanish »
→ He ....

3. He said that he didn't like tea
→ « .... »

4. She said that she needed my pen
→ « .... »

EXPRIMER DES ÉVÉNEMENTS PASSÉS, TERMINÉS ET DATÉS

 Traduisez les phrases ci-dessous

1. Shakespeare a écrit Hamlet en 1601.
....
2. Pourquoi étais-tu fatigué ce matin ?
....
3. Nous n'avons pas bien dormi hier soir.
....
4. Ma sœur m'a pardonné il y a dix ans.
....
5. Où as-tu acheté les citrons ?
....
6. Il a dit que son nom n'était pas *Miller* mais *Millet*.
....

La prononciation du -ed

Le -ed peut se prononcer de 3 manières différentes :

- [id] après les sons [d] et [t]
- [t] s'il est trop difficile de prononcer [d], comme c'est le cas après les sons [p], [k], [f], [s] et [tch]
- [d] après les autres consonnes

12 Entourez la bonne prononciation

1. wanted	a. ['ouãntid]	b. ['ouãnt]	c. ['ouãnd]
2. liked	a. ['laïkid]	b. ['laïkt]	c. ['laïkd]
3. loved	a. ['leuvid]	b. ['leuvd]	c. ['leuvt]
4. hated	a. ['Hèïtd]	b. ['Hèït]	c. ['Hèïtid]
5. smoked	a. ['sm^{eu}-oukid]	b. ['sm^{eu}-oukt]	c. ['sm^{eu}-oukd]
6. worked	a. ['oueukt]	b. ['oueukd]	c. ['oueukid]
7. called	a. [kôlt]	b. [kôlid]	c. [kôld]
8. painted	a. ['pèïntid]	b. ['pèïnt^{eu}d]	c. ['pèïnt]
9. cooked	a. ['koukt]	b. ['koukid]	c. ['koukd]
10. cleaned	a. ['klinid]	b. ['klint]	c. ['klind]
11. believed	a. [bi'livd]	b. [bi'livid]	c. [bi'livt]
12. trusted	a. ['treust]	b. ['treustid]	c. ['treusd]
13. turned	a. ['teunt]	b. ['teunid]	c. ['teund]
14. waited	a. ['ouèïtid]	b. ['ouèït^{eu}d]	c. ['ouèïtd]

Bravo, vous êtes venu à bout de ce chapitre ! Il est maintenant temps de comptabiliser les icônes et de reporter le résultat en page 128 pour l'évaluation finale.

Exprimer la capacité, l'autorisation et l'obligation

- On utilise **CAN** [kan] au présent :
  - pour exprimer la **capacité** (savoir, pouvoir) et **l'autorisation** (pouvoir / être autorisé à)
  - avant les verbes de perception (to see, to hear*, to smell*. Ex. : je vois = I can see).

  * Notez que ces verbes sont irréguliers : to hear ['Hi-ᵉᵘʳ], I heard ['Heud], heard ['Heud] / to smell ['smèl], I smelt ['smèlt], smelt ['smèlt] (smelled ['smèld], smelled ['smèld] aux USA)

- On utilise **MUST** [meust] au présent pour l'**obligation** et l'**interdiction** ([ne pas] devoir).

- Ces auxiliaires dits « modaux » ne fonctionnent pas comme les verbes, ils n'ont **pas d'infinitif** et ont la **même conjugaison à toutes les personnes**.

	MUST	CAN
FA	**Obligation** « *il faut que..* », « *je dois...* » I … they **must**	**Capacité, autorisation** « *je sais...* », « *je peux...* » I … they **can**
FN	**Interdiction** I … they **must not** [meust not] Forme contractée : I … they **mustn't** ['meusᵉᵘnt]	**Incapacité ou absence d'autorisation** I … they **cannot** [kanot]. Forme contractée : I …they **can't** ['kãt]
FI	**Question sur l'obligation ou l'interdiction** **Must** I … they?	**Question sur la capacité / autorisation ou demande polie, demande d'autorisation** **Can** I [kanaï] … they?

- On y répond en reprenant l'auxiliaire : *yes I must / can* ou *no, I cannot / can't-must not / mustn't*.

- Comme d'habitude, s'il y a un mot interrogatif, on le place en début de phrase (ex. : What can you do? Where must you go?). Cas de **who** : **who + aux. modal + BV** (ex. : **who can swim? Who must call?** = *qui sait nager ? Qui doit appeler ?*).

EXPRIMER LA CAPACITÉ, L'AUTORISATION ET L'OBLIGATION

Banque de mots

blind ['blaïnd] (*aveugle*)
cup ['keup] (*tasse*)
chess ['tchès] (*les échecs*)
deaf ['dèf] (*sourd*)
dumb ['deum] (*muet*)
FA + neither... nor ['naïDH^{eur} ... nô^r] (*ni... ni*)
FN + either... or ['aïDH^{eur} ... ô^r] (*ni... ni*)
forbidden [f^{eu}'bid^{eu}n] (*interdit*)

fork ['fôk] (*fourchette*)
glass ['glas] (*verre*)
knife ['naïf] (*couteau*)
loud ['la-oud] (*fort, à haute voix*)
napkin ['napkin] (*nappe*)
of course [^{eu}v 'kô ^{eu}s] (*bien sûr*)
plate ['plèit] (*assiette*)
please ['pliz] (*s'il vous plaît*)
several ['sèvr^{eu}l] (*plusieurs*)

spoon ['spoun] (*cuillère*)
to borrow ['bor^{eu}-ou] (*emprunter*)
to hear ['Hi-^{eur}] (*entendre*)
to open ['^{eu}-oup^{eu}n] (*ouvrir*)
to see ['si] (*voir*)
to smell ['smèl] (*sentir*)
window ['ouind^{eu}-ou] (*fenêtre*)

 Demandez, puis dites si les personnages sont capables de faire ou non les actions illustrées, en utilisant CAN à la forme requise, NEITHER... NOR ou EITHER... OR, AND et BUT (inspirez-vous de la phrase 1, partiellement complétée)

	Robert	Helena
1. 🇮🇹	X	✓
2. 🎤	X	X
3. 🏊	✓	X

1. What can Robert do?
He can ....,
but he can't ....

2. .... Helena .... ?
She .... ,but she
can ....

 Complétez les phrases ci-dessous

1. She is ....
= she can't see

2. He is ....
= he can't speak

3. They are deaf
= they can't ....

EXPRIMER LA CAPACITÉ, L'AUTORISATION ET L'OBLIGATION

5 Indiquez ce que vous ou Brenda (ne) pouvez / savez (pas) ou (ne) devez (pas) faire

	YOU	BRENDA
Sait	🎸	🎹
A le droit de	📱	📷
Ne sait pas	🚫⚽	🚫♟️
Doit	📖	🚶‍♀️🕐
Ne doit pas	🚭	🚫🧂

1. You can .... / ....
2. You can't ....
....
3. You must ....
....
4. You mustn't ....
....
5. Brenda can .... / ....
6. Brenda can't ....
....
7. Brenda must ....
....
8. Brenda mustn't ....
....

6 Interdit ou permis ? Formez des phrases complètes en utilisant MUSTN'T ou CAN

1. 🚫📷 You ....
2. 🚫📱 You ....
3. 🚭 You ....
4. 🚫🍽️ You ....
5. 🚫🚲 You ....

7 Reformulez les deux énoncés ci-dessous à l'aide de l'impératif et du gérondif

1. You mustn't run – ....
– ....
2. You mustn't dance – ....
– ....

EXPRIMER LA CAPACITÉ, L'AUTORISATION ET L'OBLIGATION

8 Présentez les deux personnages suivants en utilisant TO BE, le présent simple, HAVE GOT, CAN et MUST (aux formes appropriées) et les mots de liaison BUT et BECAUSE

1. Simon O'Brien. 45. Married. Irish. Dublin. Baker.

    Backache (*mal de dos*) →

....
....

2. Heather Green. 33. Single. American. Dallas. Teacher.

    Asthma →

....
....

> Pour exprimer l'obligation, on utilise aussi **have to** + BV (have conjugué au temps nécessaire). Alors qu'avec **must**, le sentiment d'obligation vient de l'énonciateur lui-même, avec **have to**, l'obligation est « externe », elle vient de quelqu'un d'autre (ex. : the child's mother says he will have to sleep = *la mère de l'enfant dit qu'il devra dormir*). À la forme négative, son emploi traduit l'absence d'obligation (ex. : you didn't have to cook = *tu n'avais pas à cuisiner/ tu n'avais pas besoin de cuisiner*).

9 Traduisez les énoncés ci-dessous

1. Parle plus fort, je ne t'entends pas.
....

2. Je dois me laver les mains avant de manger.
....

3. Peux-tu me donner ton numéro de téléphone ?
....

4. Elle n'a pas besoin de se lever à 6 h.
....

5. Tu dois dormir. Le médecin l'a dit.
....

6. Pouvez-vous m'indiquer le chemin de la gare ?
....

7. Peut-il t'emprunter ta voiture ?
....

8. Je dois appeler ma sœur ce soir.
....

EXPRIMER LA CAPACITÉ, L'AUTORISATION ET L'OBLIGATION

Les lettres silencieuses (2/2)

Rappel du chapitre 14 : il arrive parfois que certaines lettres ne se prononcent pas. Découvrez les autres cas les plus fréquents et utiles ci-dessous.

N	Ne se prononce pas dans les mots se terminant en **mn** (ex. : hymn ['Him], column ['kol^{eu}m])
P	Ne se prononce pas dans les graphies **ps** et **pn** de début de mot (ex. : pseudonym [' si**ou**d^{eu}nim]) + le mot cupboard
S	Ne se prononce pas devant le **l** (ex. : island ['aïl^{eu}nd], *île*)
T	**a.** Ne se prononce pas entre 2 C (ex. : castle ['kas^{eu}l], *château*) et les graphies **C + -ten** (ex. : listen [' lis^{eu}n]) **b.** Ni en fin de mot si celui-ci est d'origine française (ex. : gourmet ['g**ou**mèï])
U	Ne se prononce pas dans la graphie **gu-** (ex. : guitar ['gitâ^r])
W	**a.** Ne se prononce pas devant un **r** (ex. : write ['raït]) **b.** Ni dans quelques autres mots courants (ex. : who ['H**ou**], two ['**tou**])

10 Entourez la bonne prononciation

1. cupboard	**a.** ['keub^{eu}d]	**b.** ['keupb^{eu}d]	**c.** ['keup^{eu}d]
2. psychology	**a.** [paï'kol^{eu}dji]	**b.** [saï'kol^{eu}dji]	**c.** [psaï'kol^{eu}dji]
3. Christmas	**a.** ['kristm^{eu}s]	**b.** ['krism^{eu}s]	**c.** ['kritm^{eu}s]
4. autumn	**a.** ['ôt^{eu}m]	**b.** ['ôt^{eu}mn]	**c.** ['ôt^{eu} n]
5. buffet	**a.** ['boufèt]	**b.** ['boufèït]	**c.** ['boufèï]
6. isle	**a.** ['aïs]	**b.** ['aïsl]	**c.** ['aïl]
7. wrist	**a.** ['rist]	**b.** ['ourist]	**c.** ['ouist]
8. answer	**a.** ['eunsou^{eur}]	**b.** ['euns^{eur}]	**c.** ['asou^{eur}]
9. guest	**a.** ['gèst]	**b.** ['djèst]	**c.** ['ouèst]
10. wrong	**a.** ['rong]	**b.** ['ouong]	**c.** ['ron]
11. whose	**a.** ['H**ou**]	**b.** ['**ou**z]	**c.** ['H**ou**z]

Bravo, vous êtes venu à bout de ce chapitre ! Il est maintenant temps de comptabiliser les icônes et de reporter le résultat en page 128 pour l'évaluation finale.

17
Donner un conseil, faire une demande polie et s'exprimer au conditionnel

- Pour donner un **conseil**, on utilise l'auxiliaire modal **should** [choud]* (*tu devrais...*) ou l'expression **had better** [Had 'bèt{eur}] (*tu ferais mieux de...*).

- On s'exprime au **conditionnel** (*si je pouvais...*) avec l'auxiliaire modal **would** [oud]*. Ce temps permet entre autres de faire une demande polie.

- Comme **can** et **must**, ils n'ont **pas d'infinitif** et ils se conjuguent de la **même façon à toutes les personnes.**

* Notez que le l est muet dans les deux cas.

	FA	FN	FI
should	I... they **should + BV**	I... they **should not + BV** F. contractée : I... they **shouldn't** [choud{eu}nt] **+ BV**	**Should** I... they **+ BV?** On y répond par *yes, I should* ou *no, I should not / shouldn't*. On n'utilise pas la forme contractée quand la réponse est affirmative
had better	I... they **had better + BV** F. contractée : I... they'**d better + BV**	I... they'**d / had better not + BV**	**Had** I... they **better + BV?** (peu utilisé, on lui préfère **should**)
would	I... they **would + BV** F. contractée : I... they'**d + BV**	I... they **would not + BV** F. contractée : I... they **wouldn't** [oud{eu}nt] **+ BV**	**Would** I... they **+ BV?** On y répond par *yes, I would* ou *no, I would not / wouldn't*. On n'utilise pas la forme contractée quand la réponse est affirmative.

- Comme toujours, s'il y a un mot interrogatif, il se place en début de phrase (ex. : where would I go? *Où irais-je ?* What should we do? *Que devrions-nous faire ?*). Cas de **who** : who should call? *Qui devrait appeler ?* Who would know? *Qui saurait ?*

- **On utilise beaucoup would pour faire une demande polie** (ex. : I would like an apple = *je voudrais une pomme*). On utilise **could** [koud], conditionnel de **can**, pour demander un service poliment (ex. : could you pass me the salt? = *pourriez-vous me passer le sel ?*).

DONNER UN CONSEIL, FAIRE UNE DEMANDE POLIE ET S'EXPRIMER AU CONDITIONNEL

1. Complétez les espaces par HAD, SHOULD ou WOULD

1. Perhaps you .... exercise more.
2. Hello, I .... like to book a table for two.
3. They .... not cycle without wearing a helmet.
4. He .... not laugh, it's not funny!
5. You .... better call her tonight.

Banque de mots
careful ['kè-ᵉᵘfᵉᵘl] *(prudent)*
even if ['ivᵉᵘn if] *(même si)*
helmet ['Hèlmᵉᵘt] *(casque)*
if [if] *(si)*
rude ['roud] *(grossier)*
to apologise [ᵉᵘ'polodjaïz] *(s'excuser)*
to book ['bouk] *(réserver)*
to complain [kᵉᵘm'plèïn] *(se plaindre)*
to rest ['rèst] *(se reposer)*
to show ['chᵉᵘ-ou] *(montrer)*
to skip ['skip] *(passer, sauter)*

2 adverbes utiles pour atténuer un conseil :
maybe ['mèïbi], utilisé en début ou fin de phrase et **perhaps** [pᵉᵘ'Haps] (un peu plus soutenu), utilisé en début, milieu ou fin de phrase. Ils signifient tous les deux *peut-être*.

2. Complétez les cases pour traduire les mots ci-dessous

1. Se reposer : R _ _ _ _
2. Se plaindre : _ _ M _ _ _ _ N
3. Réserver : _ _ O _
4. S'excuser : _ P _ L _ _ _ S _
5. Montrer : _ H O _
6. Grossier : R _ _ E
7. Casque : _ E L _ _ T

3. Reliez chaque début d'énoncé à la fin qui lui correspond

1. I had
2. What you did was rude,
3. He should not
4. She will
5. They would like

a. you should apologise.
b. to rest, they did not sleep last night.
c. show you her new laptop if you ask her.
d. better book a table, this restaurant is always full!
e. complain, he doesn't have many problems!

DONNER UN CONSEIL, FAIRE UNE DEMANDE POLIE ET S'EXPRIMER AU CONDITIONNEL

4 Remettez les éléments dans l'ordre pour former des phrases pertinentes, puis reliez celles-ci aux illustrations qui leur correspondent

1. hands / her / better / she / had / wash .... • a.

2. like / would / cake / you / some / chocolate? .... • b.

3. like / I / please / tea / would / some .... • c.

4. not / should / swim / eating / after / you .... • d.

5. be / careful / you / more / should! .... • e.

Le conditionnel dans le discours rapporté (il dit que..., il a dit que...)

- **Would** peut servir à faire la concordance des temps lorsque l'on passe au discours rapporté. Notez que **que** se traduit par **that** et qu'il n'est pas obligatoire de l'utiliser.

- Phrase au discours direct : « I will get up at 7 »

Temps de la proposition (prop.) principale	Temps de la prop. subordonnée
Présent simple she says...	**Futur (will)** ... (that) she will get up at 7
Prétérit she said...	**Conditionnel (would)** ... (that) she would get up at 7

DONNER UN CONSEIL, FAIRE UNE DEMANDE POLIE ET S'EXPRIMER AU CONDITIONNEL

Hypothèses et irréel

- **Would** sert aussi dans la formulation d'hypothèses.
- **À noter :** au prétérit conditionnel, on ne dit plus I / he / she / it **was** pour dire « *si j'étais, tu étais, il / elle était…* » mais **were** ! (ex. : **if I were you** = *si j'étais toi*). Pour tous les autres verbes, on applique le prétérit que vous avez appris.

Prop. principale	Prop. subordonnée
Conditionnel	Prétérit
You would drink tea…	… if you liked it
I would sleep…	… if I were tired

5 Traduisez les discours indirects ci-dessous (dérivés de l'énoncé au discours direct « I will show you my kitchen »)

1. Elle dit qu'elle me montrera sa cuisine.
....
2. Elle a dit qu'elle me montrerait sa cuisine.
....

6 Corrigez les erreurs

1. You would better not cook any meat, she's a vegetarian.
....
2. Why should he watching the film?
....
3. My parents will travel more if they had time.
....
4. Donna says that she would go to the swimming pool too.
....
5. Who would better stop complaining?
....
6. Dean wouldn't wear a helmet even if he has one.
....
7. If I was you, I would better drink less vodka.
....

DONNER UN CONSEIL, FAIRE UNE DEMANDE POLIE ET S'EXPRIMER AU CONDITIONNEL

Dans le chapitre 6, nous avons vu quelques quantificateurs (du, de la, des, un peu de, beaucoup de). Il nous reste à apprendre comment dire *plus de, moins de* quelque chose. Comme toujours, cela dépend si le nom est dén. ou indé. :

- **plus de = more** [môʳ] + dén plur. ou indé. (ex. : more apples, more milk)
- **moins de = less** [lès] + indé. (ex. : less sugar) / **fewer** ['fiou-ᵉᵘʳ] + dén. plur. (ex. : fewer potatoes)

7 Entourez le bon quantificateur

1. I would like **less eggs** – **fewer eggs**
2. You should eat **less meat** – **fewer meat**
3. I would like **more potatoes** – **more bread**

8 Traduisez les phrases ci-dessous

1. On est en retard, tu ferais mieux de te dépêcher. ....
2. Tu devrais manger moins de noix et plus de légumes. ....
3. Où achèterais-tu une voiture, si tu avais plus d'argent ? ....
4. Tu es fatigué, tu devrais peut-être te reposer. ....
5. Je voudrais plus de poivre sur mes pommes de terre. ....
6. Tu ferais mieux de ne pas sauter le petit-déjeuner. ....
7. Pourquoi voudrais-tu plus de lait ? ....
8. Je ne mangerais pas plus de pâtes, même si j'avais faim. ....

Les accents de mots 1/2 (noms et adjectifs)

- En anglais, on entend certaines syllabes plus que d'autres. Chaque mot porte en effet ce qu'on appelle un *accent tonique*. Dans les dictionnaires, comme dans ce cahier, il est signalé par une apostrophe avant la syllabe accentuée. En pratique, la syllabe accentuée est plus forte et plus longue, on l'entend plus clairement que les autres (ex. : dans le mot *table*, on entend surtout le **ta** [tèï], ce nom sera donc noté 'table). Ce sont les mots-clés qui sont accentués : surtout les verbes, adjectifs et noms. Les articles, pronoms, auxiliaires et prépositions ne le sont pas (ex. : the 'cat is on the 'bed).

DONNER UN CONSEIL, FAIRE UNE DEMANDE POLIE ET S'EXPRIMER AU CONDITIONNEL

- Les adjectifs et les noms de 2 ou 3 syllabes sont accentués sur la première (ex. : 'happy, 'confident). En revanche si la dernière syllabe du mot contient **aa, ee, ese, ette, eer, oo, ade** l'accent porte sur cette dernière syllabe (ex. : cru'sade [krou'zèïd], *croisade*, laund'rette [leund^{eu}'rèt], *laverie automatique*, ba'zaar [b^{eu}'zâr], *bazar*, ba'lloon [b^{eu}'lou**n**], *ballon gonflable*, veneer [v^{eu}'nir], *vernis*).

- Exceptions de 2 syllabes : he'llo, Ju'ly.
- Exceptions de 3 syllabes : e'leven, to'mato, po'tato, ba'nana, Sep'tember, No'vember.
- Rappel : le **e** final est muet, ce qui a une conséquence sur le nombre de syllabes des mots (ex. : talkative = 3 syllabes et non 4).

9 RIGHT or WRONG?

1. ra'bbit .... R W
2. Spa'nish .... R W
3. Ju'ly .... R W
4. 'clever .... R W
5. 'hello .... R W
6. 'kitchen .... R W
7. beauti'ful ...... R W
8. po'tato .... R W
9. 'interesting .... R W
10. 'neighbour ... R W
11. ba'nana .... R W
12. 'career .... R W

10 Entourez la bonne accentuation

	A.	B.	
1.	'shampoo	sham'poo	[cheump**ou**]
2.	dange'rous	'dangerous	[dèïng^{eu}r^{eu}s]
3.	'butcher	bu'tcher	[boutch^{eur}]
4.	lu'cky	'lucky	[leuki]
5.	'helmet	hel'met	[Hèlm^{eu}t]
6.	'purple	pur'ple	[p**eu**p^{eu}l]
7.	lemo'nade	'lemonade	[lèm^{eu}nèïd]
8.	um'brella	'umbrella	[ambrèl^{eu}]
9.	'restaurant	res'taurant	[rèstr^{eu}nt]

Bravo, vous êtes venu à bout de ce chapitre ! Il est maintenant temps de comptabiliser les icônes et de reporter le résultat en page 128 pour l'évaluation finale.

18
Parler d'événements (passés) toujours en lien avec le présent

- **Formation**
  - **FA** : **sujet + have* conjugué au présent + participe passé du verbe (pp).** Le pp se forme en ajoutant **-ed** à la base verbale si le verbe est régulier (ex. : he has cooked pasta = *il a cuisiné des pâtes*). Si le verbe est irrégulier, c'est une forme fixe à apprendre (ex. : I have made a cake = *j'ai fait un gâteau*).
  - **FN** : **sujet + have conjugué au présent + not + pp** (ex. : I have not/haven't cooked pasta).
  - **FI** : **have conjugué au présent + sujet + pp?** (ex. : has she cooked pasta? Has she made a cake?).

Pour répondre **oui** ou **non**, on reprend l'auxiliaire, comme d'habitude (ex. : have you cleaned the fridge? Yes, I have / no, I haven't). Comme toujours, on place les éventuels interrogatifs en début de phrase (ex. : why/when have you cleaned the fridge?). Cas de **who** : **who has cleaned the car?** = *qui a lavé la voiture ?*

À noter : Comme en français, les pp peuvent être employés comme adjectifs (ex. : the letter is written = *la lettre est écrite*).

- **Utilisations**
  - pour parler d'un événement passé, quand on ne précise pas le moment où il a eu lieu (≠ prétérit). On met alors l'accent sur **les conséquences de l'action** passée dans le présent (ex. : **I have cleaned the fridge** = *J'ai nettoyé le réfrigérateur*. On ne sait pas quand je l'ai fait, mais ça n'a pas d'importance car on veut souligner qu'il est maintenant propre).
  - avec l'adverbe **just** placé après **have**, pour parler d'une action qui vient de se produire (ex. : **I have just cleaned the fridge** = *je viens de nettoyer le réfrigérateur*).
  - pour une action qui a commencé dans le passé et continue dans le présent (alors qu'en français on utilise le présent). Pour traduire **depuis**, on utilisera **for** [fô^r] devant une durée (ex. : **I have lived in London for 2 years** = *j'habite à Londres depuis deux ans*) et **since** ['sins] devant une date ou un moment « précis » (ex. : **I have lived in London since 2014 / my wedding** = *j'habite à Londres depuis 2014/mon mariage*).

- Pour demander si une action s'est déjà produite ou pas, on utilise soit **ever** ['èv^{eur}] (après le sujet) soit **yet** [ièt] (fin de phrase), qui signifient tous deux **déjà**. Cependant **ever** = *de sa vie* (ex. : **Have you ever been to Spain?** = *Es-tu déjà allé en Espagne (de ta vie) ?*) alors que **yet** s'utilise pour une période de temps plus limitée (de la journée par exemple. Ex. : **have you had dinner yet?** = *As-tu déjà dîné ?*).

- **Remarques :**
  - **never**, que vous connaissez = not + ever !
  - Notez cet emploi du superlatif où le present perfect est utile : it's the + superlatif + **I have ever seen** = *c'est le plus... que j'ai jamais vu*.

* Have fonctionne alors comme un auxiliaire et ne correspond pas au verbe avoir

PARLER D'ÉVÉNEMENTS COMMENCÉS DANS LE PASSÉ, EN LIEN AVEC LE PRÉSENT

Banque de mots
flour ['fla-ou^{eur}] *(farine)*
not yet [not ièt] *(pas encore)*
once ['oueuns] *(une fois)*
pill ['pil] *(cachet, pilule)*
to break down ['brèïk da-oun] *(tomber en panne)*
to breathe ['briDH] *(respirer)*
to cut, I cut, cut ['keut] *(couper)*
to lose ['louz], I lost, lost ['lost] *(perdre)*
to put on weight ['pout on 'ouèït] *(prendre du poids)*
twice ['touaïs] *(deux fois)*
wallet ['ouol^{eu}t] *(portefeuille)*

• Pour les exercices qui suivent, référez-vous au tableau des verbes irréguliers du chapitre 15, si vous ne les avez pas encore (tous) appris !

❶ Entourez le bon participe passé

1. **be** : been – was – were
2. **read** : rode – read – readed
3. **know** : knowed – knewn – known
4. **eat** : eaten – eated – ate
5. **buy** : buyed – boughten – bought
6. **break** : breaken – broken – breaked
7. **see** : sawed – sawn – seen
8. **think** : thinked – thought – thinken
9. **write** : writ – wrotten – written
10. **drink** : drunk – drinken – drank

❷ Entourez le bon participe passé employé comme adjectif

1. My glasses are **eaten – broken – read**
2. The cake is **read – drunk – eaten**
3. The car was **read – bought – helpt**
4. The milk was **broken – read – drunk**
5. The book was **read – eaten – broken**

❸ Reliez une lettre à chaque chiffre pour former des phrases pertinentes

Action passée

1. He has put on weight •
2. He hasn't slept well •
3. He has brushed his teeth •
4. She has stopped smoking •
5. She has drunk a lot •

Résultat dans le présent

• **a.** they're clean now
• **b.** she is sick
• **c.** she can breathe better
• **d.** he wears XXL clothes now
• **e.** he is tired

117

PARLER D'ÉVÉNEMENTS COMMENCÉS DANS LE PASSÉ, EN LIEN AVEC LE PRÉSENT

4 Construisez des propositions à l'aide des éléments entre parenthèses, de façon à constituer une phrase pertinente

1. He feels better now because **(he – take his pills)** ....
2. **(He – buy – eggs – not)** .... , so he can't make a cake.
3. **(I – do – the shopping – not)** .... , so the fridge is empty.
4. We are friends again because **(she – forgive me)** ....
5. My son **(play the trumpet)** .... for 12 years, so he's a good player now.

5 Conjuguez les verbes au temps qui convient : present perfect, prétérit ou présent simple

1. I don't know this book, I **(not – read)** .... it.
2. Sean **(not – brush his teeth)** .... last night.
3. My wife **(work)** .... in Berlin since 2005.
4. My wife **(work)** .... in Berlin. She loves it there!
5. My parents **(live)** .... in Rome from 1980 to 1990.

6 Entourez le bon adverbe

1. I've played the piano **for – since** I was ten.
2. Have you called her **yet – ago – ever**?
3. You went to the doctor's two weeks **yet – ago**.
4. She is the nicest woman I have **yet – ever** seen.
5. I'm hungry, I haven't eaten **for – ago – yet**.
6. He has been a lawyer **for – since – ever** 1987.
7. Have you **ago – ever – yet** played rugby?
8. They have been married **since – for** 20 years.

PARLER D'ÉVÉNEMENTS COMMENCÉS DANS LE PASSÉ, EN LIEN AVEC LE PRÉSENT

7 Indiquez ce qu'ils viennent de faire en vous aidant de l'illustration

1. He ....
2. The car ....

3. He .... his ....
4. She ....

8 Traduisez les phrases ci-dessous

1. Ma sœur n'a pas encore cuisiné le déjeuner. ....
2. Il n'a pas nagé depuis 20 ans. ....
3. Ils sont divorcés depuis 1999. ....
4. As-tu vu mon portefeuille ? Je l'ai perdu. ....
5. Je parle anglais depuis 3 mois. ....
6. Qu'as-tu cuisiné ? ....
- J'ai fait des pancakes. ....
- Quand les as-tu faits ? ....
- Je les ai faits il y a une heure. ....
7. Laura est allée en Allemagne deux fois. ....
8. Oliver a cuisiné espagnol une fois. ....
9. As-tu déjà cassé tes lunettes ? ....

Les question tags

• Maintenant que vous connaissez quelques modaux et les temps principaux, vous pouvez commencer à utiliser ce qu'on appelle des **question tags.** Ce sont des petits énoncés interrogatifs de fin de phrase. Ils sont utilisés pour solliciter une confirmation de ce que l'on vient de dire ou pour marquer la surprise ou l'étonnement (hein ? n'est-ce pas ? si ? non ?).

• On les forme en **inversant le sujet et l'auxiliaire de la phrase et on inverse la polarité** (affirmative ou négative. Ex. : you**'re** tired, **aren't** you? = *Tu es fatigué, non ?* / She **didn't** drink her tea, **did** she? = *Elle n'a pas bu son thé, si ?*). Si la phrase contient **let's**, on reprend par **shall we?**

PARLER D'ÉVÉNEMENTS COMMENCÉS DANS LE PASSÉ, EN LIEN AVEC LE PRÉSENT

Les accents de mots 2/2 (verbes)

Les verbes sont généralement accentués sur la **deuxième syllabe**, à part ceux qui se terminent par **-ow, -en, -y, -er, -ish**, qui portent l'accent sur la première syllabe (ex. : to 'allow, to 'publish, to 'wonder, to 'listen, to 'study).

9 Complétez les phrases ci-dessous par un question tag

1. You haven't eaten yet, ... ?
2. He trusts me, ... ?
3. She wasn't shy, ... ?
4. Your birthday is in March, ... ?
5. You apologised, ... ?
6. His wife isn't 60, ... ?
7. They shouldn't have bacon, ... ?
8. She doesn't like him, ... ?
9. You can't speak German, ... ?
10. Let's buy a laptop, ... ?

10 Quel mot est mal accentué ? (un par ligne)

1. to 'follow, to pu'nish, to 'open, to 'hurry
2. to 'finish, to 'listen, to be'gin, to 'apologise

11 Chassez l'intrus

1. to forgive, to believe, to explain, to listen
2. to publish, to open, to worry, to hurry, to forgive, to borrow

12 RIGHT or WRONG?

1. to 'believe .... [R] [W]
2. to 'worry .... [R] [W]
3. to 'complain ..... [R] [W]
4. to for'give .... [R] [W]
5. to 'borrow .... [R] [W]

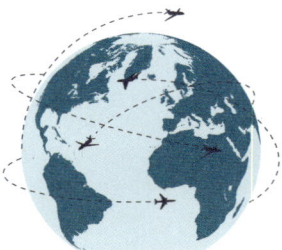

Le son [ᵉᵘ]

Comme vous l'aurez remarqué, il existe un son [eu] et un son [ᵉᵘ]. Ce dernier se réalise avec n'importe quelle voyelle, dès lors que celle-ci fait partie d'une syllabe non accentuée (ex. : 'children = ['tchildrᵉᵘn]). Dans les graphies **ir, er, ur, or**, la voyelle se prononce [eu] en milieu de mot, la syllabe étant accentuée (ex. : 'girl ['geul]). En revanche, cette voyelle se prononce [ᵉᵘ] si ces graphies sont en syllabe de fin de mot car elles ne sont alors pas accentuées (ex. : 'sister ['sistᵉᵘr]).

PARLER D'ÉVÉNEMENTS COMMENCÉS DANS LE PASSÉ, EN LIEN AVEC LE PRÉSENT

13 Classez les mots dans le tableau selon qu'ils contiennent un [eu] ou un [ᵉᵘ]

thirty, to occur, shower, her, work, university, shirt, verb, doctor, birthday, actor, thirsty, under, church, butcher, herb, better, Thursday, October

Les terminaisons de mots suivants ne sont pas accentuées, par conséquent leurs voyelles se réalisent par ce son [ᵉᵘ] :
- ion/tion = [chᵉᵘn] (ex. : 'station : stèïchᵉᵘn])
- ous = [ᵉᵘs] (ex. : 'famous : fèïmᵉᵘs)

[eu]	[ᵉᵘ]

14 Identifiez la bonne prononciation

1. 'pasta	a. [pᵉᵘsta]	b. [pastᵉᵘ]	c. [pasta]
2. 'carrot	a. [karot]	b. [kᵉᵘrot]	c. [karᵉᵘt]
3. e'motion	a. [imᵉᵘ-ouchᵉᵘn]	b. [eumᵉᵘ-ouchᵉᵘn]	c. [imᵉᵘ-ouchon]
4. 'salmon	a. [sâmon]	b. [sâmᵉᵘn]	c. [salmᵉᵘn]
5. 'clever	a. [kleuvᵉᵘr]	b. [klèvèr]	c. [klèvᵉᵘr]
6. ca'reer	a. [kᵉᵘri-ᵉᵘr]	b. [karir]	c. [kari-ᵉᵘr]
7. 'elephant	a. [èlifᵉᵘnt]	b. [èlᵉᵘfᵉᵘnt]	c. [ᵉᵘlifᵉᵘnt]
8. 'generous	a. [djènᵉᵘrᵉᵘs]	b. [djènèrous]	c. [djènèreus]
9. 'listen	a. [lisᵉᵘn]	b. [leustᵉᵘn]	c. [liseun]
10. 'cinema	a. [sinèmeu]	b. [sinᵉᵘmᵉᵘ]	c. [sinᵉᵘma]
11. 'confident	a. [konfidant]	b. [konfidᵉᵘnt]	c. [kᵉᵘnfidᵉᵘnt]
12. ba'lloon	a. [baloun]	b. [bᵉᵘloun]	c. [bᵉᵘlon]
13. 'vegetable	a. [vᵉᵘdjètᵉᵘbᵉᵘl]	b. [vèdjtᵉᵘbᵉᵘl]	c. [vèdjètèbᵉᵘl]
14. 'burger	a. [beugᵉᵘr]	b. [bᵉᵘgeur]	c. [beugeur]

15 Identifiez les syllabes contenant le son [ᵉᵘ]

1. 'never
2. 'kitchen
3. 'water
4. edu'cation
5. 'helmet
6. 'April
7. 'honourable
8. 'sofa
9. 'restaurant
10. 'problem
11. 'zebra
12. 'umbrella
13. 'Anna
14. a'go
15. 'postman
16. 'pizza
17. 'colour
18. 'neighbour
19. 'dangerous
20. A'merican
21. 'husband
22. ba'nana
23. 'lemon
24. 'action

Bravo, vous êtes venu à bout de ce chapitre ! Il est maintenant temps de comptabiliser les icônes et de reporter le résultat en page 128 pour l'évaluation finale.

SOLUTIONS

1. Former ses premières phrases 1/2

❶ 1. H 2. J 3. D 4. X 5. R 6. U

❷ 1. [èï] 2. [i] 3. [aï] 4. [iou] 5. [ouaï] 6. [dji] 7. [kèï] 8. [ki**ou**]

❸ 1. [ès] [aï] [èm] [eu-ou] [èn] 2. [pi] [èï] [iou] [èl] 3. [djèï] [èï] [èn] [i]

❹ 1. a 2. an 3. an 4. a 5. a 6. an

❺ 1. The cat 2. An umbrella 3. A rabbit 4. The dog

❻ 1. [DH**i**] 2. [DH**eu**] 3. [DH**eu**] 4. [DH**i**]

❼ 1. it 2. we 3. he 4. they 5. you 6. she 7. they 8. it

❽ 1. are 2. are 3. are 4. is – a boy 5. is – a dog 6. is – a woman

❾ 1. I am Sarah. I am a girl. 2. Matt's a man. 3. They're sad. 4. Keira is happy. 5. I'm John.

❿ 1. You are ready. – Wrong 2. The cat is sick. – Right 3. The man is English. – Wrong 4. It is a rabbit. – Right

⓫ 1. English 2. Germany 3. Ireland 4. Spanish 5. American 6. Italy

⓬ 1. It is/It's an umbrella. 2. You are/You're American. 3. The girl is/The girl's Irish. 4. The dog is/The dog's sad. 5. We are/We're tired. 6. I am/I'm German. 7. The woman is/The woman's sorry.

⓭ 1. B 2. A 3. C 4. A 5. B

⓮ 1. ['bag] 2. ['kèïk] 3. ['fâm eur] 4. ['bèïkeun] 5. ['kôl] 6. ['taksi] 7. ['bèïbi] 8. ['dâk] 9. ['kap] 10. ['èm eu]

⓯ 1. a. lack – b. lake 2. a. fat – b. fate 3. a. mad – b. made 4. a. plan – b. plane

2. Former ses premières phrases 2/2

❶ 1. She **isn't** 2. **we're not**

❷ 1. Is the man Spanish? 2. The girl is not ready.

❸ 1. Is Jennifer tired? Jennifer's not/isn't/is not tired. 2. Is Simon Irish? Simon's not/isn't/is not Irish. 3. Are you sick? You're not/aren't/are not sick.

❹ 1. No, it's not/it isn't. It's a cat. 2. Yes, it is. 3. Yes, they are. 4. No, she's not/she isn't. She's happy.

❺ 1. Is Paul Italian? No, he's not. He's German. 2. Is Helena happy? Yes, she is. 3. Is it an apple? No, it's not. It's an egg. 4. Is it a boy? No, it's not. It's a girl.

❻ 1. on 2. in 3. under 4. behind 5. next to

❼ 1. Kitchen : fridge – stove 2. Living-room : armchair 3. Bedroom : wardrobe 4. Bathroom : soap – towel

❽ 1. Where are the soaps? They're on the towel. 2. Where's the boy? He's in the bath. 3. Where are the dogs? They're behind the door. 4. Where's the lamp? It's under the chair.

❾ 1. No, she's not. She's in the bedroom. 2. Yes, he is. 3. Yes, it is. 4. No, she's not. She's between the fridge and the table.

❿ one ; 10 ; four ; 11 ; eight ; 2 ; twelve ; six

⓫ five ; seven ; nine ; eleven

⓬ 1. How many chairs are there? There are two (chairs). 2. How many soaps are there on the towel? There are three (soaps).

⓭ 1. Is there a cat 2. No, there aren't.

⓮ 1. The bathroom is between the bedroom and the kitchen. 2. The carpet is next to the bed.

⓯ 1. It's four (p.m.). 2. It's half past seven (a.m.). 3. It's a quarter to eleven (a.m.). 4. It's a quarter past five (a.m.). 5. It's ten (p.m.). 6. It's ten to ten (p.m.). 7. It's two to three (a.m.). 8. It's eight (a.m.).

⓰ 1. 11:30 2. 11:50 3. 7:15 4. 04:12

⓱ 1. p.m. 2. a.m.

⓲ 1. Good morning – breakfast 2. Good afternoon – a snack 3. Good evening – dinner 4. Good afternoon – lunch

⓳ there – where

⓴ 1. ['bat] / ['bèt] 2. ['bad] / ['bèd] 3. ['tan] / ['tèn] 4. ['pan] / ['pèn]

㉑ 1. paper ['pèïp eur] / pepper ['pèp eur] 2. tale ['tèïl] / tell ['tèl] 3. gate ['gèït] / get ['gèt] 4. late ['lèït] / let ['lèt]

㉒ 1. ten 2. behind 3. brother 4. fine 5. behind

3. Se présenter et présenter une personne ou un objet

❶ Hello, what's your name? First name : **Robert** – Last name : **Summer**

❷ My name is Paul Spencer. [ès] [pi] [i] [èn] [si] [i] [âr]

❸ great – fine – so-so – terrible

❹ 1. These are hats. 2. That is a belt. 3. This is a cap. 4. Those are bags.

❺ 1. These/those – are 2. This/that – is 3. Those/these – are 4. This/that – is

❻ 1. Yes, this is a scarf. 2. No, this is not a hat. This is a rucksack. 3. No, these are not belts. These are watches. 4. No, this is not a bag. This is an umbrella. 5. Yes, this is a cap. 6. No, this is not a rucksack. This is a belt.

❼ 1. What is this? 2. What are these? 3. What are those? 4. What is that?

❽ 1. neighbour 2. wife 3. brother 4. husband 5. sister 6. mother 7. daughter 8. son 9. friend 10. father 11. boyfriend

❾ Hi, I'm Max. **This is** my father, Paul. **This is** my mother, Gemma and **these are** my two brothers, John and Sean. **a.** No, he's not (a teenager). He's a baby. **b.** Yes, he is (a teenager).

❿ Hello, I'm Lucy. This is my **husband**, William. These are my **children** : Ellen, my **daughter** and Adam, my **son**.

⓫ **W** - Hello, my name's William, what's your name? **O** - Hello, my name's Ophelia. **W** - How are you? **O** - I'm great, thanks. And you? **W** - I'm fine, thank you. **O** - Are you married? **W** - No, I'm not. I'm single. **O** - Who is this? **W** - Oh, this is my sister, Juliet.

⓬ 1. b. 2. d. 3. c. 4. a.

⓭ [i] : is, rabbit, sick, morning, kitchen, sister, fridge, in [aï] : right, China, tie, time, fine, tired, behind, wife, Ireland [eu] : bird, thirsty, shirt

4. Indiquer la possession

❶ 1. Suzie **is** Charles and Emma**'s daughter**. 2. Emma **is** Charles**'s wife**. 3. Charles **is** Emma**'s husband**. 4. Adam **is** Suzie**'s brother**. 5. Adam **is** Charles and Emma**'s son**. 6. Suzie **is** Adam**'s sister**. 7. Adam and Suzie **are** Charles and Emma**'s children**. 8. Charles and Emma **are** Adam and Suzie**'s parents**.

❷ 1. Tom's 2. sisters' 3. James's 4. Ian's

❸ 1. There's 2. Their 3. they're 4. There 5. theirs

❹ Réponse 2

SOLUTIONS

❺ 1. What's your phone number? – 05 27 65 98 33
2. What's her phone number? – [eu-ou sèv^{eu}n èït naïn siks fô tou THri oueun faïv] 3. What's your e-mail address? – [Hapi ant^{eu}ni at dji**mè**ïl dot kom] 4. What's his e-mail address? – simon12@aol.co.uk

❻ Horizontalement : 3. suit 5. sunglasses 6. boots 8. skirt 9. shirt 11. coat ; Verticalement : 1. trainers 2. socks 4. tracksuit 12. shoes 7. dress 10. cap

❼ 1. your – Keira's 2. Keira's – mine 3. my – yours

❽ 1. It's Harry's tracksuit – it's his tracksuit – it's his 2. These are Oliver's and Robert's sunglasses – these are their sunglasses – these are theirs

❾ 1. Whose coat is this? 2. Whose sunglasses are these? 3. Whose T-shirt is this? 4. Whose bone is this? 5. No, it's not. It's Gribouille's. 6. It's Jenny's. 7. No, it's not. It's Gerald's.

❿ 1. Wrong 2. Right 3. Right 4. Right 5. Wrong 6. Right 7. Wrong 8. Wrong

⓫ 1. norm 2. euro 3. love 4. son 5. pullover

5. Décrire et parler d'une action en déroulement ou ponctuelle (non habituelle)

❶ 1. S7 [ès sèv^{eu}n] 2. U8 [iou èït] 3. V7 [vi sèv^{eu}n] 4. T8 [ti èït] 5. V8 [vi èït] 6. letter 7. walk 8. eat 9. cake 10. drink

❷ 1. No, he is not/he isn't. He is/he's driving. 2. Are they singing? 3. No, she is not/she's not/she isn't. She is/she's drinking. 4. Are they running?

❸ 1. Jacob is/Jacob's drinking a glass of water. 2. Olivia and Jordan are making a cake. 3. Violet is/Violet's reading a book. 4. Luke is/Luke's sleeping on the sofa. 5. I am/I'm writing a letter. 6. Alice and Clara are watching a film.

❹ 1. Who is/who's reading? 2. Who is/who's eating? 3. Who is/who's walking? 4. Who is/who's swimming?

❺ 1. Why is Simon crying? He's crying because he is sad. 2. Why is your sister eating? She's eating because she's hungry. 3. Why is his mother sleeping? She's sleeping because she's tired. 4. Why is Sean wearing a kilt? He's wearing a kilt because he's Scottish. 5. Why are you running? I'm running because I'm late. 6. Why is Charles drinking a glass of water? He's drinking a glass of water because he's thirsty.

❻ 1. fishmonger's 2. florist's 3. butcher's 4. baker's 5. chemist's

❼ 1. Where is he going? He's going to the swimming pool. 2. Where are they going? They're going to the cinema. 3. Where is she going? She's going to the station. 4. Where are they going? They're going to the zoo. 5. Where is he going? He's going to the post office. 6. Where are they going? They're going to the restaurant.

❽ 1. No, he's not at the florist**'s**, he's at Anna**'s**. 2. No, she's not going to the butcher**'s**, she's going to the baker**'s**.

❾ 1. He's **at** the doctor's. 2. He's coming **from** the hairdresser's. 3. They're going **to** the supermarket. 4. She's going **to** school. 5. He's **at** the station. 6. He's coming **from** the swimming pool.

❿ - Who's this woman? - She's Paul's mother. - What is she doing? - She's singing an Irish song.

⓫ 1. play 2. chair 3. air 4. paint

⓬ 1. ['tèl] / ['tèïl] 2. ['pèn] / ['pèïn] 3. ['ouèt] / ['ouèït]

⓭ 1. brew 2. pear 3. tree 4. they 5. head

⓮ 1. it 2. seek 3. fill 4. leave 5. cheap 6. ship 7. slip

6. Utiliser les noms et indiquer une quantité

❶ 1. butter 2. lemon 3. jam 4. apple 5. bread 6. milk 7. pear 8. spinach 9. pasta 10. banana

❷ 1. potato 2. egg 3. nut 4. water 5. meat 6. toast

❸ 1. tomato 2. jam

❹ halves, nut, goose, eggs, mouse, life, men, teeth, box, tomatoes

❺ 1. My hair is black. 2. pas d'erreurs 3. The two women are late. 4. pas d'erreurs 5. The children are tired.

❻ 1. many – no – a few 2. no 3. many 4. no – a little – much – some 5. much 6. a lot of

❼ 1. Is there any milk? 2. Yes, there are three (apples) on the table 3. Is there any butter? 4. Yes, there is some on the table. 5. Are there any eggs? 6. Is there any toast? 7. Yes, there are two (steaks) in the fridge.

❽ 1. Ø 2. the. 3. Ø 4. an 5. the 6. Ø 7. Ø 8. Ø – the 9. the 10. a

❾ 1. He's eating some chocolate. 2. He's eating chocolate, not jam. 3. Is he playing tennis? 4. They're not playing the piano. 5. The spinach is not good. 6. Spinach is not good. 7. Love is blind. 8. There's no sugar in my coffee. 9. Men love football.

❿ 1. milk chocolate 2. pasta recipe 3. love story 4. apple pie 5. kitchen chair 6. tea bag

⓫ [iz] : boxes, allergies, bushes, stories, dresses ; [z] : pears, potatoes, eggs, bananas, problems, lives, bags, apples, lemons ; [s] : cats ; rabbits, nuts, pots, soups, caps, socks

⓬ 1. Wrong 2. Wrong 3. Right

⓭ blue, **bus**, cruise, **nut**, flu, rude, **butter**, **tuna**, true, **barbecue**, **luggage**, glue

⓮ 1. **Story,** son y se prononce [i] alors que les autres se prononcent [j] ; 2. **Cry,** son y se prononce [aï] alors que les autres se prononcent [i] ; 3. **Hungry,** son y se prononce [i] alors que les autres se prononcent [aï]

7. Décrire un objet ou une personne

❶ a. ugly → 2 b. cold → 1 c. poor → 4 d. short → 3

❷ 1. early 2. late

❸ 1. 2B [**tou** bi] This is an open door. 2. 2D [**tou** di] This is a full glass. 3. 4B [fô bi] This is a dirty towel. 4. 4D [fô di] This is a young woman. 5. No, she's not. She's old. 6. Yes, he is. 7. No, he isn't. He's weak. 8. No, it's not. It's good. 9. The dog isn't small. 10. Affirmation fausse. 11. The glass isn't empty. 12. The door isn't closed.

❹
H	Q	D	A	R	M	E	Q	D	K	T	L	rouge
O	I	D	Y	H	S	E	E	A	B	N	J	bleu
E	Q	S	D	P	S	Q	**P**	X	H	V	A	jaune
P	M	D	A	N	E	T	**I**	S	S	F	A	rose
H	Q	C	T	N	D	M	**N**	X	O	Y	T	
C	N	A	K	T	U	E	**K**	V	A	J	O	
S	O	K	D	C	F	R	**I**	E	N	D	**W**	
C	E	E	W	P	K	M	T	M	**B**	O	A	
H	B	G	O	R	N	A	C	I	**L**	E	A	
O	A	G	A	S	F	E	H	**L**	U	D	X	
W	T	A	B	T	A	**E**	K	E	O	E		
L	P	L	I	Z	C	Y	N	**R**	J	R	N	

❺ 1. No, it's not. It's green. 2. Yes, they are. 3. Yes, it is. 4. No, it's not. It's grey.

SOLUTIONS

6 1. This is a black chair./This chair is black. 2. These are pink socks./These socks are pink. 3. This is a red hat./This hat is red.

7 1. am – green tie. 2. are – purple skirt.

8 1. **What am I wearing**? **You're wearing** a **blue** pullover and a red **scarf**. 2. **What is** he **wearing**? He's **wearing** a **brown** rucksack and a green **hat**.

9 (de haut en bas et de gauche à droite) hair, eye, nose, ear, mouth, hand, leg, head, arm, finger, knee, foot

10 young – fat – hair – green – big – small – long – short – big

11 1. What colour is their hair? – It's blond. 2. What colour are their eyes? – They're blue. 3. What is her nose like? – It's small. 4. What is her mouth like? – It's big. 5. What are her ears like? – They are big.

12 1. A. The door is open 1. B. The door is closed 2. A. The man is old 2. B. The man is young 3. A. The man's hair is grey 3. B. The man's hair is brown

13 1. from 2. in 3. on 4. for 5. for 6. to

14 1. four 2. husband 3. out 4. blood 5. mouse 6. umbrella 7. door

8. Manier les nombres, dire la date et parler de la météo

1 1. 37 2. 92 3. 63

2 a. 3. forty-seven b. 5. sixty-eight c. 6. thirteen d. 4. twenty-six e. 7. ninety-two f. 1. seventy-five g. 2. nineteen

3 1. It's twenty-three past five a.m. 2. It's forty-two past nine p.m. 3. It's nine to eight p.m. (fifty-one past seven est correct mais moins naturel)

4 1. How old are they? They're fifty-four. 2. How old is she? She's twenty-five. 3. How old is he? He's twelve.

5 1. How much is the car? It's nine thousand five hundred euros. 2. How much is the computer? It's eight hundred and ninety euros. 3. How much are the bikes? They are three hundred and twenty-five euros.

6 a. 1. Monday b. 6. Saturday c. 4. Thursday d. 2. Tuesday e. 5. Friday f. 3. Wednesday g. 7. Sunday

7

J	S	P	T	N	N	N	L	U	V	March
E	C	P	Y	N	E	P	S	E	V	April
P	Z	V	A	N	N	S	I	J	S	May
I	S	J	U	M	V	G	T	B	A	June
R	V	J	G	A	A	R	H	T	P	July
L	G	U	U	Y	P	C	T	J	B	August
A	D	L	S	E	R	R	E	R	Z	
I	I	Y	T	A	I	D	L	R	H	
R	R	L	M	R	L	G	E	H	E	
H	A	S	O	G	C	E	Q	R	T	

8 1. Twenty-four, the twenty-fourth, the 24th. 2. Fifteen, the fifteenth, the 15th. 3. Twenty, the twentieth, the 20th. 4. Eighteen, the eighteenth, the 18th.

9 1. January 13th, 2017 ou 13th January, 2017. 2. November 29th, 1974 ou 29th November, 1974.

10 1. On the fifth of February, nineteen ninety-two. 2. On the twenty-eighth of July, two-thousand and two.

11

E	D	R	F	O	E	F	D	U	K
M	E	E	W	R	F	N	S	V	S
S	N	A	T	I	E	G	U	G	A
A	U	T	U	M	N	I	M	W	A
A	S	F	H	I	E	T	M	G	N
G	Q	E	R	E	M	P	E	O	G
C	T	P	E	A	B	S	R	R	G
E	S	P	X	I	V	M	N	V	A
H	I	O	C	E	L	M	T	H	L
I	F	U	Y	A	C	S	C	T	L

1. January – Winter
2. May – Spring
3. August – Summer
4. October – Autumn

12 1. What's the weather like today? It's rainy/raining. 2. What's the weather like today? It's snowy/snowing. 3. What's the weather like today? It's cloudy. 4. What's the weather like today? It's sunny.

13 [i] : rabbit, sister, sick, film, spinach, milk, story, allergy, kitchen, many, hungry [aï] : time, wife, right, write, cry, fine, fly, mice, my, pie, night, life, drive

14 1. table, baker, reign, cake, vein, day, wait, race, steak, play, afraid, break, weight, trainers, pain, away, great, paint, late 2. man, apple, rabbit, cap, caffein, bag, sad, jam, hat 3. money, tea, key, rabbit, sea, read, monkey, caffein, clean, receive, ceiling

9. Parler de ses habitudes, activités, goûts et opinions

1 1. She does not/She doesn't play rugby. 2. Do you exercise? 3. When do they get up? 4. I do not/I don't speak English very well. 5. She goes to school on foot. 6. Where does he work?

2 1. You always go to the swimming pool on Sundays. 2. My daughter usually goes shopping every week. 3. We never play rugby on Saturdays.

3

E	E	E	Y	C	W	Y	S	G	O	R	C	+ always
Q	Q	W	D	O	R	O	F	T	E	N	F	often
Y	L	S	O	M	E	T	I	M	E	S	R	usually
R	F	Z	C	E	L	F	R	Q	Y	S	H	sometimes
S	U	R	T	I	O	A	R	A	A	D	M	– never
H	S	C	O	T	F	T	W	N	C	X	L	
Y	U	O	R	M	A	L	O	Y	H	N	E	
S	A	T	U	C	A	I	G	O	E	U	Z	
C	L	E	O	P	J	N	E	V	E	R	N	
T	L	M	T	R	I	F	I	O	S	S	I	
E	Y	S	D	F	D	L	G	H	E	E	T	
P	L	E	W	S	I	A	C	V	E	D	S	

4 1. B. e. 1. C. h. 1. D. f. 1. G. a. 2. A. g. 2. E. c. 2. F. d. 2. H. b.

5 1. How does he go to work? He goes to work on foot. 2. How does she go to work? She goes to work by car. 3. How do they go to school? They go to school by bus.

6 1. I am Irish, I come from Ireland, I live in Dublin, in a house. 2. They are Italian, they come from Italy, they live in Rome, in a flat.

7 1. I often drink tea but today I'm drinking coffee. 2. You always wear black but today you're wearing blue. 3. My mother never exercises on Tuesdays but today she's playing tennis. 4. He always drinks water but today he's drinking orange juice.

8 1. No, he isn't. He is a hairdresser. 2. Yes, she is. 3. Yes, she is. **4.** No, he isn't. He's a farmer. **5.** No, she isn't. She's a teacher. **6.** No, he isn't. He's a plumber. **7.** Yes, he is.

9 **1.** Your father doesn't hate peas. **2.** Do you not like apples? **3.** My brother doesn't love pineapple. **4.** I don't think it is 3 o'clock. **5.** I don't believe you. **6.** I don't know his parents. **7.** I don't need (any) vegetables.

10 Pineapple – French beans

11 **1.** Does Michael like ham? No, he doesn't. He hates ham and eggs, but he loves cherries. **2.** Does Harry like apricots? No, he doesn't. He hates apricots but he loves cheese and apples. **3.** Does Michael like cherries? Yes, he loves cherries but he hates ham and eggs. **4.** Does Emma like ham? No, she doesn't. She hates ham but she loves soup and tomatoes.

12 **1.** When do you usually exercise? **2.** Who does the shopping? **3.** Do you speak English (very well)? **4.** Where does she sometimes sleep? **5.** How do you go to work? **6.** Why do you go to work on foot? **7.** What does she want?

13 **1.** Many cats like milk. **2.** The baby is sleeping well today. **3.** Do you think the film is too long? **4.** I'm not drinking tea today. **5.** English people drink a lot of tea. **6.** What does he do? **7.** He doesn't want to go on foot.

14 **1.** c. **2.** e. **3.** a. **4.** b. **5.** d.

15 **1.** [s] **2.** [z] **3.** [iz]

16 **1.** [s] **2.** [z] **3.** [iz] **4.** [s] **5.** [iz] **6.** [iz] **7.** [s] **8.** [z] **9.** [iz] **10.** [z] **11.** [iz] **12.** [z] **13.** [z] **14.** [s] **15.** [s] **16.** [z]

10. Exprimer correctement le verbe avoir

1 **1.** It's in H7 [èĭtch ˈsèvᵉᵘn] **2.** They're in I7 [aï ˈsèvᵉᵘn] **3.** It's in J7 [djèï ˈsèvᵉᵘn] **4.** Sausage **5.** Cereal

2 **1.** cancer **2.** temper **3.** bath **4.** drink **5.** good time **6.** holiday **7.** problem **8.** lunch **9.** dream

3 **1.** She's having some tea. **2.** He's having a shower. **3.** They're having an apple.

4 **1.** No, they don't. They have toast, sausages and tea. **2.** No, she doesn't. She has orange juice and cereal. **3.** Yes, he does. He has bacon, eggs, beans and coffee.

5 **1.** glasses **2.** glove **3.** watch **4.** laptop **5.** beard **6.** computer

6 **1.** My friend's (= **possessif**) dishwasher's (= **verbe être**) old. **2.** My friend's (= **verbe avoir**) got a dishwasher.

7 **1.** b. **2.** c. **3.** c. **4.** b.

8 Jordan has got long black hair, a black beard and blue eyes. He's got a yellow T-shirt, a green skirt/kilt, glasses, a watch, blue gloves, blue shoes, and a red cap.

9 **1.** Has Heather got a pet? **2.** Do I have lunch at 12? **3.** Your husband has not/hasn't got a beard. **4.** He has a bad job.

10 **2.** Have Roger and Charles got a goldfish? No, they haven't got a goldfish but they've got a dishwasher and a laptop. **3.** Has Amy got a dishwasher? No, she hasn't got a dishwasher but she's got a laptop and a goldfish. **4.** Has Jane got a dishwasher? Yes, she's got a dishwasher but she hasn't got a laptop or a goldfish.

11 **1.** I have got/I've got a sore throat. **2.** Mary's brother has got/brother's got a cold. **3.** Has your mother got the flu? **4.** My dog has got/My dog's got toothache. **5.** They have got/They've got a headache.

12 **1.** have got **2.** has **3.** have got **4.** has got

13 **1.** have **2.** has got **3.** am **4.** has got **5.** are – is **6.** are – having **7.** is – is having **8.** has got

14 **1.** Who has/Who's got a pet? **2.** I always have (some) sugar in my tea. **3.** Are your children hungry? **4.** Have you got a boyfriend? **5.** They have not got/They haven't got any change.

15 **1.** This is my friend who is a doctor. **2.** Her mother cooks pasta which is good. **3.** He is/He's having a cup of tea which is hot. **4.** She's got a brother who is fat.

16 **1.** Right **2.** Wrong **3.** Right **4.** Wrong

17 **1.** b. **2.** a. **3.** a. **4.** b. **5.** b.

18 **1.** Engli**sh** – bu**tch**er – **ch**icken – lun**ch** **2.** **ch**eese – sandwi**ch** – **k**it**ch**en – **ch**air **3.** **ch**ildren – mu**ch** – **ch**ocolate **4.** **ch**erry – **ch**in – **sh**irt

11. Exprimer la comparaison

1 **1.** funny **2.** talkative **3.** famous **4.** boring **5.** lazy **6.** confident. **Orphelins :** shy (timide) – selfish (égoïste)

2 **1.** cheap **2.** sour **3.** heavy

3 **1.** nice – d. **2.** funny – e. **3.** quiet – f. **4.** clever – b. **5.** wonderful – a. **6.** disappointed – c.

4 **1.** Spinach is not as good as cake. **2.** Ponies are smaller than horses. **3.** Mary/Julia is more boring than Julia/Mary. **4.** Patrick is the cleverest son in the family. **5.** This dog is the most dangerous in the world. **6.** My son is less confident than yours. **7.** My neighbour is the least talkative man I know.

5 **1.** better **2.** the worst **3.** the most comfortable **4.** the nicest **5.** less complicated

6 **1.** is as shy as **2.** am less disappointed than **3.** is the least generous **4.** is the luckiest **5.** the saddest

7 **1.** Champagne is more expensive than beer. – Beer is not as expensive as champagne. – Beer is cheaper than champagne. – Champagne is not as cheap as beer. – Champagne is the most expensive. – Beer is the cheapest. **2.** Apple is sweeter than lemon. – Lemon is not as sweet as apple. – Lemon is sourer than apple. – Apple is not as sour as lemon. – Lemon is the sourest. – Apple is the sweetest. [*Notez que "sourer" et "sourest" étant difficiles à prononcer, l'usage s'affranchit parfois de la grammaire et l'on entend fréquemment "more sour" et "the most sour".*]

8 **1.** Is Robert less famous than Liam? **2.** This is the most wonderful film there is. **3.** Am I more selfish than him? **4.** My brother is not richer than you. **5.** Their doctor is the proudest man in town.

9 **1.** ea tit [ˈi tit] **2.** wa tchus [ˈouo tcheus] **3.** a numbrella [ᵉᵘ ˈnambrèlᵉᵘ] **4.** drin kit [ˈdrin kit] **5.** a noldog [ᵉᵘ nᵉᵘ-ouldog] **6.** mil kallergy [ˈmil kalᵉᵘdji]

10 **1.** pas de liaison **2.** liaison **3.** liaison **4.** pas de liaison **5.** pas de liaison **6.** liaison **7.** liaison **8.** liaison **9.** pas de liaison **10.** liaison

11 **1.** [ou] **2.** [j] **3.** [j] **4.** [j] **5.** [ou] **6.** [j] **7.** [ou] **8.** [j] **9.** [j] **10.** [j] **11.** [ou] **12.** [j]

12. Donner un ordre et faire une suggestion/recommandation

1 **1.** Wrong **2.** Right **3.** Right **4.** Wrong **5.** Wrong

2 **1.** him **2.** them **3.** us **4.** her

3 **1.** it – me **2.** her **3.** them **4.** us

4 **1.** Give me your hand! Donne moi la main ! **2.** Have a nice day! Passe/Passez une bonne journée ! **3.** Let us meet at the station! Rejoignons nous à la gare ! **4.** Let them listen to the teacher! Qu'ils écoutent le professeur ! **5.** Let him not go to the post office! Qu'il n'aille pas au bureau de poste ! **6.** Look

SOLUTIONS

at the beautiful cat! Regarde/Regardez le beau chat ! **7.** Go to church on Sundays! Va/Allez à l'église le dimanche !

5 **1.** Boil the water. **2.** Don't spread the butter (on the toast). **3.** Don't grate the cheese. **4.** Chop the onions. **5.** Pour the milk.

6 **1.** Try again! **2.** Let us/Let's not watch this film tonight! **3.** Forgive him! **4.** Let us/Let's trust Emma! **5.** Tell me the truth! **6.** Let us/Let's have some cheese! **7.** Call me on my mobile! **8.** Don't laugh, it's not funny! **9.** Don't worry!

7 1. ↘ 2. ↗ 3. ↘ 4. ↘ 5. ↗ 6. ↘

13. Savoir utiliser les deux structures verbales de base

1 **1.** dancing **2.** cycling **3.** cooking **4.** fishing **5.** painting **6.** drawing

2 **1.** Don't eat/No eating **2.** Don't drink/No drinking **3.** Don't park/No parking **4.** Don't swim/No swimming **5.** Don't fish/No fishing **6.** Don't cycle/No cycling

3 **1.** sleeping **2.** swimming **3.** cooking **4.** wearing blue **5.** driving **6.** singing **7.** What does John hate? He hates playing rugby. **8.** What does Liam hate? He hates playing the guitar. **9.** What does Heather love? She loves walking. **10.** What does Sarah love? She loves reading. **11.** What does Anna hate? She hates cycling. **12.** What does Sean hate? He hates running.

4 **1.** car park **2.** schedule **3.** dry cleaner's **4.** dinner suit **5.** run **6.** campsite **7.** tracksuit **8.** makeover

5 **1.** f. **2.** h. **3.** d. **4.** c. **5.** j. **6.** a. **7.** g. **8.** i **9.** b. **10.** e.

6 **1.** I always take a shower after **cycling**. **2.** I don't **want to cook** tonight. **3.** His parents **want** him to travel. **4.** What about **rollerskating**? **5.** My **friend can't help smoking**.

7 **1.** going **2.** cooking **3.** travelling – to go **4.** to tell **5.** chopping

8 **1.** Speaking a foreign language is always an asset. **2.** My brother wants to use his phone. **3.** I can't help singing. **4.** His teacher wants him to draw a cat.

9 **1.** I **2.** hate – eight **3.** hand – and **4.** ham – am **5.** hat – at **6.** hair

10 **1.** a **2.** an **3.** a **4.** a **5.** an **6.** a

14. Exprimer des événements futurs

1 **1.** She's going to study. **2.** He's going to clean the bathroom. **3.** She's going to buy a camera. **4.** He's going to hunt.

2 **1.** The conference will **start** at 4 o'clock. **2. I'm going to** the swimming pool this afternoon. **3.** She will **help** you if she has time. **4.** Shall **we go to** the pub? **5.** They**'re** going to buy a new car next week.

3 **1.** Wrong – He's going to wash his hands. **2.** Right **3.** Wrong – It's going to catch a ball. **4.** Wrong – She's going to rollerskate. **5.** Wrong – He's going to send a postcard.

4 **1.** I'll wear **2.** I'm running **3.** I will buy **4.** She's going to run. **5.** I will clean

5 **1.** Shall we invite the neighbours to dinner? **2.** How/What about inviting the neighbours to dinner? **3.** Let's invite the neighbours to dinner!

6 **1.** Shall we feed the ducks? **2.** When does the play start? **3.** Is Tom coming to dinner? **4.** Why are you going to send her a card? **5.** Will you study with me?

7 **1.** f. **2.** g. **3.** a. **4.** d. **5.** c. **6.** e. **7.** b.

8 **1.** I will/I'll sleep from nine to eleven if I'm tired. **2.** I'm going to Spain on the twenty-third of April.

9 **A** - What are you doing tonight? **F** - I'm going to the cinema, what about going together? **A** - I won't come if it's a romantic film! **F** - It's a thriller! **A** - Ok, I'll come then. When are you leaving? **F** - Soon, the film starts at nine. **A** - Are you taking an umbrella? **F** - Yes, I am. It's going to rain. **A** - Are you ready? Hurry up, we're going to be late!

10 **1.** because **2.** but **3.** in spite of **4.** if **5.** Unless **6.** anymore **7.** as well/too **8.** so

11 **1.** a. **2.** c. **3.** b. **4.** c. **5.** a. **6.** b. **7.** c. **8.** b. **9.** b. **10.** a. **11.** b.

12 **1.** Right **2.** Wrong

15. Exprimer des événements passés, terminés et coupés du présent

1 write – catch – see – hear – begin – break – tell – drive

2 **1.** was – Was I tired? I wasn't tired. **2.** were – Were we happy? We weren't happy. **3.** was – Was he old? He wasn't old.

3 **1.** thought **2.** gave **3.** had **4.** heard **5.** went **6.** wore **7.** spoke

4 **1.** got up **2.** drank **3.** toast **4.** washed **5.** brushed **6.** hair

5 **1.** d. **2.** c. **3.** a. **4.** e. **5.** b.

6 **1.** I **caught** the flu. **2.** I did not **cook** dinner. **3.** They **were** very sick. **4. Did you see** Patrick at the station? **5.** She **sang** an Irish song. **6.** Who **drove**?

7 **Past:** yesterday – last week – 2 days ago. **Present:** today – now. **Future:** next year – in a week – tomorrow.

8 **1.** did not/didn't **2.** Did – like – was **3.** Did – buy **4.** worked **5.** called **6.** made

9 **1.** No, he didn't. He went to the mountain. **2.** Yes, she did. **3.** No, he didn't. He played the piano. **4.** No, she didn't. She broke her glasses. **5.** Yes, he did.

10 **1.** She said that she trusted her son. **2.** He said that he spoke Spanish. **3.** I don't like tea. **4.** I need your pen.

11 **1.** Shakespeare wrote Hamlet in 1601. **2.** Why were you tired this morning? **3.** We didn't sleep well last night. **4.** My sister forgave me ten years ago. **5.** Where did you buy the lemons? **6.** He said that his name was not *Miller* but *Millet*.

12 **1.** a. **2.** b. **3.** b. **4.** c. **5.** b. **6.** a. **7.** c. **8.** a. **9.** a. **10.** c. **11.** a. **12.** b. **13.** c. **14.** a.

16. Exprimer la capacité, l'autorisation et l'obligation

1 **1.** swim – either sing or speak Italian. **2.** What can Helena do? She can speak Italian but she can neither sing nor swim.

2 **1.** blind **2.** dumb **3.** hear

3 **1.** glass **2.** fork **3.** cup **4.** knife **5.** spoon **6.** plate

4 **1.** Can you give me a fork **2.** Can I have a cup

5 **1.** You can play the guitar/use your phone. **2.** You can't play rugby/smoke. **3.** You must read (a book). **4.** You mustn't smoke. **5.** Brenda can play the piano/take pictures. **6.** Brenda can't play chess/eat cheese. **7.** Brenda must go to school at 8. **8.** Brenda mustn't eat cheese.

6 **1.** You can take pictures. **2.** You mustn't use your phone. **3.** You mustn't smoke. **4.** You mustn't eat. **5.** You can cycle.

7 **1.** Don't run – No running **2.** Don't dance – No dancing

8 **1.** Simon O'Brien is forty-five. He's married. He's Irish. He lives in Dublin. He's a baker. He has got a dog. He can't play the guitar but he can play the piano and he can swim. He mustn't run because he's got backache. **2.** Heather Green is thirty-three. She's single. She's American. She lives in Dallas. She's a teacher. She has got two cats. She can paint and draw but she can't play the trumpet. She mustn't smoke because she's got asthma. [She has asthma *est aussi possible car ce mal est plus chronique que ponctuel.*]

❾ **1.** Speak louder, I can't hear you. **2.** I must wash my hands before eating. **3.** Can you give me your phone number? **4.** She doesn't have to get up at 6 o'clock. **5.** You must sleep. The doctor said so. **6.** Can you show me the way to the station? **7.** Can he borrow your car? **8.** I must call my sister tonight.

❿ **1.** a. **2.** b. **3.** b. **4.** a. **5.** c. **6.** c. **7.** a. **8.** b. **9.** a. **10.** a. **11.** c.

17. Donner un conseil, faire une demande polie et s'exprimer au conditionnel

❶ **1.** should **2.** would **3.** should **4.** should **5.** had

❷ **1.** Rest **2.** Complain **3.** Book **4.** Apologise **5.** Show **6.** Rude **7.** Helmet

❸ **1.** d. **2.** a. **3.** e. **4.** c. **5.** b.

❹ **1.** She had better wash her hands. – **d. 2.** Would you like some chocolate cake? – **c. 3.** I would like some tea, please. – **a. 4.** You should not swim after eating. – **e. 5.** You should be more careful! – **b.**

❺ **1.** She says that she will show me her kitchen. **2.** She said that she would show me her kitchen.

❻ **1.** You **had** better **2.** Why should he **watch 3.** My parents **would** travel **4.** Donna says that she **will**/Donna **said** that she would **5.** Who **had** better **6.** even if he **had** one **7.** If I **were** you, I **would drink**

❼ **1.** fewer eggs **2.** less meat **3.** Les deux sont corrects

❽ **1.** We're late, you'd better hurry up! **2.** You should eat fewer nuts and more vegetables. **3.** Where would you buy a car, if you had more money? **4.** You're tired, maybe you should rest. **5.** I would/I'd like more pepper on my potatoes. **6.** You'd better not skip breakfast. **7.** Why would you like more milk? **8.** I would not/I wouldn't eat more pasta, even if I were hungry.

❾ **1.** Wrong **2.** Wrong **3.** Right **4.** Right **5.** Wrong **6.** Right **7.** Wrong **8.** Right **9.** Right **10.** Right **11.** Right **12.** Wrong

❿ **1.** b. **2.** b. **3.** a. **4.** b. **5.** a. **6.** a. **7.** b. **8.** b. **9.** a.

18. Parler d'événements (passés) toujours en lien avec le présent

❶ **1.** been **2.** read **3.** known **4.** eaten **5.** bought **6.** broken **7.** seen **8.** thought **9.** written **10.** drunk

❷ **1.** broken **2.** eaten **3.** bought **4.** drunk **5.** read

❸ **1.** d. **2.** e. **3.** a. **4.** c. **5.** b.

❹ **1.** he has/he's taken his pills **2.** He has not/he hasn't bought any eggs **3.** I have not/I haven't done the shopping **4.** she has/she's forgiven me. **5.** My son has/My son's played the trumpet

❺ **1.** I have not/I haven't read **2.** did not/didn't brush his teeth **3.** My wife has/My wife's worked **4.** works **5.** lived

❻ **1.** since **2.** yet **3.** ago **4.** ever **5.** yet **6.** since **7.** ever **8.** for

❼ **1.** He has just got up. **2.** The car has just broken down. **3.** He has just cut his finger. **4.** She has just taken a shower./She has just washed.

❽ **1.** My sister has not/My sister hasn't cooked lunch yet. **2.** He has not/He hasn't swum for twenty years. **3.** They have been/They've been divorced since nineteen ninety-nine. **4.** Have you seen my wallet? I have/I've lost it. **5.** I have/I've

spoken English for three months. **6.** What have you cooked? – I've made pancakes. – When did you make them? – I made them an hour ago. **7.** Laura has/Laura's been to Germany twice. **8.** Oliver has/Oliver's cooked Spanish once. **9.** Have you ever broken your glasses?

❾ **1.** have you **2.** doesn't he **3.** was she **4.** isn't it **5.** didn't you **6.** is she **7.** should they **8.** does she **9.** can you **10.** shall we

❿ **1.** to 'punish **2.** to a'pologise

⓫ **1.** to listen (seul accentué sur S1) **2.** to forgive (seul accentué sur S2)

⓬ **1.** Wrong **2.** Right **3.** Wrong **4.** Right **5.** Right

⓭ **[eu]** : thirty, to occur, her, work, university, shirt, verb, birthday, thirsty, church, herb, Thursday [ᵉᵘ] : shower, doctor, actor, under, butcher, better, October

⓮ **1.** b. **2.** c. **3.** a. **4.** b. **5.** c. **6.** a. **7.** a. (Angleterre), b. (USA) **8.** a. **9.** a. **10.** b. **11.** b. **12.** b. **13.** b. **14.** a.

⓯ **1.** 'ne**ver 2.** 'ki**tchen 3.** 'wa**ter 4.** edu**ca**tion **5.** 'hel**met 6.** 'April **7.** 'honour**able 8.** 'sofa **9.** 'restau**rant 10.** 'pro**blem 11.** 'zebra **12.** 'umbrella **13.** 'Anna **14.** a'go **15.** 'postman **16.** 'pizza **17.** 'colour **18.** 'neighbour **19.** 'dangerous **20.** A'merican **21.** 'husband **22.** ba'nana **23.** 'lemon **24.** 'action

TABLEAU D'AUTOÉVALUATION

Bravo, vous êtes venu à bout de ce cahier ! Il est temps à présent de faire le point sur vos compétences et de comptabiliser les icônes afin de procéder à l'évaluation finale. Reportez le sous-total de chaque chapitre dans les cases ci-dessous puis additionnez-les afin d'obtenir le nombre final d'icônes dans chaque couleur. Puis découvrez vos résultats !

	🙂	😐	☹️			🙂	😐	☹️
1. Former ses premières phrases 1/2					11. Exprimer la comparaison			
2. Former ses premières phrases 2/2					12. Donner un ordre et faire une suggestion/recommandation			
3. Se présenter et présenter une personne ou un objet					13. Savoir utiliser les deux structures verbales de base			
4. Indiquer la possession					14. Exprimer des événements futurs			
5. Décrire et parler d'une action en déroulement ou ponctuelle (non habituelle)					15. Exprimer des événements passés, terminés et coupés du présent			
6. Utiliser les noms et indiquer une quantité					16. Exprimer la capacité, l'autorisation et l'obligation			
7. Décrire un objet ou une personne					17. Donner un conseil, s'exprimer au conditionnel et faire une demande polie			
8. Manier les nombres, dire la date et parler de la météo					18. Parler d'événements (passés) toujours en lien avec le présent			
9. Parler de ses habitudes, activités, goûts et opinions								
10. Exprimer correctement le verbe avoir								

Total, tous chapitres confondus ....

Vous avez obtenu une majorité de…

Congratulations! Bravo ! Vous maîtrisez maintenant les bases de l'anglais, vous êtes fin prêt pour passer au niveau 2 !

Not bad at all! Ce n'est pas si mal ! Mais vous pouvez encore progresser… Refaites les exercices qui vous ont donné du fil à retordre en jetant un coup d'œil aux leçons !

Try again! Persévérez ! Vous êtes un peu rouillé… Reprenez l'ensemble de l'ouvrage en relisant bien les leçons avant de refaire les exercices.

Mise en pages : Aurélia Monnier pour Céladon éditions
Réalisation : Céladon éditions, www.celadoneditions.com

© 2016 Assimil
Imprimé en Roumanie par Master Print - juin 2023